外语政策研究

鲁子问　雷云萍　余青兰
詹先君　张　航　杨继龙　　著
钱道赓　张荣干　王笃勤

U0832230

北京大学出版社
PEKING UNIVERSITY PRESS

图书在版编目(CIP)数据

外语政策研究/鲁子问等著. —北京：北京大学出版社，2012.2
(外语战略研究丛书)
ISBN 978-7-301-19464-5

Ⅰ.①外… Ⅱ.①鲁… Ⅲ.①外语教学－教育政策－研究－中国
Ⅳ.①H09②G520

中国版本图书馆 CIP 数据核字(2011)第 183265 号

书　　名：外语政策研究
著作责任者：鲁子问　等著
组 稿 编 辑：张　冰
责 任 编 辑：宣　瑄
标 准 书 号：ISBN 978-7-301-19464-5/H · 2926
出 版 发 行：北京大学出版社
地　　址：北京市海淀区成府路 205 号　100871
网　　址：http：//www.pup.cn　电子信箱：zbing@pup.pku.edu.cn
电　　话：邮购部 62752015　发行部 62750672　编辑部 62759634
出版部 62754962
印　刷　者：三河市博文印刷厂
经　销　者：新华书店
650 毫米×980 毫米　16 开本　16.25 印张　240 千字
2012 年 2 月第 1 版　2014 年 1 月第 2 次印刷
定　　价：38.00 元

未经许可，不得以任何方式复制或抄袭本书之部分或全部内容。

版权所有，侵权必究

举报电话：(010)62752024　电子信箱：fd@pup.pku.edu.cn

本研究获得以下项目资助

国家哲学社会科学基金项目(05BYY041)

国家语言文字应用“十一五”科研项目重点项目(ZD115-01)

上海外国语大学重大科研项目(KX161017)

上海外国语大学211工程三期项目

特此致谢!

总　序

一变学路　一新学风

李宇明
（国家语委副主任、教育部语言文字信息管理司司长）

近些年来，不少学者一直在研究中国走向世界的外语战略，并进而提出了“国家外语能力”、“国家语言能力”等概念。衡量国家语言能力的标准，就是国家在处理海内外事务时，能否及时得到合适的语言援助；国家在经济社会的发展中能否获取足够的语言红利。

在处理双边和多边的国际关系中，在国际经贸活动中，在处理人类共同面临的问题中，在反恐、维和、救灾的国际合作中，在睦边戍边中，在为来华外国人员的服务与管理中，都需要外语。因此，在努力将“本土型”国家转变为“国际型”国家的现代中国，在努力争取本应拥有的国际话语权的时代，外语已经成为国家语言能力十分重要的组成部分。

我国是一个外语学习大国，但是国家所拥有的外语能力，却远远不能满足国家发展之需，特别是在语种布局、复合型外语人才培养、各领域精英人物的外语水平等方面，存在较大不足。解决这些问题，亟待在国家层面进行具有远见卓识的外语规划。

一个好的外语规划，首先需要摆正外语在国家发展中的位置，制定有利于提升国家语言能力的外语政策。要特别注意处理好外语同中华语言之间的关系，不能因为加强外语教育而损伤国人的语言感情，同时也要有大国气度，能够包容外语，重视外语，尊重外语人才。其次，要深入开展调查研究，充分考虑国内、国外各领域的外语需求，有计划地培养各种外语人才，建立并不断更新完善外语人才库。第三，要研究外语人才成长规律，完善教学体系，创新教学模式，提高教学效率。此外，还要鼓励高校和科研院所研究国际问题，例如某地区、某国家的政治、历史、经济、法律、宗教、文化、教育、科技等，某国际组织和国际会议的宗旨、架构、工作语言等。在研究国际问题时，应依据各自的学科优势和地缘优势有个大致的分工，并注意据此分工来培养不同的外语人才，发挥不同语种、不同类型的外语人才的作用。

上海外国语大学早在2007年12月就成立了中国外语战略研究中心。中心成立以来，一直关注我国的外语生活、外语战略研究，关注国际语言政策研究，创办了具有资政惠学作用的《外语战略动态》，召开了多次颇具影响的学术会议，形成了一支充满生气的研究队伍。现在，中心又组织编写《外语战略研究丛书》，体现了我国外语学界的国家意识，体现了学者对国家外语规划的战略思考。外语学界侧重于、擅长于研究语言教学，而这套丛书关注现实语言生活，从当今中国社会需求出发，显然一变学路，一新学风。相信它的出版，对我国的语言规划学大有裨益，对我国的外语规划实践亦大有裨益。

今天是农历端午，三闾大夫“路漫漫其修远兮，吾将上下而求索”的话语，久萦不去。而今，国家融入世界的道路更是漫漫修远，吾辈学人更应上下求索，为国家的长远发展做出语言学应作的贡献。

2011年端午节

出版前言

积极推进外语战略研究

曹德明
(上海外国语大学校长,中国外语战略研究中心主任)

外语规划是国家语言规划的一个重要组成部分,属于语言战略的范畴。语言战略研究就是要把语言学研究同国家发展的需要结合起来,把语言研究纳入国家发展的总体规划和进程之中。由于语言是一切交流和文化传播最主要的媒介,是人类世界观与价值观的载体,也是人的自我意识、个人和社会标志的基本内容,人们利用并改造环境、人际互动和融入社会的能力在很大程度上要依赖于语言的功能,因此,语言是文化的重要组成部分,是维护国家利益的重要手段,是一种特殊的战略资源,在综合国力中占有重要的一席之地,也是国家"软实力"的基本要素之一。

随着中国经济的快速发展,中国正被推到国际事务的前台,越来越受到国际社会的高度关注。中国在世界舞台上、在国际非政府组织和各类协会中的话语权正逐步提升,在这种大背景下,需要不断提高我们的跨文化沟通能力,有效进入国际话语体系,有效地把中国的观点立场介绍给世界;加快语言战略,特别是外语战略研究,能够更好地为国家制定语言政策提供咨询建议,为国家成功实现"走出去"战略提供服务。在中国走向世界的进程中,需要不断打破语言屏障;当中国加强软实力建设之际,需要更多的语言支持;当我国的语言生活中因外语教育和外语使用引发的争议争端不断出现时,从国家战略角度思考外语规划和外语政策就成为当务之急,从国家战略发展需要出发研究国外的语言政策和语言教育也迫在眉睫。近年来,一些有识之士积极倡导和推动语言战略研究,体现的正是知识分子的国家意识、社会责任感和战略眼光。

这套丛书的作者来自全国多所院校,跨越语言学、教育学、政治学、社会学、传播学、历史学、数学、管理学和计算机科学等领域和多个语种,丛书的内容涉及与外语相关的教育、管理、社会应用、心理认同、语言政策等多个方面,突出宏观视野和战略层面,方法上注重实证调查和跨学科视角。由于本丛书紧贴语言生活实际,面向国家发展大局,因此可以为政府决策部门、社会—文化—政治研究、语言政策、语言教育等领域的读者提供现实的参考，相信它在观念、视角、方法和应用性等方面都能给人以有益的启示。

上海外国语大学于2007年12月成立了中国外语战略研究中心，在国家语委和上海市语委等部门的指导下、在多方的关心和帮助下，对中国的外语规划、国外的语言规划开展了一系列探索性质的研究。这套丛书就是中心致力于开创外语战略研究、积极组织和谋划的直接成果。我们希望以此为平台，团结更多的有识之士，进一步推动语言战略研究，特别是以国家战略和社会需求为导向的宏观应用语言学研究的开展。相信它的出版将对我国构建和谐语言生活，为国家语言战略的研究、制定和实施发挥积极的作用。

序言：培养各种外语人才

李宇明

（国家语委副主任，教育部语信司司长，教授，博士生导师）

外语产自外国，但绝非外我之物，而是必握之器。

语言是人类最为重要的交际工具，同时还贮存着使用这一语言的人群的知识创造，蕴含着使用这一语言的人群的世界观，渗透着使用这一语言的人群的民族情感。就个人而言，外语与活动半径、信息能力、生活水平皆有关系。掌握一门外语就是多了一种新的交际工具，可以同另一民族交换信息、交流情感；就是多了一种观察世界的新视角，多了一个宏大的知识库。就国家而言，外语已经是“国家能力”的重要组成部分。在国内，需要用外语对在华的外国人员进行服务与管理；在海外，一切事务的处理、利益的维护、国际义务的履行都需要外语。就世界而言，维护文化的多样性，建立人类的文化互信，共同应对国际问题，促进世界和平进步，需要不同族群相互学习语言。提升国民的外语能力，发展国家的外语能力，需要国家制定合适的外语政策。当然，要提倡世界上不同种族相互学习语言，还需要国际公约。

我国有没有外语政策研究的专著？也许没有，起码是我没有读到过。我国有没有外语政策？一定有。因为我国有超过百年的外语教育史，当今学习外语者有三亿之众，相关部门有升学晋职的外语要求，日常生活中也常会遇到关于外语的规定，或是提倡它，或是限制它。但是大约没有几人能够清晰述说我国的外语政策！这可能是因为，我国的外语政策是隐性的，分散的，不系统的，缺乏顶层设计的……

鲁子问教授主编的《外语政策研究》此时出版，可谓得风气之先，可谓应时势之需。这部著作，从公共政策的视角来研究外语政策，认为外语政策是为实现公共利益而制定的行动过程方案，具有导向功能、协调功能、控制功能和象征功能；应兼用政治学、社会学、语言学等学科方法来研究外语政策，应从社会发展、外语教育、国家安全等角度来制定外语政策，要用法律、行政、经济、社会文化等综合手段来执行外语政策，要从绩效、利益、效率、公平、发展等方面来评价外语政策。这部著作还详细介绍了以国家安全为目标的美国外语政策，讨论了美国"国家安全语言启动计划"、《国防部外语内容标准》的内容，并就其所涉及的国家外语能力规划、外语人口规划、语种规划、外语教育规划、外语资源利用等进行了深入分析。

这部著作的理论成果和国外事例，对于做好我国当前的外语规划，促使我国外语政策的显性化和系统化，无疑是具有重要的参考意义。我国学界在如何提高外语教学质量方面，有大量研究，但在外语规划、外语政策、外语生活、外语服务等方面的研究明显不足。就此而言，《外语政策研究》也是值得称道的。

2010年7月，《国家中长期教育改革和发展规划纲要(2010—2020年)》发布。纲要第21章明确提出要"培养各种外语人才"。这可以看作我国当今外语规划的指导思想，也是做好我国外语规划的"破题"之句。当改革开放发展到今天，当中国更加坚定地走入国际社会，当中外交流的范围日渐拓展、频度快速加密，当海外事务在国家的发展中变得越来越重要，当外语已经成为公民的素养和"国家语言能力"的重要组成部分，就必须接着做好国家外语规划这篇大文章，诸如：怎样及时了解和满足国家的外语需求，怎样培养外语人才，培养哪些语种的外语人才，培养什么规格的外语人才，怎样充分发挥外语人才的作用……

元代词曲大家乔梦符提出作乐府的六字之法：凤头、猪肚、豹尾。中国外语规划的破题之句已经如同"凤头"般俊秀，我们期待着其后的文章能像"猪肚"般丰富充实，"豹尾"般刚健有力。

2011年6月1日

序于北京惧闲聊斋

前　　言

一个国家的语言是这个国家文化的基本内容,也是其文化的载体,是国家与民族认同的基本内容之一,是从事政治、经济、军事、文化各项事业的基本工具之一,所以语言战略应该成为国家战略的重要组成部分,语言政策应该成为国家政策的重要组成部分。

随着全球经济社会一体化进程的不断加快,外语政策作为事关国际事务的语言政策,也已经成为世界各国关注的重点。外语政策对外关涉国家安全,开展外语政策的比较研究,对我国的国家安全有着不可忽略的意义,而外语政策的这一方向的研究在我国一直没有得到应有的重视。外语政策对内对于社会发展也有着非常重要的积极作用。

对于我国,改革开放是现在和将来相当长一个时期的基本国策,不断提升我国的国际竞争力也是实现中华民族伟大复兴的必然要求。外语是我国实施对外开放基本国策、提升国际竞争力不可或缺的基本要素,而且已经成为我国社会经济文化发展的基本资源,无论是国家安全,还是社会发展,都需要与之相适应的外语政策。

本书基于公共政策的研究体系与方法,对外语政策从制定、执行到评价,结合与欧洲和美国的政策比较,对我国外语政策、尤其是外语教育政策与外语考试政策等等,进行了探讨。

因此,本书不仅对我国语言政策学这一学科的发展具有一定的学术意义,而且对我国外语政策的科学化具有重要的社会意义,促进我国外语政策研究与外语教育的发展,更对我国的国家安全、社会发展等具有积极的政治意义。

本书对外语政策进行了研究和讨论,具体探究了以下五个方面的主要内容:外语政策的内涵、外语政策的功能、外语政策的制定、外语政策的执行以及外语政策的评价。以下是各章节的主要内容:

第一章分析了外语政策的内涵。这一章首先从公共政策的定义出发,探讨了外语政策的定义:外语政策是语言政策的组成部分。公共政策视野的外语政策是公共政策所涉及的公共利益的公共权力机构等相关利益体,为解决已经存在或可能出现的与外语相关的公共问题、以最大可能地实现公共利益而制定的行动过程方案。这一章还对外语政策的基本要素进行了系统分析。基于公共政策的要素，本章提出外语政策应该具有以下基本要素：外语的相关问题(issues or problems)，尤其是外语与国家安全、社会发展、经济建设、人民生活等不相适应的问题；目标；方案与备选方案；效益与成本。该章还对外语政策的研究方法提出了系统构想，提出政治学方法、社会学方法、语言学方法以及政策分析的方法这四类外语政策研究的主要方法。

第二章从新的视角探讨了外语政策的功能。该章首先从公共政策视野提出外语政策的四项基本功能：导向功能、协调功能、控制功能和象征功能，然后着力探讨了外语政策促进社会发展的功能和外语政策促进国家安全的功能。这一章是本项目的创新性研究成果。本项目从外语政策的导向功能和协调功能中引申出外语政策不同于其他领域公共政策的特有功能：促进社会发展的功能。该章从外语政策与社会发展、我国当前外语政策与社会发展、欧洲基于社会发展的外语政策制定的经验与启示、荷兰基于社会发展的外语教育政策的经验与启示，提出我国基于社会发展的外语政策的建议。该章从外语的外国特性引申出外语政策的国家安全的功能，首先对外语影响国家安全的形态进行分析，然后结合对美国外语政策国家安全目标的内涵的探讨，特别是美国《国家安全语言计划》的启示，提出我国外语政策的国家安全改革取向。

第三章分析了外语政策制定。该章分析了从问题界定，经过议程设定、方案选择，到政策合法化的过程。该章强调，制定政策方案就是分析研究政策问题、确定政策问题解决要达到的目标、设计解决问题的方案、预测各种方案的后果、选择确定最终方案的过程，尤其强调政策合法化，强调政策主体确定政策方案之后，依照法定权限和程序，对政策方案进行审查、通过、批准、签署和颁布，使政策实施获得合法性授权的过程。该章最后分析了外语政策与其他公共政策不同的一个重要领域：外语规划。本研究提出了一个外语规划的定义：外语规划是政府或社会团体有目的、有组织地对外语生活进行干预与管理的公共政策行为，其目的是为了解决语言生活中在外语方面出现的问题从而使外语更好地为社会服务。该章全面探讨了我国外语规划的基本内容：外语地位规划、外语本体规划，尤其是我国不同领域的外语规划：外语的社会发展规划、外语的社会安全规划与外语教育规划。该章最后以义务教育英语课程目标、大学英语考试改革政策两个案例对外语政策制定的偏失进行了剖析。

第四章基于案例分析了外语政策执行。该章首先分析了外语政策执行的内涵，提出外语政策执行的基本手段：法律手段、行政手段、经济手段、社会文化手段。该章还结合我国现实提出了外语政策执行的主要模式：渐进模式和创造条件模式，并从国家《英语课程标准》教学要求实施、S省Y县小学英语课程政策执行两个案例分析了政策执行。

第五章对外语政策评价进行了系统探讨。政策有着明确的目标，实现政策目标是政策的内在本质要求，也是政策的自身使命。因此政策目标是否实现，是政策评价过程中必然包括的，因为只有开展政策评价，政策是否实现目标才能得到判断，从而才能基于这一判断决定是否延续、调整或终结这一政策；同时，开展政策评价还可以总结政策制定与执行的经验教训，从而提高政策绩效。该章首先建立了外语政策评价标准：绩效、利益、效率、公平、发展。该章随后基于外语政策的特性，结合高考外语分省命题政策、硕士研究生招生考试外语政策、高考外语政策的国家利益、外语考试政策、外语教育政策、高考作文试题政策，对目标达成评价模式、用户导向评价模式、利益相关评价模式、综合评价模式等绩效评价模式以及效率评价这一经济评价模式，对外语政策评价进行了系统分析。

本书具有一定的系统性，也具有一定的操作性、实践性。比如我们对于外语教育政策的研究，就从外语教育的宏观规划，到外语课堂教学政策的执行等等，进行了全面深入、而又具有实践指导意义的探讨。

本书的研究内容在国内是首次进行，创新程度比较高，当然盲点也比较多。本课题系统研究了外语政策的内涵、功能、制定、执行与评价，对我国外语政策的多个领域进行了理论思考，并结合实践提出了具体建议，而且较为系统地提出外语政策的国家安全意识，同时比较深入地探讨了基于我国社会发展的外语规划问题。但由于国外资料获得不够顺利，本项目尚有一些问题需要深入研究。同时由于时间所限，本项研究还有一些内容应更深入研究。

由于多种因素所限，尤其是研究者自身专业基础限制，本书对于外语政策诸多问题尚未深入研究，涉及的外语政策体系、外语规划、外语政策与国家建构、外语政策与国家治理、外语政策实施都值得进一步研究。我们期待更多同行进一步开展外语政策研究，以促进更加适合我国国家安全和社会发展需求的外语政策体系的构建。

本书的主要内容是国家哲学社会科学基金项目"外语政策与国家安全和社会发展——美国、欧洲外语政策的启示"（项目批准号：05BYY041，结题证书编号：20110074）的最终成果。特此致谢！

本书中的大学英语考试政策分析部分、高考写作政策分析部分、硕士生招生英语考试分析部分不是该项目鉴定的送审内容，所以不能代表国家哲学社会科学基金项目的成果，特此说明。

本书的出版得到国家语言文字应用“十一五”重点科研项目（ZD115-01）及上海外国语大学重大科研项目的资助。特此致谢！

目　　录

第一章　外语政策的内涵

语言是人类须臾不能离的生存发展的基本工具。自语言发生，人类语言的规范就开始出现，不同语音开始具有人类群体共同认可的语义，文字更是成为规范的创制。这种规范，在宏观意义上，就是一种语言政策的体现，因为这种规范是使用同一语言的人类群体的某些权力拥有者为了群体利益而促进形成的行为约束要求，具有政策的基本特征。没有规范，肯定就没有语言的系统，而语言本身就是一个系统，所以，正是规范化促进了语言的发展。我们可以说，语言政策与语言同时诞生，也与语言一样，是人类生存发展的重要组成部分。

随着人类国际交往的不断增加，尤其是在当今的国际化、地球村时代，外语政策也成为人类生存发展的重要组成部分。我国自近代以来，一直实行对外开放。1978 年以来，更是以改革开放为基本国策。对外开放这一基本国策，更加要求我国制定与之相适应的外语政策。改革的目的是促进发展，提升国际竞争力是发展的必然路径，而国际竞争力离不开相适应的外语政策。所以，对于当今中国，外语政策应该成为国家核心战略的组成部分。

第一节　外语政策的界定

一、政策与政策科学的产生

外语政策属于语言政策，语言政策属于公共政策。国家公共政策作为国家治理的行动计划和准则，在现代国家治理方面发挥着十分重要的作用，是执政与行政的“生命线”，外语政策亦是如此。

政策与国家相伴而生，自从有了国家就有了政策，在早期人类的文献中，不乏大量的政策记录。古埃及的金字塔记录的文字、古巴比伦的汉谟拉比法典、我国古代的《论语》、尤其是《战国策》等等，都有大量的政策性文献。不过，政策作为概念则是现代政治学的产物。

政策二字在古代汉语中是分开使用的。“政”通常指“政治”、“政事”、“政权”、“正义”等意。《说文解字》注：“政者，正也。”《左传・桓公二年》曰：“政以正民。”“政”意指管理国家事务、治理民众。古代汉语中的“策”

字有两个词义与政策有关：一是“策书”，相当于今天的“政令”、“文件”、“规定”的意思。《释名》注：“策书教令于上，所以驱策诸下也。”二是对策、谋略。如《战国策》的“策”，讲的就是战国时代各国发生事情时所采取的各种计谋和对策。《吕氏春秋·简选》曰：“策，谋求也。”按照古代汉语本意，“政”和“策”就是治理国家、规范民众的谋略或规定。

古代西方语言也无政策一词。只有 politic(政治)，意为关于城邦的学问。随着近代西方政党政治的发展，从 politic 一词逐渐演变出 policy 一词，具有“政治”、“策略”、“谋略”、“权谋”等含意。在近代日本，policy 被译为“政策”，随后传入中国。

政策科学的研究也是古已有之，但其科学化则是当代社会发展的需要。

古代执政者要制定政策，自然需要政策的研究讨论。一个典型的政策研究案例就是我国汉昭帝始元六年(公元前 81 年)的盐铁政策讨论。朝廷从全国征召 60 多睿智之士，与以御史大夫桑弘羊为首的政府官员，对盐铁官营、酒类专卖等财经政策展开了激烈的讨论，形成了《盐铁论》这部人类最早的政策研究专著之一。

第二次世界大战之后，因为社会发展的需要，政策科学在西方迅速兴起。战争期间和战争之后，各种智囊纷纷为政府进行政策研究，兰德公司等专门的政策研究机构纷纷成立。20 世纪 60 年代中期，西方社会出现了一系列的棘手问题，政策科学更加迅速地发展。

政策科学在 20 世纪 80 年代随着我国改革开放的需要而进入我国，并迅速发展壮大，大批专著、译著出版，成百上千的论文发表，研究队伍也在不断壮大，1991 年全国首届政策科学研讨会召开，1992 年 10 月，全国政策科学研究会成立。到现在，政策科学已经成为一门显学。

二、公共政策的定义

对于政策，尤其是公共政策，西方学者从不同视角、或者基于不同研究需要提出了诸多界定。

公共行政学的首创者之一，美国总统伍德罗·威尔逊(Woodrow Wilson)提出：政策是由政治家即具有立法权者制定的而由行政人员执行的法律和法规。[①]

美籍加拿大学者戴维·伊斯顿(David Easton)认为：“公共政策是对全社会的价值做权威性的分配。”[②]

---

① 转引自伍启元：《公共政策》，香港：香港商务印书馆，1989，第 4 页。

② D. Easton. 1953. *The Political System*. New York: Kropf, p. 129.

政策科学主要的创立者,哈罗德·拉斯韦尔(Harald D. Lasswell)与亚伯拉罕·卡普兰(A. Kaplan)提出:政策是"一种含有目标、价值与策略的大型计划"①。

罗伯特·艾斯顿(Robert Eyestone)认为:公共政策就是"政府机构和它周围环境之间的关系"②。

托马斯·戴伊(Thomas R. Dye)认为:"凡是政府决定做的或不做的事情就是公共政策"③。

詹姆斯·安德森(James E. Anderson)提出:"政策是一个有目的的活动过程,而这些活动是由一个或一批行为者,为处理某一问题或有关事务而采取的";"公共政策是由政府机关或政府官员制定的政策"。④

詹姆斯·勒斯特(James Lester)与小约瑟夫·斯图亚特(Joseph Stewart, Jr)认为:"公共政策是政府制定解决公共问题的活动或决策的过程。"(Lester & Stewart, 2000: 4)

卡尔·弗里德里奇(Carl J. Friedrich)认为:政策是"在某一特定的环境下,个人、团体或政府有计划的活动过程,提出政策的用意就是利用时机、克服障碍,以实现某个既定的目标,或达到某一既定的目的"⑤。

这些界定都是从某一方面来论述的,因而不是综合性的定义,但概括了政策的基本内涵:(1) 政策是计划,是由决策机构制定的计划和规划;(2) 政策是活动,是一系列活动组成的过程;(3) 政策有目标,具有明确的目的、目标或方向,不是自发或盲目性的行为;(4) 政策是分配,是对社会所做的权威性价值分配。综合而言,西方学者的观点是,政策在本质上是有目的的价值分配活动计划。

随着我国改革开放不断深入,政策科学很快进入我国,20 世纪 80 年代涌现出大量的政策学研究成果。我国学者对政策的定义主要有⑥:

孙光在《政策科学》中提出:"政策是国家和政党为了实现一定的总目标而确定的行动准则,它表现为对人们的利益进行分配和调节的政治

---

① H. D. Lasswell and A. Kaplan. 1970. *Power and Society*. New Haven: Yale University Press, p. 71.

② R. Eyestone. 1971. *The Threads of Public Policy: A Study in Policy Leadership*. Indianapolis: Bobbs-Merril, p. 18.

③ Thomas R. Dye. 1987. *Understanding Public Policy* (6th ed.). Englewood Cliffs, N. J.: Prentice-Hall Inc., p. 2.

④ [美]詹姆斯·E·安德森:《公共决策》,北京:华夏出版社,1990,第 4 页。

⑤ Carl J. Friedrich. 1963. *Man and His Government*. New York: McGraw-Hill, p. 79.

⑥ 以下中国学者的政策定义除注明外均转引自陈振明:《公共政策分析》,北京:中国人民大学出版社,2003,第 43 页。

措施和复杂过程。”

王福生在《政策学研究》中主张：政策可以解释为“人们为实现某一目标而确定的行为准则和谋略”，“简言之，政策就是治党治国的规则和方略”。

我国台湾学者林水波、张世贤在《公共政策》中提出：公共政策是指“政府选择作为或不作为的行为”。

宁骚在《公共政策学》中提出：“公共政策是各个权力机关由政治过程所选择和制定的为解决公共问题、达到公共目标、以实现公共利益的方案。”①

张金马在《政策科学分析》中提出：公共政策“作为政府行为的表现，它是一种有目标的活动过程，而这种目标是旨在处理和解决正在发生的各种社会问题”。②

陈振明在《政策科学》中认为：政策是国家机关、政党及其他政治团体在特定时期为实现或服务于一定社会政治、经济、文化目标所采取的政治行为或规定的行为准则，它是一系列谋略、法令、措施、办法、方法、条例等的总称。

概括来说，我国学者的定义大致有行为说、方案说、过程说、准则说。我们认为，政策应该是政策制定者设计的行动方案，因为政策肯定不单单是一些政治行为，而是有计划的行为，否则就不是制定的政策；政策的核心不是过程，过程只是政策的外在时间形态；政策也不是准则，准则是法律、法令，尽管广义的政策概念可以包括法律、法令，但从行政与司法的关系来说，区分二者的关系更有益于行政，也更有益于司法。

所以，我们认为，政策是方案，是计划好的方案，是有目的的方案，是解决社会公共问题的行动方案，是实现社会价值分配的方案，是促进公共利益实现的方案。总之，公共政策是公共政策所涉及的公共利益的公共权力机构等相关利益体，为解决已经存在或可能出现的公共问题、以最大可能地实现公共利益而制定的行动过程方案。

这一定义可以帮助我们从如下的几方面来把握政策的本质内涵：

(1) 政策主体。尽管政策主体通常是国家权威机构、政党及其他政治集团、团体，但我们认为，公共政策的真正主体应该是相关利益体，当然国家机关、政党等公共权力机构肯定是主要的相关利益体，但民间组织、民众也是不可忽视的利益体。

---

① 宁骚：《公共政策学》，北京：高等教育出版社，2003，第 185 页。
② 张金马：《政策科学》，北京：人民出版社，2004，第 42 页。

(2) 目标取向。一定的政策总是要实现一定的目标，公共政策的目的不能只是解决公共问题，更应该是实现公共利益最大化，这样才能真正解决问题。

(3) 过程方案。公共政策应该是解决问题的方案，而且是根据相关分析制定出来的，是一种过程预设。把公共政策理解为一种过程预设，可以保证在公共政策实施中根据生成不断调整政策，否则，如果政策一旦制定就不能修改，这种政策的生命也就在制定之时终结。

另外，方案就意味着设计，因为方案是设计的产物。设计是人类制定改变现状的计划方案的后理性活动，这一方案是为了制造新事物或解决某些问题，依据已知原理、方法和技术而制定的，其形式可能是行动方案、计划、设计图等。

设计首先是一种技术，然后是一种文化，是一种创造更为合理的生存方式的活动。设计具有以下基本特征：

预设性。所有设计都是计划，是未实践的方案。

后理性。设计是基于已知原理、方法和技术进行的，这些都是理性的产物，显然设计是基于理性产物的后理性活动。

可修改性。设计的方案在没有实施前、在实施中都可以修改，而不是一成不变的，甚至在设计时就应设计出实施的修改计划过程的预案。

由此可知，政策本身应该具有预案，而且预设到政策实施中可能出现的新现象，从而进行必要的调整，促进政策的实施。

三、语言政策、外语政策的定义

对于语言政策，有着很多来自语言学领域的定义。

澳大利亚语言学家卡普兰和巴尔多夫(Kaplan, Baldauf)界定语言政策“是一个社会、群体或体系为了实现规划的语言变化而制定和实行的语言观念、法律、规定、规则和实践”。[1]

以色列语言学家斯波尔斯基(Spolsky)认为，语言政策分为三个组成部分：语言实践——使用者在自己可操用语言变体中进行选择的惯用模式；语言信念或意识——关于语言和语言使用的信念；以及通过任何语言干预、规划或管理的方法来修改和影响这种语言实践的所有努力。[2]

法国语言学家格林(Grin)对语言政策的定义是：语言政策(或者计划)是在整个社会层面上的，为了提高福利的系统、理性，以理论为基础

① Kaplan, R. and R. Baldaulf. 2003. *Language and Language-in-education Planning*. Kluwer Publishers, p. 11.

② Spolsky, B. 2004. *Language Policy*. Cambridge: Cambridge University Press, p. 5.

的解决语言问题的工作，是典型的由政府或政府代理机构推行的，对象是其统治之下的部分或所有人。①

我国的语言政策界定也是来自语言学家。

国家语言文字委员会副主任陈章太认为，“语言政策是国家和政府关于语言地位、语言作用、语言权利、语际关系、语言发展、语言文字使用与规范等的重要规定和措施，是政府对语言问题的态度的具体体现。”②

语言学家从社会语言学的视野提出语言政策的界定，强调的语言政策在语言本身的反应。而语言政策本身属于公共政策，因此从公共政策视野界定语言政策，可以有助于发现语言政策在政策本身的反映。

同时，我们认为，从语言学视角界定语言政策和外语政策也是可以的，如本小节前面所述的语言政策界定，基本上都是从语言学视角展开的。但语言学视角的语言政策研究尚没有形成政策分析的系统方法。本书选择从公共政策视角界定语言政策和外语政策，因为公共政策的分析方法已经相当成熟，本书主要采用这一方法分析我国的外语政策。

基于前节对公共政策的定义，我们可以得出如下界定：

公共政策视野的语言政策是公共政策所涉及的公共利益的公共权力机构等相关利益体，为解决已经存在或可能出现的与语言相关的公共问题、以最大可能地实现公共利益而制定的行动过程方案。

外语政策是语言政策的组成部分。公共政策视野的外语政策是公共政策所涉及的公共利益的公共权力机构等相关利益体，为解决已经存在或可能出现的与外语相关的公共问题、以最大可能地实现公共利益而制定的行动过程方案。

当然，这里讨论的是国家、地方政府的外语领域的公共政策，而不涉及企业、学校等非公共权力机构制定的内部的外语政策，更不涉及个人学习外语的选择等问题。

第二节　外语政策的基本要素

基于公共政策的要素，外语政策应该具有以下基本要素：

一、问题

我们之所以要制定政策，就是为了解决外语的相关问题（issues or

① Grin, F. 2003. *Language Policy Evaluation and the European Charter for Regional and Minority Languages*. Florida: Palgrave Macmillan.

② 陈章太：《语言规划研究》，北京：商务印书馆，2005，第 9 页。

problems)，尤其是外语与国家安全、社会发展、经济建设、人民生活等不相适应的问题。毫无疑问，问题是政策的逻辑起点。当然，外语政策要解决的问题是公共领域问题。准确界定外语问题的领域是科学制定外语政策的基石，比如大学英语四、六级考试，究竟是大学生的个人问题，还是大学的内部问题，还是社会的公共问题，只有准确定位这一问题，才能真正制定出有效的政策。

二、目标

公共政策的目标(goals or objectives)是政策制定者试图通过政策实施取得的效果或达成的目标，外语政策的目标亦是如此。目标是否明确对政策实施效果影响很大。外语政策往往具有一项或多项目标，但多项目标应是同一方向的目标，这样可以确保政策目标更加顺利地实现。大学英语四、六级考试的政策目标是促进大学英语教学目标的落实，而不是为社会提供评价大学毕业生英语水平的工具，后者是其真正目标的变异。而高考英语本身就具有为大学选拔合格新生和促进基础教育发展的双重目的。分省命题则具有三项互不相干的目标，导致政策目标根本无法同时达成。

三、方案与备选方案

政策的具体内容是政策的方案(programme)，就是如何实现政策目标、解决政策问题的方法、途径、策略、行动计划、资源配置等。

备选方案(alternatives)是政策制定时根据科学分析设计制定的政策实施的策略与行动计划等。备选方案之间不应相互排斥、相互取代，而应是达成同一目标的不同方法与路径。我国迄今的外语政策往往缺乏备选方案，导致实施过程中出现问题时难以迅速调整到合理的轨道上去。

四、效益与成本

任何政策都会形成社会效益，很多政策会形成经济效益，有些经济效益不是政策直接规划的。大学英语四、六级考试的社会效益是促进大学英语教学质量的提高，促进我国人力资本质量的优化，但也为出版社、书店、培训学校带来了巨大的经济效益。

任何政策都是有成本的，外语政策的成本有些是国家的财政投入，有些是学习者及其家长的个人投入，有些是社会投入，当然还有外资企业的投入。有些成本是直接的，也有成本是间接的，如大学生学习英语时间精力成本对于专业与其他学习时间精力成本的影响，及其对我国大学生就业能力的影响，都是间接但却非常重要的成本。

效益与成本是否成正比，是外语政策制定与分析中不可忽视的问题。我国目前外语政策的制定往往缺乏相应分析。

第三节　外语政策的研究方法

政策科学是一个跨学科、综合性的研究领域，接受了政治学、语言学、社会学等众多学科的养份，其研究方法也主要有政治学方法、语言学方法、社会学方法。当然，这些方法是宏观研究的方法，本书主要采用公共政策分析方法，从较为具体的层面展开分析。我们也正在运用语言学、社会学的调查分析开展一项调查，其研究方法与本书方法有很大不同。

一、政治学方法

托马斯·戴伊（Thomas R. Dye）提出公共政策研究的八种研究方法模型：制度模型、过程模型、集团模型、精英模型、渐进模型、对策模型、系统模型和理性模型，其中外语政策研究必需的方法有：制度模型、系统模型、过程模型。

（一）制度模型

制度模型是从制度视角研究政策。制度是社会或组织的规则，是个人或组织的结构化行为方式。这种规则通过人们在与别人交往中形成合理的预期来对人际关系进行协调。它们反映了在不同的社会中有关相对于人们自己的行为和他人的行为的个人和集体行为而演化出来的行为准则。

从政策议题的提出、政策制定到政策实施与调整都是政策相关制度的产物，外语政策亦不例外，研究外语政策需要分析政策制定制度，当然更需要分析政策所在的制度。

（二）系统模型

人类自古就有系统思想，在20世纪出现的系统论，系统地表达了人类的系统思想。系统论指出，系统是由若干要素以一定结构形式根据一定目的构成、具有某种功能的有机整体。

系统论的核心思想是系统的整体性。系统论强调，整体大于部分之和，任何系统都是一个有机的整体，它不是各个部分的机械组合或简单相加，系统的整体功能是各要素在孤立状态下所没有的新性质。

系统论把世界上任何事物都看成是一个系统，一切观察对象都是一个系统，所以研究和分析应该从整体上分析系统组成要素、各个要素之间的关系，系统的结构和功能，以及系统、组成要素、环境三者的相互关系和变动的规律性，根据分析的结果来调整系统的结构和各要素关系，使系统达到优化目标。

政策既是一个独立的系统，也是整个社会系统中的子系统，政策研究当然需要系统方法。

外语政策本身既是公共政策体系、语言政策体系中的子系统，也是独立的系统，既与社会各种要素相关，也与语言本身的内在成分发生相互作用，比如国家推广某一种教学方法、教学理念，则是两个系统共同作用的体现。

（三）过程模型

过程模型是把政策看做一种政治行为过程，过程是一个一个环节组成的，政策过程的主要环节有：问题提出、确认目标、方案制订、合法化、政策实施、政策评价等。研究公共政策自然应该研究政策过程各个环节，尤其是分析政策效果时，更需要分析问题可能出现在哪个环节。

外语政策研究当然也需要运用过程模型进行研究。

二、语言学方法

（一）调查法

调查国家社会的外语需求，分析外语政策实施成效，发现外语政策实施困难，制定外语政策调整策略，都需要进行相关调查。

（二）测验法

对外语政策效果进行分析的一个基本、重要方法，就是测验法，通过对政策对象的外语水平的测验，分析外语政策的功效。

运用测验法进行外语政策研究时必须注意，测验的试题必须符合政策的目的，所以需要制定与政策目标一致的测验大纲，编制相关的蓝图，设计相关的试题。只有符合政策目标的试题才能真正测量出政策的效果。

（三）文献研究法

作为来自语言学（语文）的传统方法，文献法是外语政策研究中不可忽视的基本方法。我们可以开展历史文献研究，比如对我国外语政策进行历史文献学的研究，对我国社会经济发展与外语政策关系的历史文献的研究，对我国外语课程、教材、教师培养、学习效果的历史文献的研究，以及对我国外语教育教学、管理、社会参与等历史文献的研究。

我们也可以开展当代文献研究，这就是对当代的外语政策文献的研究，比如对我国当前外语政策的文献学研究，对当前我国外语教育政策的研究，对我国当前外语课程、教材、教师培养、学习效果的文献的研究等。

当代文献研究有助于我们发现当前研究的动向、趋势，发现关注的重点以及被忽略的研究对象，及时总结经验，发现问题。

三、社会学方法

社会学的调查研究方法是社会科学广泛使用的方法，政策研究当然也可以根据需要采用，尤其是访谈调查法和问卷调查法。

（一）访谈调查法

访谈调查法就是用面对面交谈的方法进行调查。

访谈法依据在调查访问时的控制程度不同，一般有三种不同类型的访谈：结构型，半结构型，无结构型，或被称作封闭型、半封闭型、开放型。

结构型访谈就是访问者事先设计问题，对所有被访者问相同的问题，然后整理被访者的回答。半结构型访谈就是把要问的有关问题交给访问者，由访问者根据访问过程，随机确定问题顺序，甚至问题也可能有些变化。无结构型访谈就是指事先不设计任何问题，访问者只有调查目的，然后访问者与被访问者自由交谈。

（二）问卷法

问卷是更加常用的方法，就是把事先根据研究目的设计的问题印在纸上，或者制作为电子文件，然后邮寄、分发或以电子邮件的形式发送给被调查对象，请调查对象根据问卷设计进行问答，并把答卷返回。

问卷法节约成本，可以有很大样本，而且数据可以直接使用，不足在于无法根据问答进一步深入调查。访谈法因为访问者有限，所以样本总是有限，而且需要较多人力、物力，数据还需要整理、解码后才能使用，其优点就在于可以根据被访谈者的观点和问题，深入进行讨论。

社会科学的方法是公共政策研究，也是外语政策研究必不可少的基本方法。

当然，具体的一项外语政策研究可能不是只使用哪一种方法，而是需要根据政策研究的目的，选择多种方法配合使用，以真正分析政策的本质，促进政策目标的实现。

四、公共政策分析方法

政策研究的一种最常用方法是公共政策分析的方法。基于公共政策分析的目的，外语政策分析的目的主要为：帮助决策者确定政策目标；找出达到目标的各种可能的办法；分析每个备选方案的各种可能结果；依一定的标准排列各种备选方案的顺序。①

---

① 陈振明：《公共政策分析》，北京：中国人民大学出版社，2003，第 371—373 页。

基于公共政策分析的方法，外语政策分析应该具有六个步骤：

1. 分析导致外语在国家安全、社会发展等方面存在的问题的相关因素（不是分析问题本身），初步界定外语政策的问题（积极的与消极的）；

2. 明晰外语政策问题，确立外语政策要实现的目标；

3. 针对外语政策目标，搜寻备选方案，并对其进行设计和筛选；

4. 对各备选方案的前景和后果进行预测；

5. 根据预测结果，评估各备选方案的优劣；

6. 对外语政策实施后所产生的效果进行评估。

政策分析是一个运用各种科学技术分析问题情境，解决政策问题的过程。政策分析的方法通常有系统分析、经济学分析、伦理学分析等方法。

第二章　外语政策的功能

政策是有目的的行动方案，这些目的就是政策实施后所发挥的作用与实现的功效，也就是政策的功能。政策功能就是政策所能发挥的作用和功效，具体表现为政策的目的。外语政策具有作为公共政策的基本功能，这些功能与公共政策的功能相同，也具有外语政策自身特有的功能。

第一节　外语政策的基本功能

与一般公共政策一样，外语政策的基本功能可以归为四类：导向功能、协调功能、控制功能和象征功能。

一、导向功能

政策总是以解决社会问题为目的，对社会问题的解决方案就是政策制定者所期望问题发展的方向，这是政策的导向功能。导向功能是指政策引导政策对象的行为按照政策目的所期望的方向发展、达到政策预设目的的功能。

我国从 1862 年开设国家外语学校——京师同文馆，这就是一个明显的导向。

1840 年后，中国不断受到外强凌辱，甚至规定对外交往必须以英文为主。1860 年续定的中英《天津条约》规定："一、嗣后英国文书俱用英文字书写；二、暂时仍以汉文配送；三、自今以后，遇有文词辩论之处，总以英文作为正义，此次定约汉英文字详细校对无讹，亦照此例"。为此，国家急需大量英文人才。于是，在众多大臣建议下，一所国立外国语学校——京师同文馆——1861 年 1 月正式批准设立，隶属总理衙门，1862 年 6 月正式开学。该校为了鼓励学生报名学习，不仅规定国家承担学费，并给予生活补贴，而且毕业时按照传统科举制度授予科举功名。

这样的政策功能非常明显：引导社会积极开办外语学校，引导国民积极学习外语。一时间，一批外国语学校相继在全国建立，主要有：上海广方言馆（1863 年）、广州同文馆（1864 年，亦称"广州广方言馆"）、新疆俄文馆（1887 年）、台湾西学馆（1887 年）、珲春俄文书院（1889 年，吉林）、湖北自强学堂(1893 年)以及湖南湘乡东山精舍方言斋(1895 年)等。

1978 年的改革开放这一基本国策制定不久,国家就组织专家开办了英语广播电视教学节目。这显然也是非常明显的信号,更加突出其导向功能。改革与开放这两项基本国策的实施,都需要大量的外语人才。时至今日,国家仍然在要求培养大量外语人才。

二、协调功能

公共政策的对象严格意义上是这个社会的每一个人,因为任何政策都会与社会各个层面形成联系,比如一项关于远洋运输的政策,看起来与四川的一位普通农民没有任何关系,但实际上远洋运输涉及的农产品运输、生活资料运输都与这位农民直接相关,生产资料运输、能源运输、国家远洋运输收入、远洋运输内含的海军实力等都与这位农民间接相关,甚至这位农民可能有一位亲属就是远洋船员,从而更加相关。显然,政策与全体国民的利益相关,只是相关度大小不一。

因此,政策就是要协调不同利益体之间的利益冲突,达成合理的利益均衡,这就是政策的协调功能。政策的协调功能是指政策起到协调相关利益体关系的作用与功效。这些关系主要包括组织关系、权力关系、经济关系、民族关系等。

外语与汉语教学的轻重、少数民族地区的外语、母语与汉语的关系,都是需要协调的。甚至外语语种规划,选择英语、俄语、法语、德语、日语、韩语、马来语等作为本地的学校外语课程,也是需要协调各方利益关系的。

三、控制功能

政策要解决的社会问题不都是发展的问题,还有很多是需要消解的问题,比如物价飞速上涨、贪污腐败等等,还有一些问题要促进其发展,如见义勇为、志愿者行动等,这就需要政策具有消解或促进的控制功能。政策的控制功能是指政策起到消解或促进政策对象的某些行为的作用与功效。

我国大学英语四、六级考试政策是为了促进我国大学生英语学习、培养国家需要的具有外语运用能力的专业人才而制定的,在考试开始之时,还是广泛促进了大学的外语教学,使大学更加重视外语教学的。但是,随着这一政策不断推进,四、六级考试成绩开始与大学毕业证书挂钩、与社会用人单位的招聘条件挂钩,这就导致了大学英语四、六级考试政策的异化,从而受到社会各界、尤其是教育界的广泛批评。然后,国家不得不出台新的大学英语四、六级考试政策,并不断改进大学英语教育政策。

这一案例非常典型地说明政策的控制功能。当然,大学英语四、六级考试政策目前的控制功能还没有得到全面体现，这是因为政策本身涉及太多利益关系，政策制定者（教育部）作为管理者却成为利益方（获得考试费收入），从而导致政策功能无法真正实现。

四、象征功能

有些政策没有实际的目的，没有实际的功效，因为这些政策的功能就是象征。政策的象征功能是指政策的目的是起到象征符号意义，不带来实质性政策结果。

很多人认为，世界上越来越多的人在学习汉语，而且我们不需要全体13亿国民都会讲英语，所以我们现在根本不必要面向全体义务教育学生开始英语教学，而应该把英语课程作为选修课程，让有兴趣的学生进行选择。

这恰恰就是忽视了外语教育在我国的象征意义，外语教育是我国改革开放的重要标志。当然，象征功能只是外语政策的功能之一，外语教育更是我国学习世界先进文化的重要需要。可以说，现在没有哪个国家不重视外语教育，即使以前不重视外语教育的英国、美国，现在也非常强调外语教育。

我国开设某些外语课程，也是基于外语政策的象征功能，如我国比较重视斯瓦西里语的教学，这就是因为我国重视与非洲国家传统友谊、尤其是政治联系。所以，重视斯瓦西里语的教学，本身就是我国外语政策的象征功能的缩影。

综合四项功能而言，外语政策的功能主要的是导向功能、协调功能，控制功能、象征功能是其不可忽视的功能。这四项功能是功能性的，不是领域性的，所以这些功能可能单独或综合作用于某一领域，形成外语政策在某一领域的功能。如对于社会发展，外语政策具有导向作用，也具有协调作用，二者结合形成外语政策促进社会发展的功能；而对于国家安全，外语政策具有导向功能、协调功能，还具有控制功能，这三者结合形成了外语政策加强国家安全的功能。

第二节　外语政策促进社会发展的功能

外语政策的导向功能和协调功能中都具有促进社会发展的功能，这就形成了外语政策在社会发展领域的功能：促进社会发展的功能。

一、外语政策与社会发展

现代国家建构促进着社会的现代化，现代社会“首次开创了世界历史，因为它使每个文明国家以及这些国家中的每一个人的需要的满足都依赖于整个世界，因此它消灭了以往自然形成的各国的孤立状态”。[①] 在现代国家建构的进程中，外语成为国家建构不可或缺的需求。适应社会发展的外语政策可以促进社会发展，而不适应社会发展的外语政策则可能成为社会发展的制约因素之一。

我们知道，外语政策关注的是外语相关的公共问题，外语相关的公共权力机构为解决这些问题制定政策。[②] 也就是说，国家、社会的发展是外语政策的首要关注焦点。

社会发展是指国民收入、科技教育、医疗卫生、人民生活、社会结构、社会保障、社会秩序等多方面的增长性变化。[③] 社会发展的内涵非常广泛，主要包括 15 个方面：寿命、生活健康状况、教育设施的利用、文化程度、就业机会、工作生活质量、时间利用、收入、财富、住房条件、服务设施、环境公害、社会现象、危险事故、受到威胁。[④]

社会发展也是当前举世瞩目的一个重大问题，联合国于 1995 年 3 月在丹麦首都哥本哈根专门召开了社会发展问题的世界首脑会议，大会制定了《哥本哈根社会发展问题宣言》。该宣言开篇就指出：人类已经“认识到所有人的社会发展和福祉的重要性并将这些目标列为当前和跨入第二十一世纪的最优先事项”。“社会发展和社会正义是实现和维持各国国内和国际和平与安全不可缺少的条件”。“社会发展是全世界各国人民的中心需要和愿望，也是各国政府和民间社会各部门的中心责任”。该宣言承诺：创造一个能够使人民实现社会发展的经济、政治、社会、文化和法律环境；以果断的国家行动和国际合作，达成消灭世界贫穷的目标；建立稳定、安全和公正并基于促进和保护所有人权以及基于不歧视、容忍、尊重多样性、机会平等、团结、有保障和所有人包括处境不利和易受伤害群体和个人都参与的社会，以此促进社会融合；大量增加和/或更有效地利用分配给社会发展的资源，以期通过国家行动以及区域和国际合作达成首脑会议的目标；改善和加强促进社会发展的国际、区域和分区域合作架构。[⑤]

在人类社会的不断发展，各个国家越来越相互影响，一个国家的社会发展越来越受到国外因素的影响。正如马克思指出，“各个相互影响的活

① 《马克思恩格斯选集》，北京：人民出版社，1972 年第 1 卷，第 67 页。
② 宁骚：《公共政策学》，北京：高等教育出版社，2003，第 185 页。
③ 王义祥：《发展社会学》，上海：华东师范大学出版社，2004，第 26 页。
④ 严强，魏姝：《社会发展理论》(第 2 版)，南京：南京大学出版社，2005，第 324—325 页。
⑤ 联合国：《社会发展问题世界首脑会议的报告》(中文版)，纽约：联合国，1995，第 3，11—28 页。

动范围在这个发展过程中愈来愈扩大，各民族的原始闭关自守状态则由于日益完善的生产方式、交往以及因此自发地发展起来的各民族之间的分工而消灭得愈来愈彻底，历史也就在愈来愈大的程度上成为全世界的历史。"①来自外国的影响不可避免地要求与之相适应的外语政策，这就使得社会发展不可规避外语能力。

无论是联合国的社会发展宣言，还是经济合作组织的社会发展指标体系，都有多项内容直接要求与之相适应的外语政策。要"创造一个能够使人民实现社会发展的经济、政治、社会、文化和法律环境"，需要满足人民接受外语教育的需求，也需要具有外语运用能力的公民去创造这样的环境。要开展道义上、社会上、政治上和经济上的"国际合作，达成消灭世界贫穷的目标"，更是需要具有外语运用能力的人去实现这种合作。要"建立稳定、安全和公正并基于促进和保护所有人权以及基于不歧视、容忍、尊重多样性、机会平等、团结、有保障和所有人包括处境不利和易受伤害群体和个人都参与的社会，以此促进社会融合"，更是需要外语，尤其是要在多民族、多语言的跨文化的交往中实现以上目标。要"通过联合国和其他多边机构，改善和加强促进社会发展的国际、区域和分区域合作架构"，更是需要精通外语的人才。

可以说，国家的现代化必然导致社会的国际化，而国际化必然要求国民具有一定的外语能力，形成足够的国家外语总量（national foreign language capacity）②。消灭贫困也好，稳定发展也好，环境保护也好，都需要外语人才。可以说，在国际化的背景下，社会发展的诸多层面、甚至各个层面，都要求国家形成足够的国家外语总量。显然，国家外语总量不仅促进现代国家建构，更促进社会发展。

二、我国当前外语政策与社会发展

在当今世界，一个社会的国际化程度越大或国际化需求越大，这个社会就越是重视外语。当前最为国际化的欧洲、美国、日本，都非常重视外语。具有强烈的现代化意愿的中国确定了改革开放作为基本国策。改革要求发展，发展需要提高国际竞争力，开放需要与世界的交流。这一基本国策当然需要外语，外语因此已经成为我国实施改革开放基本国策、社会经济发展、提高人民生活和发展教育事业等各个领域不可忽视的重要

---

① 《马克思恩格斯选集》，北京：人民出版社，1972年第1卷，第67页。

② 这个概念来自以色列语言学家、外语政策专家 Bernard Spolsky 的论述，指一个国家总体的外语能力。参见 Bongaerts, T. and K. Bot. 1997. *Perspectives on Foreign-Language Policy*. Amsterdam: John Benjamins Publishing, pp. 99-112.

因素。

在国际化、现代化的推动下，外语不仅已经成为我国国民教育的主要内容之一，现在从小学生到博士生都需要学习外语，而且已经形成广泛的市场，每年社会教育市场的外语培训费用达到数百亿元之多。加入 WTO、举办奥运会，使我国对国家外语总量的需要更大。虽然外语越来越受重视，但是对外语教育的批评却越来越猛烈。满耳可闻的不乏“走火入魔、祸国殃民”①等感性的批判，也有更加理性的分析批判。理性的分析批评②指出，我国外语政策的根本性偏失在于，我国外语政策的制定缺失社会发展这一基础。

首先，我国外语政策目标偏离于我国社会发展对外语的需求。我国目前的外语政策目标则是把所有中小学生、所有大学生都培养成具有外语运用能力者，甚至有些学校要求学生必须通过大学英语四级考试，同时我国几乎所有专业职称晋升都要求申请者通过外语考试。显然，这种外语政策目标与社会需求并不一致。我国目前还是以国内市场为主的经济机构，国民收入也还处于人均 GDP4300 美元(2010)，我国很多普通的工作岗位对外语能力的需求并不是很高。比如我国大多数乡镇级政府的工作人员在工作中很少使用外语，我国很多企业的一般管理人员和工人在工作中也很少使用外语，还有那些接受了义务教育、然后回乡务农的农民，在劳动和生活中更是很少使用外语。而实际上，我国社会发展真正需要的具有较强外语能力的高层次专业人才数量不足，社会发展需要的具有简单外语能力的高层次技术人才数量不足，而大量非国际化专业的普遍劳动者(他们在中小学花了很多时间学习外语)和大学生(他们在中小学、大学花了更多时间学习外语)，不仅没有获得社会发展需要的外语运用能力，也没有获得社会发展需要的专业能力，这导致了大量外语教育与学习资源的浪费，也导致了专业教育资源的浪费。

其次，我国外语教育政策过度超前于我国社会发展现实。我国现在从小学三年级把外语作为国家课程开设，一直到大学阶段、博士生阶段，外语都是主干课程，这使得我国具有近百万外语教师。但是，我国的外语教师大多都还达不到流利的外语使用者这个最起码的标准，尤其是小学英语教师。2001 年我国将小学英语课程规定为国家课程，在我国目前的

---

① 朱鲁子，2003，炮轰大学英语考试制度：英语考试“祸国殃民”http://news.xinhuanet.com/edu/2003-10/29/content_1148309.htm 新华网(访问时间 2003 年 12 月 20 日 16：31)

② 鲁子问：“英语课程标准结构的社会发展适应性比较研究”，《课程・教材・教法》，2006 年第 4 期，第 87—91 页；鲁子问：“外语教育规划：提高外语教育效率的可能途径”，《教育研究与实验》，2006 年第 5 期，第 41—45 页。

小学教师尚无力承担小学英语课程、我国教育财政又无力招收更多小学英语专业师资的情况下，小学英语课程只能在师资力量不足的背景下开设。当我们还在为具有合格师资、全面开设小学英语课程而努力时，我们自然无法提高英语教育的效率，也无法实现外语政策的目标。其根本原因就在于我们的外语教育政策过度超前于我国社会发展现实。诚然，教育要有一定的超前性，但若合格师资都不具备、解决合格师资不足的财力和物力也不具备、技术也不具备的现阶段，我们究竟应该如何制定我们的外语教育政策，是需要冷静思考的问题。比如在这一背景下，基于现有教师水平，规定更为符合社会发展的外语课程目标，在培养全体国家的对外开放的跨文化意识的同时，集中力量培养一批国民的外语运用能力，而不是试图培养全体国民的外语运用能力（因为各种原因，我国在当前尚无法完成这一目标），就不失为一种可能的解决方案。

同时，我国外语考试政策也与社会发展需求存在差距。若单纯从毕业成绩和考试数据看，我国每年通过初中学业考试、高中会考和高考、大学英语四级、六级考试的学生人数并不少，仅仅每年通过大学英语四级考试的学生就有一百多万人，这样的数据应该说明我国外语教育是达到了其规定的目标，而且这么庞大的外语人才队伍应该可以满足我国社会发展对英语人才的需求。但是，尽管有这么多通过了大学外语考试的毕业生，包括已经通过了大学四级英语考试的学生，很多企业并不能找到足够的满足企业对外语能力要求的人才。其根本原因在于，我国外语考试所评价的外语能力与我国社会发展所需要的外语能力不一致，考试过于强调知识，真正的外语运用能力评价手段仍然缺乏。

由此可知，我国外语政策与我国社会发展对国家外语能量的需求有着比较大的距离。如何基于社会发展的需要，科学地制定外语政策，对我国这样一个社会资源与教育和学习资源都还非常有限的国家，是非常重要的。为此，我们必须基于社会发展的需要，改革我国当前的外语政策。

三、社会发展与外语政策制定：欧洲案例

二战以来，欧洲[①]长期实施具有明确的社会发展目标的外语政策，这一政策促进了欧洲的社会发展，也促进了欧洲外语政策的发展。

（一）欧洲外语政策的发展

整个欧洲统一的外语政策是由成立于1949年、现在有45个成员国的欧洲最大的政府间组织——欧洲委员会（Council of Europe）制定的。

① 本节所讨论的是整个欧洲作为一个整体的外语政策，而不是欧洲不同国家的外语政策。

欧洲委员会专门设立了语言政策局(Language Policy Division)来研究和制定欧洲统一的语言政策,尤其是外语政策。

当前欧洲的主要外语政策是欧洲委员会制定的《欧洲语言学习、教学、测试的参考性共同框架》(*Common European Framework of Reference for Languages: Learning, Teaching, Assessment*),简称《共同欧洲框架》(Common European Framework, CEF)。

《共同欧洲框架》是欧洲委员会长期外语政策的集中体现(欧洲委员会自成立不久就一直积极地介入外语政策的制定,欧洲委员会从 20 世纪 50 年代晚期就开始其外语政策的研制与实施)。由于欧洲存在很多语言,甚至一个国家有多种语言(如比利时使用法语、荷兰语等,西班牙使用西班牙语、加泰罗尼亚语),也有几个国家使用同一种语言(如德国、瑞士、奥地利都使用德语)。

欧洲委员会认为语言是欧洲文化传统的组成部分,是欧洲的资源。欧洲一体化又需要欧洲不同国家的国民之间自如地交流,这样才能促进欧洲之内的社会流动,从而促进欧洲的发展。所以"欧洲委员会长期以来都把促进语言教学作为其主要优先领域"。[①]

欧洲委员会在 20 世纪 50 年代后期开始了确定法语基础语法和词汇的"基础法语(Le Francais Fondamental)"项目,以及为成年人学习法语(提供)的视听教材"法国声像"。20 世纪 70 年代开始的"校外教育委员会(Committee for Out of School Education)"项目造就了后来的意念—功能大纲,入门级(the Threshold Level)以及交际法的诞生。20 世纪 80 年代推出了更低级别的"台阶(Waystage)"级以及"跟我学(Follow me)"等电视和多媒体节目。在 80 年代末到 90 年代(1989—1997),"欧洲公民语言学习(Language Learning for European Citizenship)"等主要项目则是为新成员国设计的语言项目。1991 年开始制定更加全面的欧洲统一的外语政策,1996 年提出《共同欧洲框架》草案,经过广泛论证,1998 年进行修订,然后继续征求意见,2001 年正式颁布。[②]

显然,欧洲委员会一直在依据欧洲社会发展的实际需求,不断制定出新的外语政策。

(二) 适应社会发展需求的欧洲外语政策目标

《共同欧洲框架》全面说明了欧洲的外语政策目标。在语言教育内在

---

① Morrow, K. 2004. *Insights from Common European Framework*. Oxford: Oxford University Press, pp. 5-7.

② Council of Europe. 2001. *Common European Framework of Reference for Languages: Learning, Teaching, Assessment*. Cambridge: Cambridge University Press, p. 3.

的目标方面中,《共同欧洲框架》将在很多方面形成其历史影响,比如对于语言运用能力的界定、can-do 形式的描述、能力评价等级标准的编制等。

在语言教育外在的目标方面,《共同欧洲框架》全面阐释了其社会发展、文化教育、人的发展的目标。在社会发展层面,欧洲委员会教育部长会议 R(82)18 决议为《共同欧洲框架》规定了如下的社会发展目标:

1. 尽快保证国内所有阶层的人民都有机会掌握习得成员国(或国内其他群体)的语言知识以及能够满足他们交际需要技能的有效方法,尤其是:

1.1 在另一国家应对日常生活事务,帮助在本国生活的外国人应对日常生活事务;

1.2 与讲外语的年轻人和成年人交流信息和观点,并与他们交流思想和情感;

1.3 达到对其它民族的生活方式及其文化传统的比较广泛、深入的理解。

2. 促进外语教学(略)

3. 促进外语教学研究(略)

欧洲委员会教育部长会议 R(98)6 决议[①]明确说明了《共同欧洲框架》的语言领域行动的社会发展目标:

- 使全体欧洲人能应对日益激烈的国际流动和日益紧密的合作(不仅在教育、文化、科学领域,而且在贸易和工业领域)的挑战。
- 通过更加有效的国际交往,促进对身份与文化差异的共同理解、宽容、尊重。
- 通过对国家与地区语言(包括那些非通用语言)更多的相互了解,保持与不断发展欧洲文化生活的丰富与多样性。
- 通过发展欧洲人跨越语言与文化边界交往的能力,满足一个多种语言、多元文化欧洲的需要,这要求鼓励各种可持续的、终身学习的努力,建立有组织的根基。
- 避免在一个互动的欧洲出现有些人因为缺乏必要的交际技能而被边缘化的危险。[②]

显然,欧洲委员会外语政策的发展以及《共同欧洲框架》说明欧洲外

① Council of Europe. 2001. *Common European Framework of Reference for Languages: Learning, Teaching, Assessment*. Cambridge: Cambridge University Press, pp. 3-4.

② Council of Europe. 2001. *Common European Framework of Reference for Languages: Learning, Teaching, Assessment*. Cambridge: Cambridge University Press, pp. 3-4.

语政策具有以下明确的社会发展目标：

(1) 满足社会发展现实对欧洲公民外语能力的需要

(2) 通过外语政策提高欧洲的国际政治、经济、文化竞争力

(3) 通过外语政策促进欧洲的国际交往中的文化理解

(4) 通过外语政策促进欧洲社会均衡发展

(5) 保护欧洲文化与语言的多样性

这些指向社会发展的欧洲外语政策的目标充分说明欧洲外语政策具有鲜明的社会发展特性，把适应社会发展需求作为外语政策的本质性目标。

(三) 欧洲外语政策的特点

分析欧洲基于社会发展的外语政策的发展，我们可以看出，欧洲外语政策具有以下特点：

1. 社会发展性

从 20 世纪 50 年代以来的半个多世纪里，欧洲委员会总是根据欧洲社会发展需要不断调整其外语政策，从语种，到教学方法，到评价方法等不断发展，而且总是不断成为世界外语教育的新高度。

欧洲外语政策之所以不断变化，其目的就是适应社会发展需要。在 20 世纪 50 年代，二战刚刚结束，欧洲开始出现联合。欧洲的外语政策主要是大语种的外语政策，而且是针对国际交流程度较高的语言运用者的语言政策，不是大众化的外语政策。到了 20 世纪 70 年代，欧洲的社会发展出现大量的普通工人、旅游者的国际流动，经济与社会的一体化促使欧洲制定面向大众的外语政策。这些政策不仅促进了本地社会经济发展，更促进了欧洲的一体化进程。从 20 世纪末开始，欧洲逐渐走向全面的一体化，尤其是欧盟的形成，更加促进了欧洲的一体化，社会发展对外语的需求更大，外语政策更加具体、全面。

可以说，欧洲的外语政策适应了欧洲的社会发展，欧洲的社会发展促进了欧洲的外语政策的发展，出现了社会发展与外语政策同构发展的良性形态。

2. 科学性

欧洲委员会所有的外语政策都是组织相关领域的大批专家，进行长期的科学研究，然后制定形成的。

欧洲近几十年来一直引领外语教学领域的发展，在 20 世纪 70 年代提出交际法，到 90 年代又设计出 can-do(能做)表述的评价标准。目前《共同欧洲框架》政策不仅得到欧洲各国的认同，而且受到美国、日本、韩

国、中国以及众多阿拉伯国家的重视，很多国家借鉴《共同欧洲框架》编制自己的外语标准。欧洲委员会的外语政策十分重视把文化与外语政策结合起来，使外语真正成为国际交往的有效工具。

欧洲外语政策不断科学化，一个重要原因就在于欧洲外语政策一直在努力适应欧洲社会发展对于外语能力的需求。当生存性的外语交际是欧洲社会发展的需求时，欧洲的外语政策发展出了交际法。当跨文化的外语交际成为欧洲社会发展的需求时，欧洲的外语政策开始注重文化与语言的结合。

显然，欧洲外语政策适应欧洲社会的发展，促进了欧洲政策自身的科学化发展。

（四）欧洲外语政策的启示

欧洲外语政策的社会发展特征对我国正在形成的外语政策有颇多启示，尤其是在外语政策目标、外语政策发展方面。

1. 外语政策目标应该与社会发展相适应

与欧洲外语政策相比，我国还没有形成系统的外语政策，更没有面向全社会的外语政策，而且我国现有的还不系统的外语政策很多没有社会发展目标。

我国外语教育政策应该更多考虑社会发展的适应性。我国现行的外语教育政策受到很多批评，比如大学英语四六级考试问题、研究生入学外语考试问题，往往都是众矢之的。网上对于我国外语教育政策的批评比比皆是。

客观地说，我国现行的外语教育政策的确与我国社会发展对国民的外语能力的要求存在一定程度的背离。我国现在实行的全体受教育者同等接受同量的外语教育的公平外语政策，而且全部要求具有一定的外语运用能力。这样的政策会在不长的时间内把我国的全体受教育者（到2050年，几乎是全体国民）培养成外语运用者。我国的社会发展是否需要15亿（2050年可能的人口总数）的外语运用者呢？这是一个非常令人怀疑的数字。或许我们的外语教育目标更多不应该是外语运用能力，而是外国文化的理解能力，因为我们可能真的需要15亿国民都能理解外国文化，而不是都具有一定的外语运用能力，因为我国现在的社会发展还不需要所有普通劳动者都具有外语运用能力。①

我国外语社会政策也应适应社会发展需求。我国外语社会政策的典

① 鲁子问：《中学英语教育学》，北京：中国电力出版社，2005，第24页；鲁子问：“外语教育规划：提高外语教育效率的可能途径”，《教育研究与实验》，2006年第5期，第41—45页。

型代表是专业技术职称外语政策。我国社会各界只要有专业技术职称、职务晋升制度，一般都包含外语水平要求。当然，我国经济领域也有一些外语政策，主要是“不允许单独使用外语”的政策，比如进口商品在销售时必须有中文说明等。但这些零星的外语政策都不是从社会发展对外语人才的需求这一目标出发的。我国目前的专业技术职称外语政策也与社会发展不完全适应。我国目前的社会发展还不要求所有专业技术人员都具有外语运用能力，但我国的技术职称外语政策却要求几乎所有专业技术人员都参加外语考试，达到一定标准才能晋升高一级职称。

我国还处在现代化的初级阶段，我们应该制定出与我国社会发展相适应的、更加科学的外语政策，尤其是外语教育政策，才能保证教育资源尽可能最大效度地促进我国社会发展。

2. 外语政策应该随着社会发展变化而变化

欧洲外语政策的经验还告诉我们，外语政策应该随着社会发展而变化。我国外语政策相对来说并没有随着社会发展而进行必要的变化。以外语考试政策为例，我国目前的外语考试政策几乎都是 20 世纪 80 年代制定的以语言知识和语言技能为基础的考试政策，而我国目前的社会发展要求评价学生是否具有外语运用能力，而不是掌握了多少外语知识，也不只是要评价外语技能达到了怎样的水平。显然，我们应该根据社会发展需要改革我们目前已经与社会发展不相适应的外语考试政策。

3. 外语政策目标必须包含跨文化交往目标

欧洲外语政策显示，文化是外语不可分离的成分，跨文化交往目标应该是外语政策不可分离的社会发展目标。

如前所述，我国外语教育应该非常明确地规定跨文化交往目标，尤其是在我们不需要到 2050 年让 15 亿全体国民都具有外语运用能力的前提下，我们更应该把跨文化交往能力作为外语政策的核心之一，甚至是最基础性的目标。[①]

我国目前的外语政策几乎都是单纯的外语语言层面的政策，只对语言技能进行了一定的规定。在评价政策方面，我国目前的外语政策几乎都没有把文化目标作为外语评价的目标，这就导致我国的外语教育几乎不把跨文化交往的能力作为外语教育不可分离的基础性的、甚至决定性的目标。

---

① 鲁子问：《小学英语教育学》，北京：中国电力出版社，2004，第 91 页。

基于欧洲外语政策的经验，我们应该彻底反思我国外语政策，应该基于我国社会发展的实际需求，制定科学、合理的外语政策，同时随着社会发展的变化而改革外语政策，在当前尤其应该确定以受教育者的跨文化交往能力为基础的外语政策目标。

四、社会发展与外语教育政策制定：荷兰案例

在当前经济政治全球化的背景下，世界各国都十分重视外语教育。要提高外语教育的效率，使之适应21世纪全社会对外语人才的需求，外语教育政策的作用不可忽视。通过制订科学的外语政策，明确关于外语教育成本的分担、资源配置等问题，合理规定对语种、教学目的、教学内容的选择，以及制定完整的课程设置、课程实施等方面的标准与准则，外语教育才能够事半功倍，在全社会范围内实现教育资源和教育投入的合理化配置。

近年来，对外语教育政策的研究成为外语教育研究领域一个重要内容。香港学术界把母语教育与外语教育的关系问题看成是香港教育政策长期面临和需要处理的问题。

本节主要在立足于荷兰外语教育发展的历史和现状的基础上，回顾荷兰外语教育政策逐步成熟的过程，以期对当前我国外语教育政策的巩固和成熟有所启发。

在近代初期，今日的荷兰、比利时和法国北部的一部分，为一个联合体，称为尼德兰。但是到了16世纪末，北方各省取得了独立，成为尼德兰联省共和国，也就是我们今天所说的荷兰，南部由西班牙统治，成为西班牙属尼德兰，即今天的比利时。历史上的荷兰常常与比利时、法国、英国、德意志等周边国家发生战争。荷兰虽然面积小，宗教派别和信仰复杂，和其他周边国家有着千丝万缕的联系。由于原材料缺乏，荷兰不可能发展大型工业，农业也比较落后，而它位于许多大国中间的地理位置则有利于它发展国际贸易。17世纪是荷兰经济发展的黄金时期，从1602年荷兰与西班牙缔结12年停战条约后，荷兰迎来了20年的经济发展黄金期，积累了大量的财富，同时也创造了强大的对外贸易业和商业。18世纪的荷兰成为世界上最大的债权国，阿姆斯特丹成为国际股票交易中心，大量的资金投资于欧洲、东印度公司和美洲的公债。为了适应日益兴盛的国际贸易和航运业的需要，“外国语言，即使是黎凡特国家那么遥远的地方语言也给予仔细研究”①。并且，荷兰是欧洲国家中唯一的和三种世界性的

---

① 房龙著，施诚译：《荷兰共和国兴衰史》，石家庄：河北教育出版社，2001，第25页。

语言交界的国家，即英语、法语和德语。[1] 所以，荷兰是一个非常典型的多种语言并存、多种文化交融的国家。研究荷兰的外语教育政策，必然能从中看到一个国际化定位的国家如何制订成功的外语教育政策，如何确保外语教育不可替代的重要地位的历史，从而对于当前我国的外语教育政策制定和规划提供经验借鉴。

（一）荷兰外语教育政策的历史发展

荷兰的外语教育政策始于 18 世纪，到现在大约经历了以下五个阶段。

1. 荷兰外语教育政策确立的萌芽时期

1796 到 1857 年是荷兰外语教育政策制定的萌芽阶段，政府教育体系开始确立，人们已经提出了在基础教育阶段开设外语教育的构想。但是，迫于财政的压力，这一现代化的建议并未得到实施。甚至连国家教育委员会的委员 J. H. Van de Palm 都认为核心课程和大纲中不可能包含外语教育，它只属于“特定阶层”[2]，在基础教育阶段，他只能在部分私立学校中进行教学。

1806 年，荷兰颁布了历史上第一部对后世产生重大影响的外语教育政策——《1806 教育法案》(The Education Act of 1806)。该法案提出外语教育应该成为法定的基础教育框架的一部分。自此，部分小学和私立学校向那些有支付能力的人们开设了外语课程。但是，在高等教育中，提供“大学预备教育”的拉丁文学院和常规的大学都没有在他们的课程大纲中包括外语教育。

这一时期另外一个重要的教育政策产生于 1815 年。1815 年，荷兰政府颁布了一项“皇家法令”(a Royal Decree)，该法令的颁布是为了重新振作拉丁文学院，避免其走向衰落的命运。该法重新规定了拉丁文学校的课程大纲，采取了一系列改革的措施，但新课程大纲中并没有包括外语，也没有给拉丁文学院带来任何复苏的迹象。真正的变革却从拉丁文学院的内部诞生了。以海牙拉丁文学院(Latin School of Hague)为首，拉丁文学院设立“二级学部”(The Second Department)，并在那里开设包括

---

① Dirk Tuin & Gerard Westhoff. 1997. “*The task force of the Dutch National Action Programme as an Instrument for Developing and Implementing Foreign-Language Policy*”. In Theo Bongaerts Kees De Bot (eds.). *Perspectives on Foreign-Language Policy*. Amsterdam/Philadelphia: John Benjamins Publishing Company.

② Frans Wilhelm. 1997. “Foreign Language Teaching Policy in the Netherlands 1800—1970: A Historical Outline”, In Theo Bongaerts Kees De Bot (eds.). *Perspectives on Foreign-Language Policy*. Amsterdam/Philadelphia: John Benjamins Publishing Company.

外语在内的实用性强的学科教育。这种形式的教育开创了历史上第一次在政府出资的公办“二级学部”中开设外语教育课程的先例，并且取得了巨大的成功，其他拉丁文学院纷纷仿效，延缓了当时的拉丁文学院走向衰落的步伐。1876 年，新的“高等教育法案”(The Higher Education Act)出台，“二级学部”不复存在，这样的外语教育形式也从此结束。

而大学教育中，外语教育一直处在一种边缘地位。“大学最初是作为培养教士的学校。神学系是大学里面最古老而且在许多世纪里也是最重要的系。拉丁语和希腊哲学，加上西伯来文、迦勒底文、阿拉伯文，都是第二流的学问，都是作为研究圣经的辅助工具。”①外语只是现实生活中所需要的一种技能，并非一个独立的学科，甚至外语教师的工作报酬也采取私下支付的形式。所以，用荷兰第一个外语教授 B. Sijmons 的话来说，1876 年以前大学中外语教育不过是以一种“非实体”(non-entity)的形式存在。② 在当时的情况下，外语教师教学完全呈现出一种自发和无序状态。当时的外语讲授者在大学里的地位很低，他们没有院系正式成员的资格，甚至在 1829 年政府取消了对他们的年度津贴，他们的生存状况进一步恶化。但是，在种种不利的条件下，部分外语教师仍然对外语的语言和文学保持着积极的兴趣，并且有相关的研究成果出版。总而言之，以“非实体”来评价 1876 年以前外语教育在大学中的地位是切合实际的。1876 年“高等教育法案”(The Higher Education Act)通过后，这种状况才得以改观。

2. 荷兰外语教育政策基本立法阶段

从 1857 年到 1876 年的 20 年，荷兰确立了三部和外语教育相关的法案，分别是《1857 年法案》、《1863 年法案》和《1876 年法案》。在此 20 年，政府将外语教育从基础教育阶段逐渐延伸到中等和高等教育阶段，并且确立了它的法定地位。

1857 年，政府修改了《1806 年教育法案》，提出了《1857 年法案》。在此法案中，政府拓展了基础教育的范围，提议在基础教育的高级阶段中增加数学、农业科学等科目。在该法案提交议会投票表决时遭到 J. R. Thorbecke 等人的质疑，他们认为外语教育也应当写入该课程方案。中等教育是否能够开设外语课程？外语教育是否只属于基础教育？议员们

---

① 房龙著，施诚译：《荷兰共和国兴衰史》，石家庄：河北教育出版社，2001，第 55 页。

② Frans Wilhelm. 1997. “Foreign Language Teaching Policy in the Netherlands 1800—1970: A Historical Outline”. In Theo Bongaerts Kees De Bot (eds.) *Perspectives on Foreign-Language Policy*, Amsterdam/Philadelphia: John Benjamins Publishing Company, p. 7.

在议会里进行了激烈的争论。最终议员们一致认为外语教育是中等教育中不可缺少的内容，应该在中等教育中开设外语。但是，当时荷兰没有颁布任何一项“中等教育法案”，所以支持者和反对者达成妥协：在基础教育的高级阶段开设外语课程。从此，按照《初等教育法》(The Primary Education Act)的规定，许多公办的学校在基础教育高级阶段中开设了外语教学科目，外语教育从私立学校逐渐走向了由政府出资支持。

1863年，J. R. Thorbecke考虑到中产阶级的需要，提出了《中等教育法案》(Secondary Education Bill)。根据《1863年法案》的要求，为了适应日益增长的社会需要，法语、德语和英语被写入了中等教育的体系中，甚至他们被规定为义务教育的一部分。

自此，英语已经进入了正规的中等教育系统，虽然外语教育仍然把他们定位在为少数人服务。以高等公民学院(The Higher Burgher School)为例，高等公民学院是一个专门为中产阶级提供职业培训的学院。在这里有25%的课程是外语教育，这个比例在后来很长的一段时间里保持不变。这个学院并没有规定的课程计划，因为J. R. Thorbecke等人认为应该由本地的需要来决定学习内容。所以，一方面教师的教和学生的学有很大自由发挥的空间；另一方面，为了保证教学质量，政府规定在每省的省会举行毕业考试。毕业考试由国家统一管理，第一次统一的毕业考试于1866年举行。

另外一个开设外语教育的机构是著名的文法学院(The Grammar School)。尽管外语教育已经是该学院课程计划的必要组成部分，文法学院却重在教授外文的经典著作。外语教育的地位也无法和高等公民学院相比，后者更加注重社会实际需要，为新兴的中产阶级提供职业外语教育。

这一时期第三部有重大历史意义的法案诞生于1876年，即《1876高等教育法案》。它为外语的语言和文学学术研究奠定了基础，它规定每5年至少在一所国家级别的大学中授予一个或者多个外语教育教授的席位。University of Groningen是体现这一法令的前沿。1881年该学院任命了荷兰历史上第一个外语专业教授，主要教授德语、英语的语言和文学。1884年，法语有了自己专业的教授席位；1886年英语也取得了这一资格。

尽管外语教学在中等和高等教育中的法定地位已经相对确立，但是对外语学习进行学术研究的必要性，人们一直未能够达成共识。所以，当时存在一个十分奇特的现象：学生可以在大学里进行外语学习，但是不能够以这个专业的学位毕业；在该领域存在教师资格考试，但是并没有与之相关的培训课程。

3. 荷兰外语教育政策的实施和巩固阶段

这一阶段以《1876 年高等教育法案》为起点，荷兰开始在各种级别的学校教育中实施一系列的外语教育政策，巩固外语教育的地位。

这一时期最为重要的外语教育政策产生于 1870 年，荷兰政府的第一个官方考试方案(The First Official Examination Programme)。

在当时，在中等教育领域，政府主要通过"毕业考试"(school-leaving examination)来实现对外语教育的控制和协调。1868 年，荷兰政府规定在全国实行统一的书面考试。所以，1870 年人们建立了第一个"官方考试方案"。从 1890—1920 年，在统一的"毕业考试"施行了一段时间以后，研究者们纷纷发表文章，表达他们对教学目标、课程大纲制定、考试要求、教学方法的看法。许多教师感觉到负担过重，认为"毕业考试"的"反拨作用"产生了巨大的负面影响，严重增加了教学负担。他们请求更加简单化的考试。所以，1901 年和 1917 年，人们分别两次对"官方考试方案"进行了调整，使之不但体现政府部门的要求，而且切合一线教学的实践。这种修改和调整正是荷兰外语教育政策在微观层面上进行实验，修订和巩固的体现。

以文法学院为例，该学院的课程大纲变化深刻反映了调整和巩固的整体趋势。文法学院由早期拉丁文学院转化而来。从 1877 到 1878 年，文法学院的最初的课程大纲主要注重语法知识、翻译能力、文学能力的教学和考察。从 1919 年开始，第二个课程大纲要求对听力和口语进行教学和测试。这种调整和当时决策者们制定的高等公民学院的"新教学方案"(The New Teaching Programmes of HBS)是完全一致的。所以，到了 1920 年前后，文法学院和高等公民学院在课程大纲和测试要求上都呈现出一种相当高程度的相似性，这种一致性正是当时外语测试政策在不同的学校进行具体试验并且最终确定的反映。

在基础教育的高级领域，同样是在 1920 年前后，立法者规定在该领域的课程大纲中要教授三门外语，并且依照政府开办中等教育的测试方式来进行测试。这样的内容一直固定下来，一直到 1968 年都没有改变。所以，1920 年前后是各种教育政策在不同的教学领域进行实践并且最终确立的阶段。

4. 荷兰外语教育政策的巩固与创新(1920—1968)

从 1920 到 1940 的 20 年间，荷兰的外语政策得以巩固。各项实验的结果得到分析，求证，并且用以指导外语教育的实践。各个学校都采取了统一的教学大纲和测试标准。同时，测试也由州政府统一管理转变成为各个学校自己管理。

在这一时期，尽管高等公民学院和文法学院都取消了法语入学考试，但是作为补偿，法语的周课时从 14 节增加到了 16 节。同时，为了适应快速发展的经济的需要，1937 年，高等公民学院引入了更多的外语课程，从过去的每周 41 节上升到了 53 节。在文法学院，外语课程从 1877 年的每周 27 节增加至 1948 年的 36 节。总而言之，在荷兰的外语教育体系中，外语课程的数量或者是得到巩固，保持不变，或者是稳步上升。数据表明，1968 年前，在高等公民学院和文法学院，外语课程占学校所有课程总量的 1/4，比例很大。

1950 年，人们开始着手整合中等教育领域的各种形式，从而给外语教育一个正确的定位。《1968 年大法案》(The Mammoth Act of 1968)应运而生，这项法案是在荷兰外语教育政策史上的里程碑。这项法案的通过标志着政府部门开始调整中等教育的结构，开始关注学习的内容。在新的外语教育框架下，所有的学生在中级教育阶段能够学习至少一门以上的外语，许多人学习了两到三门外语。并且，根据该项法案的规定，学生可以自由选择两到三门外语作为考试科目，而不需要参加所有的语言考试。同时《1968 年大法案》对于外语教学的方法做了详细而明确的说明。例如，它规定必须要通过归纳法来教授语法规则，所有类型的中等教育的外语课堂上必须使用目标语言来授课，学生和教师都不能够使用本国语言。新大纲重点强调学生对“接受技能”(receptive skill)和“产出技能”(productive skill)的习得，翻译不再是学习和考察的重点。这些要求从根本上改变了荷兰的外语教学课堂。也就是说，《1968 年大法案》深刻改变了荷兰外语教育实际，也为后期的新的改革奠定了基础。伴随着《1968 年大法案》的通过和施行，荷兰的中等外语教育真正开始步入了成熟期。

二战之后的荷兰高等教育呈现出许多新的特点，出现了前所未有的革新。与其他传统学科一样，外语成为一门成熟的学科，确立了它在大学教学中的地位。各个大学都开设了外语的学位课程。战后的高等外语教育领域呈现出一片欣欣向荣的景象。

5. 完善阶段

从 19 世纪后半期到 1968 年，荷兰外语教育政策逐渐历经了一个萌芽、基本确立、巩固和创新的过程。具有里程碑意义的《1968 年大法案》(The Mammoth Act of 1968)更使荷兰的外语教育政策得到了空前的巩固。然而，荷兰外语教育政策的最终完善和成熟是通过制定和执行“荷兰国家行动计划”来实现的。该项政策不仅成功开启了一个国家将外语教育政策上升到“集全国之力而谋”的先河，而且在世界外语教育政策史上创造了一个成功的个案。我们将在下一节逐一具体介绍。

（二）“荷兰国家行动计划”的制定

20 世纪末，荷兰的外语教育出现了跨越式的发展。究其原因，“荷兰国家行动计划”(The Dutch National Action Programme)以及执行该计划的“工作组”(The Task Force)发挥了决定性的作用。我们认为，“荷兰国家行动计划”和“工作组”的经验值得广泛的借鉴。

鉴于荷兰特殊的地理位置以及经济、科技和社会文化的发展，荷兰的国际化定位越来越明显。尤其是在工业和商业领域，人们越来越担心外语教学现状是否能够满足日益增长的对外贸易的需求，因为荷兰的历史和现实决定了这个国家高度依赖于其外语水平和对外关系。如前所述，和欧洲大部分国家相比，荷兰的学生花费更多的时间来学习外语。根据 1995 年 Europese Commissie 的统计，一名 16 岁的荷兰学生外语学习时间为 200 小时，仅次于丹麦，高于欧洲其他国家。(丹麦的 16 岁学生的外语学习时间为 210 小时。)但是，大量的外语学习学时本身并非决定因素，问题在于，荷兰教育系统是否能够真正满足本国经济对外语能力的需求。1988 年 12 月，在 Van Els 的主持下，来自荷兰教育、外事、贸易和工业以及其他各个部门的代表召开了会议，会议主题为“开放边境，封闭语言?”(Borders open! Mouth shut?)这次会议最重要决议就是建立一个连贯统一的外语行动计划，满足现实对外语能力的需求。响应会议的决议，荷兰国家教育和科技部部长批准起草了国家行动计划的方案，其目的是在一个系统的框架下制定外语教育和外语应用的国家政策。方案由 Van Els 拟订，1990 年提交给教育部长。方案包括两个部分。第一部分是对荷兰外语供需状况的综合描述，第二部分主要是在依据第一部分报告的基础上，提出了一系列的建议，指出了荷兰未来的外语政策制定的方向，即“开拓视野，加强外语交流”。

该项行动方案不仅对当时存在的问题提出了解决方案，而且对阻碍外语教育未来发展的问题提出了解决的办法。该方案一共提出了 34 条具体的政策，涉及 8 个领域，包括政府贸易和工业、中等教育、少数民族语言、中等职业教育、高等教育、非政府出资兴办教育、教育理论和实践等。在 34 条具体的语言政策中，许多都涉及了时下非常敏感的内容。例如，有的政策提出在不同的教育领域，教授的语言的数量应该不同。还有的政策提出建立更加详细、科学的学习评价标准，还有的政策提出要增加外语的学习时间。根据国家行动计划，在中等教育阶段，学生应该学习更多种类的外语。同时，根据不同的水平要求外语可以采取部分测试的方式，例如专门测试听力或者是专门测试阅读水平。在中等教育的第一个阶段，学生必须要学习三门外语，英语、德语和法语。在该阶段结束的时候，如果学生的学习水平达到了既定的学习标准，他可以选择放弃某个门类的语言。总而言之，建立一个详细、明确的学业成绩评价标准势在必行。

"国家行动计划"非常关注在政府部门和各行各业中由于专门的外语能力的不足所引起的外语教育成果消费障碍，提倡政府和各行各业建立积极的外语政策，从而解决他们在执行各自的职能时所遇到问题。它还呼吁人们广泛关注少数民族的语言和中等职业英语教育。它倡导进行系统的需求分析，引入语言旁听等灵活的语言学习方式，建立更加积极的外语政策。

综上所述，荷兰的国家行动计划是一个非常完备、彻底、目标明确的外语教育行动计划，是外语教育政策中非常经典的范例。不容忽视的是，这一计划的成功施行离不开一个专门的执行机构——"工作组"(The Task Force)。1992 年，为了确保"国家外语行动计划"的成功施行，为了提高公众对外语能力和外语教学重要性的意识，教育部长批准成立一个独立的机构来执行该项行动计划的 34 条决议，即"工作组"。它的成员组成非常广泛，包括荷兰语言协会，荷兰语言教师联合会，教育支持服务机构，非政府出资教育机构，甚至来自银行、冶金等工商业部门的代表，由 Van Els 担任主席。"工作组"的成员组成既包括外语教育的提供方，也包括外语教育成果的使用方，它在供需之间成功搭建了一个互动的平台。它的预算主要使用在两个方面，一是建立一个永久性的办公机构，配备全职的高级管理人员和秘书，其二是组织会议，启动小规模的研究方案。"工作组"的中心任务是促进、激励和协调各相关机构的工作，实现"国家行动计划"的 34 条决议。它的主要工作策略是结合市场的需求，使政府部门和各个行业意识到外语能力对他们的重要性，从而巩固外语教育在荷兰教育中的地位，并且协调各个机构和部门之间的活动。在具体层面上，通过在某个领域的实验研究，例如在冶金行业，找出存在的问题，确定解决方式，并且督促问题能够得到及时的解决。

"工作组"每年直接从政府部门得到活动基金。作为一个独立的部门，它的工作人员协调各个部门的工作，享有很高的声誉。所以，"工作组"的工作取得了很大的成效。它把外语教育的提供方、使用方和权威意见结合成为一个系统的、工作的网络。它的工作不仅涉及外语教育纵向的各个层次，例如初级教育、中级教育、高等教育，还涉及横向的各个领域，例如常规英语教育、职业英语教育、外贸英语教育以及商务英语培训。

（三）荷兰外语教育政策的基本特征

从《1806 年法案》第一次提到在基础教育阶段开设外语课程（当时政府并未提供财政支持）到《1968 年大法案》（The Mammoth Act of 1968）规定给所有中等教育的学生提供学习一门或者多门语言学习的机会，荷兰的外语政策的确立历经了一个较长的历史时期。这种建立的过程表现出了一个非常显著的特点：满足社会经济发展需要的外语政策。

社会经济发展因素一直是荷兰政府语言政策制定的风向标。在早期的拉丁文学院，为了避免走向衰落，同时满足蓬勃向上的经济发展对语言能力的需求，海牙拉丁文学院建立了"第二学部"，开设外语等等实用性强的科目，是荷兰历史上首次在公办的学院中教授外语。①

1863 年以前，尽管荷兰政府和国会都感觉到外语教育应该成为中等教育不可缺少的部分，他们迟迟没有将其列入相关的法案。1857 年，经过长时间的反复讨论，国会才被说服在基础教育的高级阶段开设外语课程，但是只是作为选修课。1863 年，为了满足日益强大的中产阶级的需要，内务部长 J. R. Thorbecke 提出了《中等教育法案》，规定英语、法语和德语成为中等教育的重要内容。外语教育终于成为常规的中等教育的一部分，但是它只面对社会大众中很小的一部分，即中产阶级。最初，高等公民学院的建立只是为中产阶级提供普通外语学习和职业外语培训。到后来，这个学院才发展成为给普通大众上大学前提供语言教育的机构。

在荷兰外语政策的制定和立法过程中，社会经济发展因素的力量不容忽视。首先，因为外贸和航运业的需要，荷兰政府和工商界比任何其他欧洲国家更加清醒地认识到了他们对外语能力的依赖。并且，1988 年 12 月，在 Van Els 的主持构建"荷兰国家行动计划"时，与会代表不仅仅来自荷兰教育领域，还包括外事、贸易和工业以及其他各个部门的代表。"工作组"的组成人员甚至来自于冶金行业和银行业。在世界各国的语言政策中，荷兰强调满足经济需要、结合市场的需求的特点尤其显著。

① Frans Wilhelm. 1997. "Foreign Language Teaching Policy in the Netherlands 1800—1970: A Historical Outline". In Theo Bongaerts Kees De Bot (eds.). *Perspectives on Foreign-Language Policy*. Amsterdam/Philadelphia: John Benjamins Publishing Company, p. 5.

(四) 荷兰外语教育政策的启示

回顾荷兰19到20世纪外语政策的历史,我们不难看到荷兰外语政策逐渐成熟的过程:从自发重视外语教育的经济价值,到颁布一系列法案巩固外语教育的地位,最后到制定国家行动计划和专门机构来执行新的外语教育政策和理念,荷兰的外语教育已经进入了教育系统的各个层面,从小学教育到大学教育,从职业英语教育到外贸英语培训。在19世纪和20世纪的大部分时期,荷兰政府一直避免干扰中等英语教育的教学内容,只是通过政府统一管理的离校考试来确保教育的质量。1968年是荷兰外语教育政策的转折点,此后,荷兰外语教育界致力于构建一个综合的教育体系,并且致力于修改现有的课程大纲,外语教学方法和技巧得到前所未有的重视。而1988年开始确立的"荷兰国家行动计划"更是世界各国外语教育政策合理成分的整合。

从客观上来看,荷兰政府的语言政策有时候落后于语言教育需求的发展。例如人们认为应该在中等教育中开设外语教育,但是当时并没有相关的中等教育法案,所以人们依照《初级教育法案》,在初级教育的高级阶段开设了外语课程。同时,荷兰的外语教师培训系统一直滞后于现实的需要。整个19世纪,荷兰一直没有外语教师培训机构,直到20世纪初期,社会上才出现了一些非专职的教师培训机构,1970年后,大学里的常规教师培训机构才建立起来,并且逐步开始提供专业化的课程。

我们认为,荷兰外语教育政策发展的历程对我国外语政策有如下启示:

1. 建立国家级外语政策机构

我国无论是文字改革委员会或是国家语委的工作,从来都不涉及外语的地位以及外语的使用和教学。外语教学多年来一直由教育部(或高教部)下属的一个司或处管理。政府部门对外语教育从未制定过长期的规划,也没有设立专门的机构管理这方面的工作。事实证明,外语规划是一个很复杂的问题,牵涉到一个国家的政治、经济、外交政策和周边环境等诸多因素。[①] "有必要扩大国家语言文字委员会的职能,使外语政策成为国家语言政策的重要组成部分,并在大学建立'国家外语中心'"。[②]

① 罗爱梅:《二十世纪八十年代末以来澳大利亚外语教育政策研究》,华南师范大学硕士学位论文,2005,第62页。

② 鲁子问:"美国外语政策的国家安全目标对我国的启示",《社会主义研究》,2006年第3期,第115—118页。

2. 注重社会发展需要

荷兰外语政策长期立足与社会发展的需要。在荷兰国家建立和发展的初期,为了满足对外贸易和航海业的需求,社会上就自发形成了重视外语教育的风气。拉丁文学院的再次兴起和盛极一时是经济发展对外语能力需求增长的结果,高等公民学院的课程开设和教学对象选择都深受新兴的中产阶级力量的左右。至于"荷兰国家行动计划",参与其政策制定的不仅有政府部门的官员,教育界的专家,还有大量的工商界代表。而在我国,外语教育的供需方缺少相应的互动平台。我国无论是职称外语考试、公共英语考试,还是社会影响极大的大学英语四、六级考试,都是教育行政部门委托考试专家制定的,用人部门没有参与到这些外语考试政策的指定,无法体现用人部门对学习者的能力要求,从而无法对被试的外语学习产生积极的"反拨"作用。所以,缩小当前我国学校外语教育和社会需求的差距,注重社会经济发展对外语能力的现实需求,必然是今后我国外语教育改革的一个重点。

3. 决策过程合法化

综观荷兰外语教育政策的历史,不难看到各项外语教育政策的制定都是通过法律的形式确定下来。从第一阶段的 1806 教育法案(The Education Act of 1806)和皇家法令(a Royal Decree),到第二阶段的《1857 年法案》、《1863 年法案》、《1876 年法案》和后来的《1968 年大法案》,荷兰政府的各项外语政策一直力求立足于已经出台的各项教育法规。如前所述,1857 年,经过议会里的激烈的争论,人们一致认为外语教育是中等教育中不可缺少的内容,应该在中等教育中开设外语。然而,当时的荷兰没有颁布任何"中等教育法案",在中等教育中开设外语课程无法可依。所以,人们按照《初等教育法》(The Primary Education Act)的规定,在基础教育高级阶段中开设了外语教学科目。而在我国,当前的许多外语政策的制定明显存在法理性、科学性不足的问题。"如大学英语四,六级考试是对大学英语课程的教学督导考试,而且是收费考试。这一收费的教育督导考试与《教育法》,《高等教育法》,《教师法》,《行政许可法》等的规定并不完全一致,也没有全国大学英语教师代表为考试主体,学生作为收费对象的听证会,显然存在法理性不足的问题。"[①]决策过程合法化必须是我们今后长期的工作重点。

当然,荷兰是一个人口小国,所选择的外语与其国民的母语有着近亲

① 鲁子问:"我国外语考试政策的偏失与改革建议",《湖北招生考试》,2004 年第 12 期,第 66—70 页。

关系。我国是一个人口大国，汉语又大多数广泛学习的外语有着很大的差异。所以，我国的外语政策的科学决策当然不能完全以荷兰的决策为依据，这更加要求我们采用科学的决策机制来制定适合我国社会经济发展的外语政策。

五、我国外语政策适应社会需求的改革方向

综上所述，可以清楚地看出，外语政策应该适应社会发展，这对于我国当前正在形成的外语政策具有非常重要的启示，因为我国当前的社会发展也对外语人才的数量要求越来越多，能力要求越来越高，但我国目前外语政策指导下的外语教学还不能培养足够数量和足够运用能力的外语人才。

我们认为，从社会发展的需求而言，我国外语政策应从以下方面进行改革：

1. 外语政策必须与社会发展相适应

我国外语政策必须适应我国社会发展的需要。我国当前外语政策的矛盾其实主要表现为不适应社会发展需求，改革这些政策必须从社会发展需求入手。以大学英语四、六级考试政策为例，一方面社会需要大学生具备听说为主的外语能力，而获得四、六级证书的学生却不具备这样的能力；另一方面大学，尤其是企业，总是把四、六级考试这类课程考试认定为语言能力考试，也就是说，从四、六级考试自身的内在规定性而言，这些考试本身只是外语教学质量进行监测的内部考试，但企业在招聘时却认定四、六级证书为语言运用能力证书。从改革而言，一方面，四、六级考试应根据我国当前的社会发展对大学生的外语能力需要，改革考试内容和形式；另一方面，我国应该推广真正评价学生外语运用能力的专业考试，从而使四、六级考试回归其内在本质规定的大学内部考试，或者使四、六级考试发展为评价外语运用能力的社会化考试。

2. 外语政策必须具有全国性

荷兰外语政策之所以取得成功，主要是因为荷兰的外语政策是全国性的，外语政策作为国家政策具有重要意义，因为外语政策涉及的很多问题不是地方政府能够解决的，比如非通用语言人才的培养问题，往往需求的语言种类很多，但每一种语言需要的数量又很少。这就需要全国政策来协调。

尽管我国目前的外语政策大多是全国性的，但也有一些政策是地方性的，这些政策在一定程度上也应该从全国战略性的层面上进行调整，比如一些省市的高考外语政策，就往往只考虑到本省利益，而没有考虑到全

国利益，但这些省的考生有很多都是到全国各地的大学去学习，这就导致来自这些省的大学生对全国各地大学外语教学的负面影响。近两年蜂拥而上的韩语专业也缺乏全国性的战略考虑。我国外语政策的地方性问题的另一个重要问题是小学外语的开设，我们在后面分析说明。

3. 外语政策必须具有连续性

外语学习需要一定的持续性，因为在缺乏语言环境的外语学习中，需要一定的时间延续才能有效学习外语。外语政策缺乏连续性，将导致学生无法连续性地学习外语，使很多学生在学习外语阶段形成的外语能力因为无法得到连续性学习而荒废。因为外语不像其他学科知识与能力，外语能力若不经常得到巩固或不经常使用就会很快遗忘和荒废。

我国当前的外语教育缺乏系统性的最为典型的案例是小学外语教育。我国 2001 年开始推行小学英语课程，但是很多地方至今没有全面开设，甚至一个乡镇就存在乡镇中心小学开设了外语而村里的小学则没有开设外语的现象。这导致现在初中普遍出现一部分学生在小学学习了外语，而另一部分学生在小学没有学习外语的问题，而且往往比例很不一致，有的是大部分学生没有学，有的是大部分学生学了但没有学好。这一问题可以说非常严重地造成了我国非常有限的外语教育资源的浪费。这一问题必须引起我们的重视，并从系统性的角度尽快解决，比如从国家财政拨款中专门解决农村开设外语没有足够经费聘用合格的外语教师的问题。

4. 外语教育政策必须有外语测试政策配套

以外语运用能力为目标的外语教育政策需要以外语运用能力为导向的评价体系与之配套，这样才能促进以外语运用能力为导向的外语教学，而且从运用能力进行评价是外语政策适应社会发展对外语人才的外语运用能力要求的最有效评价检测方式。

我国的外语教育（其实包括所有学科的教育）当前面临着缺乏配套的考试改革的问题，这已经严重地制约了我国基础教育阶段和大学阶段都在深入进行的外语教学改革。我们认为，要推进素质教育，要推进以运用能力为目标的外语课程改革，就必须改革我国当前的外语考试政策，包括高考外语考试政策和大学四、六级考试政策的改革。

第三节 外语政策加强国家安全的功能

外语总是与外国相关，外语政策总是与国家安全、外交、外贸政策相关,尤其国家安全,是外语政策中最重要的组成部分之一。在国家安全领域,外语政策表现出很强的控制功能和导向功能,也具有一定的协调功能,这三者结合形成了外语政策加强国家安全的功能。

一、外语影响国家安全的形态

和平与发展是当代世界的主题,无论和平,或是发展,都离不开国家安全。所以,对于一国而言,国家安全乃是头等大事之一。对于一国国家安全的威胁,很大程度上来自国外。因此,外语成为影响国家安全的重要因素之一,这也是外语广播电视节目可能受到控制的原因之一。然而,外语如何影响国家安全,是否只有消极影响,尚需清晰说明。本节对此展开分析。

影响国家安全的因素很多,"当代的国家安全,主要包括国民安全、领土安全、经济安全、主权安全、政治安全、军事安全、文化安全、科技安全、生态安全、信息安全这 10 个方面的内容"[①]。政治、军事、经济、社会、文化、生态、科技各个领域都对国家安全产生影响,甚至更多新的领域,如信息、资源、物种、互联网、即时电子通讯等等,都可能成为影响国家安全的重要因素。

外语从多方面影响国家安全。国民外语能力以及由此形成的国家外语总量是国家重要的政治、经济、文化、教育资源,更是国家话语权的重要组成部分,而国家话语权是国家软实力的组成部分。国家外语总量是国家在国际交往中行使国家话语权的重要保障,会影响国家话语权在国际交往中的行使,会影响国家的国际地位和国家形象。外语当然也直接影响国家安全,因为影响国家安全的外来因素都可能以外语为工具而影响国家安全。

如同任何要素一样,外语对国家安全的影响可以分为积极影响、消极影响,积极影响是能促进和维护国家安全的影响,反之,危害和破坏国家安全的影响则是消极影响。积极影响与消极影响可以相互转化,有些积极影响在一定条件下可能转化为消极影响,有些消极影响在一定作用下可能转化为积极影响。

如同影响国家安全的其他要素,外语对国家安全的影响还可分为直接影响和间接影响,直接影响是外语直接作用于国家安全的影响,间接影响则是外语作用于其他领域,而其他领域对国家安全产生直接影响的形态。如国家软实力,明显受到国民外语能力的影响,而国家软实力,尤其

① 刘跃进:"全方位研究国家安全",《中共中央党校学报》,2002 年第 3 期,第 104 页。

是国家形象、国民认同，又必然作用于国家安全。这样，外语就通过其对国家软实力的影响，形成对国家安全的间接影响。

（一）外语作为工具对国家安全的影响

1. 直接影响

我们知道，对于国家安全的影响主要来自国外，即使是国内的影响因素，也基本上是通过国外的因素而形成影响。

外语作为外国语言，是国内外的信息交流的基本工具。外国人与外国人之间的交流、外国人与中国人的交流、中国人与中国人运用外语的交流等等，都可能影响我国国家安全。外国人和中国人运用外语就影响我国国家安全的计划、行为等进行讨论，外国人向代表其利益的中国人发布影响我国国家安全的指令，外国人为了影响我国国家安全向中国人进行相关信息传播，中国人参与外国人用外语举办的相关于我国国家安全的讨论，等等，都是外语直接影响我国国家安全的形式。可以说，只要是在国家安全的相关领域使用外语，外语都对国家安全产生直接影响。

(1) 积极影响

外语对国家安全的直接影响可以是积极的影响。如，在英国《泰晤士时报》的网站、《每日电讯报》的网站上，关于中国的文章的后面的读者评论中，我们经常可以看到署名 zhanglan 的读者代表中国声音的评论，这些评论英语语言地道、标准，严格按照西方话语逻辑进行论说，影响了很多西方读者的看法，很多人对 zhanglan 的意见表示赞同，并认为 zhanglan 的介绍和解释、阐述使他们更加了解了中国①。如在英国《泰晤士时报》网站、《纽约时报》网站对于西藏问题的片面报道等文章后面，中国人用英语介绍了中国人对这些问题的看法，从而让西方读者可以更加直接、不经过西方媒体过滤地了解我们中国人的观点，这一形式可以很好地维护我国的国家安全，对我国国家安全的影响是非常积极的。

(2) 消极影响

当然，外语对国家安全的影响很多是非常消极的。几乎每一起危害国家安全的事件都包含大量的语言传播作用，如 google、twitter、facebook 等在国际上一些国家的国家安全事件中的作用就非常明显。即使间接的传播也会影响国家安全，如在网上用英文发帖子组织影响我国国家安全的非法集会活动等等。

外语作为交际工具对于美国国家安全曾经形成重大影响。在对 911

---

① http://www.thetimes.co.uk/2011/4/2, http://www.telegraph.co.uk/2011/4/2.

事件的分析中就发现，外语情报人才匮乏、外语情报无法及时准确翻译是导致 911 事件没有被及早发现的一个重要原因。[1]

外语广播曾经是直接对国家安全形成消极影响的重要方式，比如美国政府长期专门开设"美国之音"电台，向其他国家进行渗透性广播，而且为了使非英语国家的人能够听懂其广播内容，专门开办了慢速英语（Special English）节目。现在，外语作为交际工具对国家安全的消极影响方式有了很大的变化，互联网及其相关技术已经成为主流。在 2011 年初，北非和阿拉伯地区一些国家的变局中，twitter 等即时通讯工具所发挥的作用，就不可小觑。[2]

2. 间接影响

外语对国家安全有着多方面的间接影响。

(1) 积极作用

外语作为国际交流的工具，是我国坚持改革开放这一基本国策的不可或缺的重要因素，没有足够的国民外语能力，我们就不可能真正坚持和贯彻改革开放这一基本国策。无论是提升我国的国际竞争力，还是对外经济贸易与合作、对外投资、合资企业等直接生产经营领域，或者国际金融、国际旅游、维持国际和平、应对国际灾难等等，以及国际法规制定、国际组织领导与管理等等，都离不开外语人才，离不开国民的外语能力。在当今这个经济全球化的时代，国民外语能力总量是国家的国际竞争力的重要组成部分。而这些领域都与国家安全有着非常密切的联系。经济安全、金融安全、食品安全、核安全等等，都直接关涉国家安全。外语因此对这些领域的国家安全形成间接的影响。

同时，外语也影响国家软实力，而软实力对于国家安全，尤其是通过对国家形象的认同形成的促进国家安全的作用，是非常突出的。当 A 国国民对 B 国国民形成很强的积极的形象认同时，来自 B 国的对 A 国国家安全的消极影响肯定会大大减少，比如我们看英国与美国之间的关系就看发现，由于英国国民对美国国民的认同非常高，所以很少会出现来自的英国的对美国国家安全的威胁。

国民外语能力是展示、建构积极的国家形象的重要工具。在 2011 年 1 月 29 日，澳大利亚网球公开赛上，中国女选手李娜获得女子单打亚军，取得中国网球史上的重大突破。路透社为此发了一则新闻稿，为各大媒

---

① 鲁子问："美国外语政策的国家安全目标对我国的启示"，《社会主义研究》，2006 第 3 期，第 115—118 页。

② http://www.gemag.com.cn/gemag/index/news/? 14505.html/2011/4/3.

体转载，美国有线电视网(CNN)对李娜进行了专访，世界上很多大媒体都正面报道了这一消息。更为重要的是，所有报道中都提到，李娜能讲流利的英语。在比赛现场，李娜使用流利的英语接受主持人赛后采访，而且妙语连珠，引起满场笑声。李娜的英语和她的成绩，使很多外国人对中国有了全新的看法，有些西方人专门为她写博文，认为她比那些西方选手更阳光、开朗，更受欢迎，还有外国网球迷甚至开出专版讨论李娜的文身。[①]应该说，刘翔也很开朗、阳光，但刘翔之所以没有为西方人广泛了解，除了体育项目本身以外，刘翔的英语能力不如李娜，则是更为重要的原因。李娜的英语能力是在西方乃至世界形成积极的李娜个人形象的重要因素，也为在西方乃至全世界，树立更加开放、更加积极的中国国家形象，起到了一定的作用，并间接地促进了我国的国家安全，减少了对我国国家安全的可能危险。这一现象已经受到广泛关注。

由此可知，国民外语能力在国家软实力方面对国家安全形成间接影响。

(2) 消极作用

对外交流中，往往由于我国的外语能力的表现，都可能导致外语对于国家安全的消极影响。

中国政治家、国民的外语能力不足也经常被外国人笑话。Lenovo的商标总是被西方的一些经济学教授们笑话为一种意大利甜点，Haier的品牌名称则被外国人笑话为hair(头发)。同时，中国国民的外语能力也经常成为一些国际旅游服务企业减少对中国国民服务的借口。

同时，由于我国有些国民在国际交往中往往乐于用外语表达，而导致一些外国合作者要求用外语谈判、签约，进而要求合同以外文为准，甚至在中国召开的中国问题的学术会议，也可能把外语作为会议语言。

苏联曾经是世界强国，但却有着很多苏联人讲英语的笑话，一个重要原因就是苏联的外语人才与其大国地位并不相符，这在很大程度上影响了苏联的国际形象。

这些影响都会对国家形象产生消极影响，从而形成对国家软实力的消极影响，进而影响国家安全。

---

① http://www.reuters.com/article/2011/01/27/us-tennis-open-men-idUSTRE70Q10720110127; http://www.cnngo.com/shanghai/play/one-one-chinese-tennis-ace-li-na-896676#ixzz1HfWny54u; http://sports.yahoo.com/tennis/blog/busted_racquet/post/Video-Li-Na-leaves-Aussie-fans-in-stitches-with?urn=ten-313068; What's with Li Na's tattoo? http://tt.tennis-warehouse.com/showthread.php?p=4312394;"中国个性明星正改变外国人对中国人的传统认识",《国际先驱导报》,2011年03月24日。

（二）外语作为本体对国家安全的影响

1．直接影响

（1）积极影响

国民对外语的认可态度说明了对外开放政策的欢迎程度。

国民对于对外开放政策的认同促进了对国家政策的认同，也有助于提升外国对中国的友好感。

国民外语能力提升必然增强了国家外语能力，从而提升国家的国际竞争力。

国民外语能力的提升，还可以增强国民对外国的深入了解和理解，从而加强国际联系，同时加强国家安全意识，这对于国家安全的影响是非常直接和积极的。

（2）消极影响

外语会影响汉语的国内地位与作用。广泛使用外语必然会影响国民对汉语的认同，数以亿计的家长送自己的孩子到培训学校学习外语时，总是告诉自己的孩子，他的外语水平将决定他的未来。这些教育的代际复加，必然影响汉语的国内地位。当今中国，外语已经非常普遍，甚至影响着人们的某些心态。比如2010年的网络流行词Gelivable就反映了以下几种心态：1．这说明国人对英语有着非常广泛的了解、认知和接受心态，甚至真正按照汉语拼音geili形成的geilivable都不如按照英语改写的gelivable被广泛介绍（在百度网站2011年3月27日检索出的基于汉语拼音geili的geilivable有96,500条，而检索出的按照英语发音特征改写的gelivable却达到566,000条，百度百科也只有按照英语改写的gelivable词条，而无源于汉语拼音geili的geilivable词条）；2．中国越来越多的人（当然主要是年轻人）认为使用英语是一种时尚、一种时髦、一种潮流，能吸引人关注、受到追捧；3．中国的年轻人乐于认同、使用和接受英语词形变化。4．创意和早期传播这个词的年轻人认为汉语的词形变化形式不够丰富，没有一种词形变化可以表现“可以……的”这种语义，所以借用英语的结构，尤其是其变体ungelivable在汉语中难以用一个词表达。这一词条在《纽约时报》的潮流词汇专栏里介绍后，更是为世界广泛了解，尤其是对于gelivable这一转换方式，作者特别说明是基于英语发音而做出的变化（A test of a Chinese jargon word’s trendiness is if users translate it into a foreign language, according to its pronunciation. “*Geili*” has been transformed into the English-sounding “gelivable,” and "ungelivable," and the French "*très guélile.*")[①]。这一现象一方面进一步展示我国的对外开放形象，另一方面也呈现了我国青年人乐于接受西方的语言，而且英语已经在中国广泛流行。亦即，这一现象对于国家形象相关的国家安全有着积极影响，但对于汉语本体相关的国家安全则存在着一定的消极影响。

外语还会影响汉语作为民族统一的工具的功能。我国是一个多民族国家，很多少数民族由于民族联系与国外联系非常广泛，这使得他们更愿意学习外语，而不是汉语，如阿拉伯语在维吾尔族、回族等中的流行，英语在西藏的流行，韩语在朝鲜族中的使用，这些都会在相当层面上形成对中华民族的认同、对汉语的认同的影响。

2. 间接影响

外语作为本体对汉语的影响很多，这些影响对汉语的地位、国民对汉语的认同等，都存在间接影响，从而表现为外语作为本体对国家安全的间接影响。

(1) 积极影响

在当代汉语中，来自外语作为本体的影响很多。现代汉语不再使用汉语传统的切音注音体系，而是借鉴西方语言的注音体系而创制(1958年之前的体系和之后的体系都是借鉴西方语言创制的)。现代汉语的语法体系也借鉴了西方语言的语法体系。同时，现代汉语中还有很多字母词甚至一些语句形式、语篇结构形式(如新诗)都是借鉴西方语言而形成的。

汉字对于日本、韩国、越南的积极影响，尤其是韩国2005年对汉字使用的恢复，也可以清楚地看到，外语作为本体对于国家安全有着间接的积极影响。

(2) 消极影响

选择一种语言作为交际工具的同时，我们不可能选择另一种语言进行交际，因为我们只能同时讲一种语言，尽管我们可以在说话时夹杂两种语言，但我们无法同时讲两种语言。所以，语言之间存在着竞争性，亦即，选择使用这一语言意味着放弃另一种语言。对于国际社会也是如此。事实上的世界通用语是存在的，当今世界，英语在很多领域起到国际通用语的作用，而英语的这种地位对汉语的国际地位必然产生影

---

① http://schott.blogs.nytimes.com/2010/11/18/geili/?scp=1&sq=gelivable&st=cse.

响。比如国际网络信息的存储方式，是使用英语还是使用汉语，必然形成竞争。所以，在英语作为国际社会广泛使用的语言的今天，汉语就不可能成为如此广泛使用的国际语言。汉语要获得国际交流中与英语相同的国际地位、甚至超过英语，需要很长的时间和巨大的努力，甚至可能没有机会。可以毫无疑问地说，英语在国际社会的广泛使用必然影响汉语的国际地位。

同时，选择学习外语也同样存在语言竞争。一个埃及人学习英语，自然就会放弃学习汉语、最起码减少学习汉语的时间。一个法国人学习日语，自然也会放弃学习汉语，或者减少学习汉语的时间。所以，在汉语不是世界各国第一外语的时代，在选择学习外语的语种时，外语对汉语的国际地位也必然产生影响。

外语还会影响汉语思维方式的独特性及其可能对人类社会的独特贡献。汉语与西方语言有着差异很大的思维方式，就像生物多样性一样，人类思维方式的差异是人类文化多样性、思维多样性的宝贵财富，是人类建构丰富多维的思维，更全面、更准确地认识人类自身和自然的重要工具。在 2008 年的金融危机出现之后，西方的讨论一片悲观。英国《经济学人》(Economist)等西方主流媒体大篇幅文章介绍中国的“危机”观，多篇文章告诉西方人，英语的 crisis(危机)只有“危险”的含义，而汉语的“危机”则是“危险＋机遇”(danger＋opportunity)的含义，倡导西方人按照中国的思维方式理解危机。汉语的这一独特思维方式对西方很多读者产生了很大的影响，也影响了他们对中国文化的看法。[①]

现在全世界只有英语是国际广泛使用的语言，甚至在中国也有为数不少的年轻人，英语说得比汉语好。这必然影响汉语作为一种迥异于英语的思维方式的意义和功能，进而可能影响人类文化多样性的存在，影响人类对自己和自然的更全面的认识。

二、国家安全外语计划：美国案例

在体现外语政策的国家安全功能上，美国 2006 年启动的“国家安全语言计划”(National Security Language Initiative)是目前最具有代表性的外语政策。

美国的国家外语政策一开始就与国家安全密切相关。美国的国家外语政策是从 1958 年开始明确的，之前美国一直不重视外语。

(一) 美国外语政策国家安全目标的发展

毫无疑问，911 是美国历史的一个划时代事件，美国外语政策的国家

① The World 2009. *The Economist*. 2009.

安全目标的形成也可分为911之前和911之后两个阶段。

1. 911之前美国外语政策的国家安全目标

在1957年10月4日苏联发射人类第一颗人造地球卫星之后，美国马上做出了快速的反应，不仅加强了数学、科学等学科的教育，还同时加强了对俄语等外语人才的培养。1958年美国通过的《国防安全教育法》第6条就专门规定了外语教育问题。这一条文多次扩展，成为美国多项外语项目的法律基础。

1959年通过的《美国国家安全局法》规定，国家安全局长应为军事或非军事安全人员安排语言及与语言相关的各项培训，资助必要的语言及与语言相关技巧的培训项目，包括在政府训练条件无法满足培训需要时，采取订立合同，物质补助或与非官方教育机构合作等方式完成培训计划。①

1984年《经济安全教育法》获得通过，该法授权联邦为提高外语教学而拨款。

1993年国会修改通过的《国家安全教育法》，要求为美国情报机构和外交部门培养更多外语熟练的工作人员。该方案为大学生去海外学习提供奖学金，向大学拨款以改进文化和语言训练。

尽管美国重视外语人才的培养，但还是无法满足美国的需要。"在海湾战争中，美国情报机构因缺乏讲阿拉伯语的人员使情报达不到应有的效率。"②这种外语人才不足的现象，在911事件后受到广泛批评。

美国国家外语中心(National Foreign Language Center，NFLC)长期呼吁从国家安全高度制定美国的外语政策。该机构的刊物《政策问题》(Policy Issues)连续发表多份报告，对这一问题展开讨论。

1999年12月，NFLC在其《政策问题》上发布题为"语言与国防部：21世纪的挑战"的报告。该报告指出：美国目前在全世界的军事战略需要大量的外语专业人员。③

2000年11月，NFLC在其《政策问题》发布"语言、国家安全与学术领域：联邦行动建议"报告。该报告指出："外语一直被认为对于国家安全是不可或缺的。"并详细指出，美国在世界各地100多个国家的驻军需要至少100多种语言的外语专业人员，中央情报局和联邦调查局也需要大量的外语专业人员，美国法院审理的案件中需要外语翻译的案件每年

---

① 课题组：情报与国家安全，北京：时事出版社，2002，第284、285页。

② 同上，第270页。

③ National Foreign Language Center. *Policy Issues*. 1999.

以15%的比例增长。美国国务院的报告说每年需要用外语填写的表格文件中只有60%的填写了,35%的表格文件完全被放弃了。该报告建议增加相应的经费,鼓励更多学生学习外语,提高工程技术人员、律师、医生、农艺学家、经济学家、政治学家等的外语水平。[①]

2. 911之后美国外语政策的国家安全目标

对911事件的所有分析都明确指出,外语专业人员的缺乏是911事件的一个重大教训之一,因为美国很多部门在911事件之前已经掌握了发动攻击者的有关材料,但由于这些材料没有翻译成英语,所以几乎没有起到任何作用。

2002年1月16日,NFLC和美国国家安全教育项目办公室(National Security Education Program)一起在华盛顿召开了"语言与国家安全"的通报会,NFLC发布了通报会的简报。[②]

这次通报会由美国前驻俄罗斯大使詹姆斯·科林斯(James Collins)主持,在通报会上发言的有美国国家安全教育项目主任罗伯特·斯雷特(Robert Slater)、美国国家情报委员会(National Intelligence Council)副主席艾伦·莱普森(Ellen Laipson)、美国欧洲司令部华盛顿联络办公室爱德华·凯恩(Edward Kane),以及国务院、国防部、大学和基础教育界等共10个方面的代表。他们发言后还有其他参与者提问,或者发表自己的观点。

这次通报会非常全面地介绍了美国外语政策的国家安全因素。NFLC的主任布瑞奇(Richard Brecht)在总结发言中指出,911事件非常清楚地表明,美国政府的外语能力严重不足。美国现在需要更多的熟悉更多语言的外语专业人员,因此联邦政府和各相关领域,都应该加强和加快外语专业人员的培养。

在通报会散发的材料中介绍了一个很典型的案例。1993年2月26日纽约世贸中心被炸,指导制作炸弹的阿贾依(Ajaj)在此之前已经被美国抓获,并因伪造护照的罪行而被关在美国监狱里,这个人就在美国的监狱里使用美国监狱里的电话直接指导监狱外的同伙制作炸弹,而且他的所有电话通话都被美国监狱录音,但是,没人发现他在指导同伙制作炸弹,因为他讲的是阿拉伯语,当时监狱里的人没有人能听懂阿拉伯语。对于此事,美国联邦调查局的官员阿尔巴(David Alba)还特别提到,阿贾依当时很小心地使用了一个特殊的词"Hadduta"来指称炸弹,这个词在阿

① National Foreign Language Center. *Policy Issues*. 2000.

② http://www.nflc.org-2004-5-3.

拉伯语中意思是“儿童睡前故事”，但他非常清楚地告诉同伙如何制作 Hadduta。这个案例说明，如果当时在那个监狱有人能听懂阿拉伯语，并能理解 Hadduta 这个关键词的特殊含义，1993 年的这起恐怖事件本是有可能避免的。

在通报会上，很多人指出了外语对于美国国家安全的重要性。斯雷特指出，“911 事件再次使全国注意到，美国外语人才储备不足已经成为对国家安全的一个威胁。”他介绍说，调查发现，美国政府 80 多个部门在 100 多种语言方面需要具有足够外语能力的专业人才。莱普森也提到美国情报部门非常缺乏外语专业人才，导致大量情报资料无法处理和翻译，使美国失去很多有价值的情报，从而导致美国面临很多安全危险，因为外语是一切情报工作的关键要素。基础教育界的代表指出：“在 911 事件之后，对于外国、外语和外国文化的了解是我们国家安全的基本条件，这已相当清楚。”

会议通报的外语人才大量缺乏的事实非常明显。凯恩明确指出，仅仅欧洲战区就需要增加 200 多名语言学专业人员。美国国务院的代表介绍国务院需要增加语言学专业人员 1100 多人。

实际上，在 911 事件之后，美国国家外语中心提出了一系列具体建议，包括从幼儿园到中学开设外语课程，注重培养高水平外语人才，以及扩大传统语言人才的储备等。通报会上代表们都提出了具体的建议。

2003 年，美国众议员霍尔特（Rush D. Holt）向国会提交了《国家安全语言法案》（National Security Language Act）①，该法案首先指出，美国面临严重的外语人才短缺。该法案在介绍中提到一组事实：基地组织在世界上 75 个国家活动，在这些国家存在数以百计的语言和方言。美国当年学习古希腊语的达到 20858 人，而学习阿富汗的主要语言普什图语的仅有 14 人，学习伊朗的官方语言波斯语的只有 1117 人，学习朝鲜语的只有 5211 人，即使学习阿拉伯语的也只有 10596 人。而实际上，美国在国家安全层面对这些语言的专门人才的需求，远远超过美国对古希腊语人才的需求。在回答 911 联合调查委员会的调查时，美国的情报部门也坦承，美国目前掌握涉及国家安全的关键语言的人才只能满足实际需求的 30％。

于是，霍尔特联合另外 34 名众议员一起提出了这份法案。该法案提出了一系列加强外语教学的具体措施建议，尤其是中小学阶段外语教学

① http://www.fas.org/irp/congress/2003_cr /hr3676.html -2004-5-3.

的建议。后来这份法案所建议的“国家旗舰语言启动计划”(National Flagship Language Initiative)随后成为1993年以后的“国家安全教育项目”(National Security Education Program)的重要组成部分。

2005年,美国参议员阿卡卡(Akaka)和另外三名参议员一起向美国参议院提交了《国家外语协调法案》(National Foreign Language Coordination Act)①,该法案指出,美国联邦政府、州政府和地方政府在外交、国防与情报分析、军事、外语教学、健康、医疗与社会服务、法庭、翻译、执法等各个部门都需要外语人才,因此,该法案提出:美国应该建立全国统一的国家外语协调委员会(National Foreign Language Coordination Council),设立“国家语言主任”(National Language Director),统领政府的教育部、国防部、国务院、国内安全部等几十个部门,协调统一的外语政策。

2005年,美国国防部发表了白皮书:“国家外语能力行动倡议”(A Call to Action for National Foreign Language Capabilities)②,该倡议的目的就在于适应“国家外语和文化能力战略的急迫需求”。该倡议指出,美国的国家安全、经济竞争、国内发展都需要更多的外语人才,因此倡议设立国家语言权力部门、成立国家外语协调委员会等。美国国防部组织来自联邦政府、州政府、地方政府、学术机构、工商企业、外语利益集团和外国的300多名代表召开外语政策学术会议,会后发出了这个倡议。该倡议还把911事件给美国外语政策带来的迫切需要与1957年苏联发射卫星给美国外语政策带来的迫切需要相提并论,建议美国必须像1958年重视俄语一样,重视外语政策。

这一系列的会议和提案促使美国制定出一项以国家安全为直接目标的外语政策——“国家安全语言启动计划”(National Security Language Initiative)。

2006年1月5日,美国总统布什正式发布美国《国家安全语言计划》③。这是911事件之后的一系列语言政策与国家安全问题讨论之后的重大成果,是美国1957年最重要的语言政策,因为这一重大政策是在美国总统布什、国务卿赖斯、国防部长拉姆斯菲尔德、教育部长、国家情报委员会主席、参议院外交委员会主席和120多位大学校长一起参加的会议上发布的。这项政策的发布如此隆重,其重要性可见一斑。

---

① http://www.theorator.com/bills109/s1089.html -2004-5-3.

② www.nlconference.org/docs/ White_Paper. pdf-2005-12-20.

③ http://www.state.gov/g/rls/rm/2005/58737.htm, Retrieved on 2005-12-20.

布什总统介绍了这项政策的基本方针，他指出："这一项目是保卫我们的国家这个战略目标的组成部分。"他还说，"这一启动计划是一个范围广泛的计划，涉及我国的国防、我国的外交、保卫我国的情报和我国人民的教育。"

"国家安全语言计划"在2007财政年度的拨款达1.14亿美元。美国国务院为此召开的通报会介绍了这一计划的具体背景和内容。这一政策是为了美国国家安全和国际竞争而由国务卿赖斯亲自主持制定的，该计划主要有三个方面的目标：①

(1) 让更多美国人增加掌握关键语言，并从更低年龄开始，具体措施为：

A. 为教育部外语资助项目(Foreign Language Assistance Program, FLAP)提供2400万美元资助，开展幼儿园到12年级的关键语言教学与研究。

B. 通过国防部的NSEP(国家安全教育计划)项目和教育部，为27所学校提供2700元建立从幼儿园到大学学习关键语言的持续性项目。

C. 扩大国务院项目，到2009年夏季，为3000名中学生提供暑假学期、学年、国外短期学习关键语言的机会。

D. 扩大国务院的富布赖特外语教学资助项目(Fulbright Foreign Language Teaching Assistant Program)，在2006—2007年，为300名以关键语言为母语的学者，提供到美国大学和中小学教学的机会。

E. 在州教师交换项目中，增加新的内容，每年资助100名美国老师到国外学习关键语言。

F. 建立国家情报主任语言学习feeder项目，资助从幼儿园到16年级(大学毕业)的教育机构，为非通用语教学提供教学、课程、资源支持，2007年资助5个州的400名教师、400名学生，到2011年资助其他州的3000名学生、3000名教师。

(2) 培养更多高水平的关键外语人才，具体措施为：

A. 增加国家旗舰语言项目资助金到1320万元，到2009年培养出2000名阿拉伯语、汉语、俄语、波斯语、印地语和中美洲语言的高级人才。

B. 到2008年，增加到国外学习关键语言的大学本科生Gilman奖学金人数到200人。

C. 建立国务院暑假浸入学习项目，每年为275名大学生提供学习关

① http://exchanges.state.gov/NSLI/2006/03/22 Retrieved on 2006-1-10.

键语言的机会。

D. 每年增加到海外学习语言的富布赖特学生奖学金名额 150 个。

E. 增加对海外语言浸入学习中心的支持。

(3) 培养更多的外语教师,为外语老师提供更多资源,具体措施为:

A. 基于具有关键语言流利水平的美国国民,建立国家语言服务团(National Language Service Corps for Americans),为国家提供如下服务:

a. 为联邦政府工作。

b. 在平民语言人才贮备团(CLRC)服务。

c. 加入新成立的语言教师团,到中小学进行外语教学。

这一项目在 07 财政年度直接提供 1400 万美元,到 2010 年前达到 1000 名 CLRC 志愿者,1000 名中小学教师。

B. 通过教育部用 100 万美元建立新的全国范围远程外语教育资源内容,供全国各地教师使用。

C. 通过教育部扩大教师之间的研讨活动,2007 年提供 300 万美元,使数千名外语教师参与。①

需要特别注意的是,由于美国对华政策的原因,这项政策把汉语和阿拉伯语、朝鲜语、俄语、印地语和波斯语(Farsi)一起列为关键语言。

表 1　"国家安全语言计划"2007—2008 年经费表

部门	项目	2007 财政年度	2008 财政年度
教育部	外语资助项目	2400 万	2400 万
	外语伙伴计划	2400 万	2400 万
	外语教师服务团	500 万	500 万
	语言学习电子资源	100 万	100 万
	教师互助计划	300 万	300 万
国家情报主任办公室	国情办项目,开说项目	490 万	1000 万
国防部	扩大幼儿园到大学四年级启动到 3 个项目	300 万	300 万
	扩大国家语言旗舰项目	720 万	970 万
	语言服务团	900 万	900 万

① http://www.ed.gov/news/pressreleases/2006/01/01052006.html. Retrieved on 2006-1-10.

续表

部门	项目	2007 财政年度	2008 财政年度
国务院	暑期集中学习项目(本科与研究生)	600 万	900 万
	吉尔曼奖学金提高项目	50 万	110 万
	富布赖特学生奖学金提高项目	300 万	150 万
	富布赖特外语教师资助项目	500 万	500 万
	中学教师交换项目	260 万	150 万
	中学暑期语言学习班项目	100 万	100 万
	中学国外学期与学年学习项目	800 万	800 万
	海外能力建构项目	50 万	0
“国家安全语言计划”共计		1 亿 770 万美元	1 亿 1 千 530 万美元

3. 国家安全语言计划实施进展

从 NSLI 发布到今天,我们可以看到一系列的外语课程政策。仅以 2007 年的汉语学习项目为例,就有以下主要项目:

美国国务院的富布赖特项目 2007—2008 年度资助 150 名专家学者到国外学习关键语言,语种也有扩大,增加了乌尔都、塔吉克、旁遮普等语种。2007 年暑假,美国国务院挑选 40 名本科生分别到苏州和香港学习汉语,学生来自政治科学、国际关系、东亚研究等关键性专业,也包括经济学、公共卫生、生物学等相关专业。

美国国务院教育与文化事务局和美国海外研究中心开办了暑期中国汉语学习项目,其中在香港美国中心和香港教育学院、广东外语外贸大学学习,部分时间到香港中文大学的耶鲁—中国协会汉语中心学习汉语作为外语教学方法和课程设计,到中山、江门、珠海、澳门参观,最后到北京参观游学一周。

美国教育部在四所大学启动汉语旗舰项目:伯莱翰扬大学,俄亥俄州立大学(含俄亥俄州教育体系幼儿园到 12 年级伙伴项目)、密西西比大学、俄勒冈大学(含波特兰地区公立学校的幼儿园到 12 年级伙伴项目)。汉语旗舰项目与中国大学合作,汉语水平考试成为其评价内容。在伯莱翰扬大学的汉语旗舰项目就是派学生到南京大学学习一年,然后到中国其他学校学习,汉语水平考试是学生必须参加的考试之一。学生在中国期间在中国人家庭居住和生活,并在中国公司和机构工作。

设在马里兰大学的美国国家外语中心(National Foreign Language Center)在美国国家情报主任和美国国防部的资助下，专门开办鼓励学生学习汉语和阿拉伯语的STARTALK项目，2007年夏天为1000名美国中小学生提供机会。该机构还独立举办了2007年STARTALK竞赛，为22个州与哥伦比亚特区的34家机构提供10万美元资助，供600名老师和1144名学生学习汉语和阿拉伯语，其中阿拉伯语600余名，汉语1300余名。[①]

2007年暑假，在美国国内兴办的汉语教学项目更是不胜枚举。美国外语教学理事会(American Council on the Teaching of Foreign Languages, ACTFL)和美国中小学汉语教学协会(Chinese Language Association for Elementary and Secondary Schools, CLASS)组织的汉语学习项目就有18个面向学生的项目和17个面向教师的项目，办学机构既有大学委员会这样的机构，也有夏威夷大学、宾夕法尼亚大学等大学，还有Oneworld now！这样的社会培训机构。很多机构的教师是来自中国内地的移民，尤其是一些在国内从事语言、外语教学的教师移民。[②]

很多中小学自己开设外语课程，比如弗吉尼亚州阿灵顿县的公立学校系统第一次向学生开设汉语和阿拉伯语课程，课程座无虚席。

2007年1月25日，美国参议院本土安全与政府事务委员会主席阿卡卡参议员主持召开了一次外语政策听证会，然后于1月31日再次提出他以前提出的《国家外语协调法案》(National Foreign Language Coordination Act)，并要求把“国家安全语言计划”发展为“国家外语战略(National Foreign Language Strategy)”。[③]

显然，作为美国国家安全战略的重要组成部分的“国家安全语言计划”正在按计划进行，并正在逐步扩大、深化，这说明外语作为美国国家安全战略工具的作用已经得到认可。

2008年8月底，美国教育部发布了Enhancing Foreign Language Proficiency in the United States: Preliminary Results of the National Security Language Initiative(《提高美国外语能力：国家安全语言计划初步效果》)报告[④]，对2007年以来，“国家安全语言计划”实施情况进行了成果分析，并作出了新的战略计划，包括进一步增加外语语种、增加出国

---

① http://startalk.umd.edu/fp_ch_sp.htm/2005/58737.htm, Retrieved on 2006-1-10.

② http://startalk.umd.edu/fp_ch_sp.htm/2007/09/13 Retrieved on 2007-10-29.

③ http://hsgac.senate.gov/2007/10/18 Retrieved on 2007-10-19.

④ http://www.ed.gov/about/inits/ed/competitiveness/nsli/about.html Retrieved on 2009-03-02.

学习机会等。

这一报告介绍美国已经建立了完整的四级管道外语教育体系：

基础教育阶段项目：语言旗舰基础教育阶段项目(国防部)，扩大了的/转移重心的外语援助项目(教育部)，NSLI—青年留学生(国务院)，"星谈"(STARTALK)(美国国家情报负责人办公室)。

大学项目：为增强美国学生语言能力的富布莱特奖学金项目(国务院)，为美国学生初级，中级/高级研究提供海外暑期集中语言学习机构(国务院)，在校生语言旗舰项目(国防部)。

毕业生项目：为增强美国学生关键语言能力的富布莱特奖学金项目(国务院)，为美国学生初级，中级/高级研究提供海外暑期集中语言学习机构(国务院)，毕业生语言旗舰项目(国防部)。

工作/职业项目："星谈"(STARTALK)(美国国家情报负责人办公室)，国家语言服务队(国防部)，在美国中小学教授关键语言的教师(国务院)，"教师帮助教师"计划(教育部)，教师暑期集中语言学习机构(国务院)。

这一系列项目都取得了显著的成果。

以基础教育外语援助项目为例。外语援助计划(FLAP)是唯一的联邦政府资助的计划，旨在资助小学和中学外语教学。由《小学和中学教育法》资助，并由《不让一个孩子掉队法案》(NCLB)批准开展，外语援助计划为当地学校的地区和州提供为期三年的资助，通过"第十二年级"示范项目以建立、改善，或扩大创新型幼儿园。

外语援助计划开始于1988年通过的外语援助法案，它引导教育部秘书资助国家教育机构的小学和中学的外语学习。根据NSLI，外语援助计划提供了新的优先考虑的教学计划中的五个NSLI语言和三种语系。目前，外语援助计划为各州资助15项款项，为当地学校的地区资助122项款项，以支持一系列广泛的活动，包括课堂教学、专业发展、教师招聘、课程发展、学生评估、项目评估和家长的参与。

这一项目对地方教育机构(LEAs)的资助范围每年从50,000美元到300,000美元，并支持那些承诺能够持续发展和创新性传播的项目。对国家教育机构(SEAs)的资助范围每年从50,000美元到400,000美元，并支持系统的方法以增进外语教学。要加强地方和国家水平上的能力建设，外语援助计划款项需要和非联邦来源百分之百匹配(虽然弃权者可得到地方教育机构资助的一部分或全部的匹配需求)。

这一项目采取和当地的灵活性原则相一致，外语援助计划允许受资助方选择更好地满足当地的需要和代表各种模式和途径的教学方法，比如外语探索项目(FLEX)，小学外语(FLES)，中学先进的课程安排，语言环境和双向语言环境项目，教师的内容掌握项目，以及能够更好地运用说传统语言的人的技巧的项目。

这一项目作为由 NSLI 在 2006 年的重点，外语援助计划为申请人获得竞争性优先权，提供关键外语的教学——阿拉伯语、汉语、日语、韩语、俄罗斯语以及在印度、伊朗和土耳其语系中的语言。

由于获得竞争性优先权，外语援助计划在 2006 年和 2007 年对当地教育机构的大部分款项大多都是针对关键外语的(在 2006 年 70 个款项中有 58 个;在 2007 年 52 个款项中有 31 个)。在那些关键语言的教学计划中，大多数提议汉语。另外提议的关键语言包括阿拉伯语、韩语和俄罗斯语。

外语援助计划在 2006 年开始资助，在项目的第一个年资助了 10,866 名学生，第二年资助学生人数增加到 24,062 名。应该指出的是，受资助者可以把第一年当作他们的规划期。在 2007 年资助了在关键语言教学的第一年的 12,600 名学生。在 2007 年，款项资助了印地语和土耳其语，这在外语援助计划的历史上是第一次。

其他项目进展也非常迅速。

海外暑期学校外语奖学金计划 2006 年才开始实施，当年美国国务院共收到超过 4000 个关于在 7 个国家的 15 个集中研究机构的 167 个奖学金的申请。2007 年，美国国务院把奖学金的数量加了一倍，收到了超过 6,000 个关于在 13 个国家的 33 个研究机构的 363 个奖学金的申请。在 2008 年，美国国务院再次扩大项目，为暑期集中研究提供超过 500 个奖学金计划。

富布莱特奖学金外语教学助教计划，为上百所美国大学，学院和高中学校提供 1 学年的母语为外语的助教，作为美国学生的语言资源。在 2006—2007 学年度，国务院为美国学校课堂资助安置了 200 多名关键需要语言的外国助教，在 2007—2008 学年度，国务院把关键需要语言的助教人数增加到 300 个，也对其他重要语言的助教提供了全力支持。

在关键语言教师项目上，过去两年为 24 个小学和中学 4500 名学生吸纳以汉语和阿拉伯为母语的教师，扩大了他们的汉语和阿拉伯语项目，在 2008—2009 学年度，国务院增加了此项目的规模。

语言旗舰项目发展更加迅速。

语言旗舰项目在2007年本科生旗舰中心从3个增至13个，包括本科项目的阿拉伯文（密歇根州立大学，德克萨斯大学，马里兰大学）；中文（美国俄亥俄州立大学，亚利桑那州立大学）；欧亚语（美国议会，一个非盈利性国际教育机构）；中亚土耳其语（美国议会）；印度语/乌尔都语（美国德克萨斯—奥斯汀大学）；韩语（夏威夷大学）和波斯语/波斯文（马里兰大学）。总的来说，仅仅在第一年就有近250个本科学生已进入这些项目。长期目标是到2010年招收2000名学生。

这一项目还扩大了K-16"管道计划"模型。除了原有的俄勒冈大学和波特兰公立学校的K-16项目，增加了一个在汉语（俄亥俄州立大学和俄亥俄州的公立学校）和阿拉伯语（密歇根州立大学和迪尔伯恩公立学校）方面的综合语言旗舰中心。总的来说，这些项目涉及62所在俄亥俄州公立学校的小学、初中和高中，在密歇根州的迪尔伯恩区的公立学校和在俄勒冈州的波特兰公立学校。近3000名学生参加了旗舰资助的K-12项目中所有三个项目。

这一项目增加了语言旗舰项目的国家范围，延伸到了其他高校。它是通过新的中心和旗舰合作伙伴的发展而来的，这个发展是利用1）建立一个创新拨款项目的新的扩散，和2）支持三个国家级的在俄亥俄州、俄勒冈州和得克萨斯州的语言蓝图的发展而来的。这些蓝图可在语言旗舰项目网站 www.thelanguageflagship.org 看到。

这些项目的进展明确说明，2006年"国家安全语言计划"启动以来，美国外语战略有了很大的变化。

纵观美国1958年以来将近半个世纪的外语政策，可以非常清楚地发现，美国外语政策有一个非常显著的特点：自一开始就具有非常鲜明的国家安全目标。

历史非常清楚地说明，美国外语政策有两次大转折，一是苏联卫星事件之后，二是911事件之后。

1957年之前，美国政府和社会并不重视外语。在前面提到的2002年1月16日通报会上，来自美国国防语言学院外语中心的雷·克利福德（Ray Clifford）博士就回顾了美国外语政策的历史。他介绍说，在第一次世界大战之后，美国社会对外国、外语都不信任。到1923年，美国有22个州立法限制外语教学。1940年，美国的国家报告指出，为了减轻中学学习负担，外语被列入应该砍掉的科目中。1954年的一项调查显示，当时只有14.2%的美国中学生学习外语，美国56%的中学根本不开设外语。

1958年，美国颁布《国防教育法》，外语受到重视，美国培养了一大批外语和区域研究专家。但是后来真正涉及美国国家安全的外语逐渐再度被冷落。1997年的调查显示，虽然31%的美国小学、86%的美国中学开设外语，但主要开设的是美国国内广泛存在的西班牙语，以及一部分法语、德语等欧洲语言，学习真正涉及美国安全的外语的学生则非常少，学习阿富汗官方语言普什图语的学生为0人，学习塔吉克斯坦官方语言塔吉克语的学生为0人，学习巴基斯坦的重要语言卑路支语的学生也为0人。

911事件给美国带来巨大的变化，因为不仅仅美国政府、911调查委员会、学术机构认识到外语政策对于国家安全的重要性，而且社会各界都充分认识到外语政策对于国家安全的重要性。

正是由于对于外语政策之于国家安全的重要性有了充分、深刻的认识，才有了"国家安全语言启动计划"这样一项重大政策。

（二）美国外语政策国家安全目标的内涵

从以上介绍的美国相关政策的内容分析，美国外语政策国家安全目标涉及国家外语能力规划、外语人口规划、语种规划、外语教育规划、外语资源利用等几个方面。

1. 外语能力规划

美国国防部的倡议直接针对国家外语能力提出，美国外语中心也有多项政策建议涉及国家外语能力，"国家安全语言启动计划"也主要是针对国家外语能力。

美国国家外语中心终身主任兰伯特(Richard D. Lambert)多次发表论文专门论述美国制定全国性的基于外语能力的外语政策的必要性[①]。

美国国防部还对下属外语院校提出了基于国家安全目标的具体的外语语言能力规划，制定了《国防部外语内容标准》。

2. 外语人口规划

在外语人口规划方面，这些政策都涉及具体的外语人才数量，具有明确的外语人口规划特色。比如以上美国学习阿富汗官方语言普什图语人数太少的论证就是从外语人口进行的规划。

3. 外语语种规划

在语种规划方面，美国多项外语政策批评911之前美国学校只注重教授西班牙语、法语、德语甚至拉丁语等欧洲语言，而对于涉及美国国家

① Lambert, Richard, D. 1993. *Language and International Studies: A Richard Lambert's Perspective*. Washington: National Foreign Language Center.

安全的更重要的所谓“关键语言”则一直不受重视，“国家安全语言启动计划”实际上主要是针对所谓关键语言提出的。

4. 外语教育规划

在外语教育规划方面，美国多项政策都要求外语教育从幼儿园一直延伸到中学、大学、研究生教育和成人终身教育。美国教育部提出的“国家安全语言启动计划”项目的实施方案中就提出了具体的外语教育规划。

5. 外语资源利用规划

美国政府多次开展对美国国内能讲外语的移民（移民的母语）建设战略性的人才库，保证在急需这类语言的人才时，能找到这些移民。这是美国充分利用美国国内外语资源的政策，也是借鉴于澳大利亚的“移民语言能力对国家是一种外语资源”的思想。

综上所述，我们可知，美国从国家安全高度制定外语政策是美国当前国家安全的需要，其外语政策的国家安全目标也非常全面。

三、我国外语政策的国家安全改革取向

美国的外语政策的国家安全目标明示，外语政策必须具有国家安全目标。反思我国的外语政策，可以发现，我国还没有系统的外语政策，更谈不上具有明确的国家安全目标的。因此，我们必须尽快建构符合我国的国家安全需要的外语政策。

我们认为，基于当前我国国家安全的现实需要和紧迫性，我国制定具有国家安全目标的外语政策，也是可行的。目前我们可以从这几个方面入手制定我国外语政策的国家安全目标。

（一）外语政策管理规划——扩大国家语委职能

美国的政策告诉我们，外语政策应该是国家语言政策不可分割的重要组成部分，美国国防部和国会议员建议设立的国家语言署（National Language Authority）是协调 20 多个国家部门的机构。

我国目前设立的国家语言文字工作委员会实际职能并不包括外语政策，也无权协调各国家部门的外语政策。可以说，目前我国还没有真正统一的外语政策。

我们认为，我国的国家语言文字工作委员会的职能应该进行调整，应该把外语政策的制定与协调等列为国家语言文字工作委员会的职能中去，这样才能真正制定出国家安全目标的外语政策，也才能协调国家各部门的外语政策，使国家安全目标成为我国外语政策不可分割的重要目标。我们可以借鉴美国的做法，在国家财政支持下，在大学设立“国家外语中

心”。

（二）外语（语言）语种规划——确定关键语言

国家安全的关键语言指与我国国家安全和公共安全关联性很大的语言。人类语言数千种，我们不可能全面教学所有语言。确定哪些语言是对于我国的国家安全最为关键的语言，是开展指向国家安全的有效语言教育的重要途径。

我们认为，对于我国的国家安全来说，目前最为关键的语言（含国内语言和外国语）主要有英语、阿拉伯语、法语、西班牙语、葡萄牙语、印地语、朝鲜语、日语、俄语、伊朗语、普什图语（阿富汗官方语言之一）、卑路支语（巴基斯坦重要方言）、土耳其语等外语，以及维吾尔语、藏语等国内语言，共 15 种语言，其中英语、阿拉伯语、朝鲜语、维吾尔语、藏语为 5 种具有教学优先性的语言。

（三）外语政策目标规划——确立国家安全外语能力标准

我们认为，从国家安全的目标需求来分，外语能力可分为以下 7 个级别：关键词级、日常会话级、特定会话级、综合入门级、流利级、专业级和专家级。

关键词级是普通的国家安全和公共安全人员（包括社会治安人员）应该达到的关键语言能力级别；日常会话级是国家安全和公共安全基层管理人员应该达到的关键语言能力级别；特定会话级是承担专门责任（如盘问、审讯等）的国家安全和公共安全人员应该达到的关键语言能力级别；综合入门级是国家安全和公共安全领域的初级语言专业人员应该达到的关键语言能力级别；流利级是国家安全和公共安全领域的中级语言专业人员应该达到的关键语言能力级别，相当于关键语言的本科毕业水平；专业级是国家安全和公共安全领域的高级语言专业人员、关键语言教育领域的专业人员应该达到的关键语言能力级别，相当于关键语言的硕士毕业水平；专家级是国家安全和公共安全领域的专家级语言专业人员、关键语言教育领域的高级专业人员应该达到的关键语言能力级别，相当于关键语言的博士毕业水平。

各个级别都列出具体的能力标准。以关键词级为例，具体能力要求为：能听懂某一或某几种关键语言的关键词（国家安全的关键词指与我国国家安全和公共安全关联性很大的词语），如关键语言的“炸弹、爆炸、氰化物、沙林气、体育馆、运动场、机场、广场、火车站、公共汽车、出租车、去、杀、死、赶快、今天、西方人、人群、警察、大使馆、围墙、翻越”等，以及关键词的语义成分（义素）中的核心成分。

确立这样的能力等级对于开展国家安全目标的外语教育有着重要的作用，因为这可以大大提高关键语言教学的针对性，比如现在国家安全目标的外语教育中就广泛存在要求太高（普遍要求听说读写）的问题，对于只需要达到关键词能力级别的普通人员进行综合入门级的语言教育，这些人语言学习困难重重，却连一些关键词都没有掌握，从而导致关键词能力级别的人员严重不足。

（四）外语教育规划——开展国家安全目标的外语教学

基于以上目标，我们特建议开展国家安全目标的外语教学活动。

针对关键语言开展基于国家安全目标的语言教学是当前的重中之重，因为当前的国家安全急迫需要的语言往往没有开展广泛的教学，比如我们的国家安全和公共安全专业人员能使用阿拉伯语、藏语、维吾尔语等的人非常之少。

所以，在当前我们必须尽快开展和加强关键语言的教学。

由于培养一门新语言的综合运用能力需要比较长的时间，而且语言运用的层次不同对于语言运用能力的要求也不同，因此我们不应该对所有国家安全和公共安全人员进行综合的听说读写能力培养，而应该分别按照不同的工作需要进行语言能力教育。

实际上我们现在大量缺乏的是具有关键词级别的语言能力的一线的国家安全和公共安全人员（含社会治安人员）。比如我们的国家安全和公共安全人员能听懂阿拉伯语“炸弹”这个词的非常少，更不用说核心词义，因为可能恐怖分子并不直接使用“炸弹”这个词，而只是使用含有其语义成分的另一些词来指称“炸弹”。

所以目前，我们主要应该大面积普及关键词级别的教学，在较大范围开展日常会话级别、特定会话级别的关键语言教学。

只有大量的具有关键词级别语言能力的国家安全和公共安全人员是不能满足保卫我国国家安全的需要的，我们当然还需要具有综合能力、专业水平的关键语言专业人员。

为此，我们在大面积开展关键词级别的关键语言的语言能力教学的同时，必须加大力度培养具有更高能力级别的语言专业人员。

以上教学活动可以通过招标，要求大学外语教学机构承担。

在当前开展“指向国家安全目标的外语教育”活动是时代发展紧迫需求的，也是切实可行的。为此，我们期待有关方面尽快组织有关机构开展“指向国家安全目标的外语教育”活动，以全面保卫我国的国家安全。

四、我国外语政策国家安全取向对策建议

（一）重视外语在国家安全中的地位与作用

尽管外语在我国有着强大的社会影响，但国家对外语的作用还应进一步重视。1949年以来，唯一国家层面的外语政策就是并未真正得到实施的“外语七年规划”。在整个《国家中长期教育改革和发展规划纲要》中只有“培养各种外语人才”一句提到外语，而外语是我国改革开放基本国策的要素资源，也是我国的国际竞争力的重要保障。现在对于外语和外语教育，社会和个人重视程度远远高于国家，社会和个人投入远远多于国家。社会与个人在外语学习的投入具有机构与个人的功利性，国家外语需求并非第一考虑因素，比如，自愿选择学习国家安全必需的普什图语(Pashto)的人肯定不能满足国家安全与发展的需要。这势必影响我国的“国家外语总量”，尤其是在语种选择、语言能力需求等方面影响国家安全。

我们认为，我国应该制定国家层面的外语政策，从改革开放基本国策的重要资源、提升我国国际竞争力的重要因素这一高度，尤其是在国家安全与社会发展领域的外语政策。

（二）加大投入，加强世界主要媒体的舆情研究与介入

我国对于汉语媒体（尤其是网络媒体）的舆情观察已经开展很多年了，而外语舆情观察现在几乎为零。在当今这个网络时代，我们认为，我国必须加大投入，对世界主要媒体（特别是这些媒体的网站）进行必要的观察，更需要进行深度的介入。我们现在能够明显地看到有一定的介入，但由于人数不够、级别不够。应该说，这一观察与介入方式效果非常突出。前述《泰晤士时报》网站等有中国读者的英文评论，但是在《纽约时报》、CNN、BBC等读者更为广泛的重要媒体，我们却看不到有意识的舆情观察和介入。随着世界媒体对中国越来越关注，我们面临的问题也越来越严重和复杂。世界媒体的观察与介入是我们为影响世界对中国的看法可以做出的努力中唯一可以从国内做出的更多努力的领域。

（三）加强基于外语的国家软实力建设

外国读者了解我国的一个主要方式之一是阅读在本国出版的书籍。我国有专门的外文局和外文出版社，对把我国著作翻译成外语出版做出了很大努力。但我国外译学术著作得到认可的多是理工科著作，真正影响软实力的人文社会科学的外译学术著作，受到肯定的少之甚少。更重要的是，由于各种原因，外国读者，尤其是西方读者，更多认为中国自己出

版的外文著作是一种宣传，他们更愿意相信本国出版的著作，即使是翻译出版，他们也更接受本国翻译出版的中国著作。李岚清同志的《李岚清教育访谈录》翻译成英文 Education for 1.3 Billion，由世界排名第一的 Pearson Education 出版公司出版，是为数不多的西方出版商主动出版的中国著作。而目前，我国学者在国外出版的外语文献对于我国的国家软实力贡献还远远不够。我们认为，国家必须加大国际合作，鼓励外国出版社出版中国的学术著作，尤其是人文社会科学的学术著作。

跨文化交流通常采用两种方式：一是按照对方的思维方式和话语体系进行交流，这样可以帮助对方直接理解交流内容。二是按照己方的思维方式和话语体系进行交流，这样需要对方理解己方的思维方式和话语体系，才能理解交流内容。二者各有所长，但也各有所短。对于领土之争等重大事宜，我们必须坚持第二种方法，但对于其他领域，当我们进行交流的目的是让对方理解我们的时候，我们可以主要采用第一种方法。所以，我们认为，在当前，除了领土等核心利益之外。我们在跨文化交流中，应该尽可能用西方人的思维方式，向西方介绍中国，这样他们才能真正理解中国，这样也有利于形成积极的国家形象。很多英国人对于一口标准的英国英语的中国人非常钦佩，对于能运用西方思维方式向其介绍中国并与之交流的人的观点，非常认可。若是数以亿计的中国人能用西方人理解的话语方式介绍中国，与他们讨论世界治理方式，中国的软实力一定非常强大。

我们认为，必须从国家软实力建设（尤其是我国的国际形象建设）的高度，重视外语工作，加强外语教育，从而通过软实力和国家形象，促进我国的国家安全。

（四）加大高层次外语人才的培养，尤其是加大力度培养能熟练运用外语的政治家、企业家、学者等高层次人才

我们高校现在每年招收外语专业新生十几万人，但我们高层次的外语人才和精通外语的高层次人才却依然奇缺，真正能够进行无障碍自由交流的政治家、企业家、学者都还很少。我们知道，一个国家的政治家的外语能力，会影响外国人对该国政治家的好感与美誉度，影响该国政治家与外国政治家和国民之间的个人友谊与交往，精通外语的政治家有可能与其他国家政治家成为很好的朋友，这势必对两国关系产生积极影响。我们经常看到的是，在国际舞台上，世界上主要大国的大多数政治家、企业家、学者能够自如运用外语进行自由交谈，而我国的大多数政治家、企业家、学者等，则只能借助翻译进行交谈。我国政治家更是很少能运用外

语与外国民众直接进行无障碍的交流。这不仅仅与我国的大国地位不相称，更影响我国发挥应有的国际影响力，影响我国的积极的国家形象的建立，从而影响我国的国家安全。

为此，我们认为，我国必须加强对于政治家、企业家、学者的外语能力的培养，以此树立更积极的国家形象，进而促进国家安全。

外语与国家安全关系巨大，而且正在受到广泛重视。我国国家安全视角的外语政策研究时间不长，亟待更进一步的深入和广泛研究。

第三章　外语政策制定

无论是什么政策，无论政策好坏，无论政策是否顺利实施，政策首先都需要被制定出来，可以说政策制定是政策过程中最基本的环节。通常而言，政策制定（Policy making）或者称为政策形成（Policy formation）或政策规划（Policy formulation），指从问题界定，经过议程设定、方案选择，到政策合法化的过程。

第一节　外语政策问题界定

如前所述，外语政策是解决公共外语生活中的相关问题的方案。所以，制定政策的第一步便是界定所要解决的问题。界定问题必须弄清楚：政策问题来自何方？谁是利益相关者？谁提出问题？解决问题涉及哪些方面的利益？如何分清问题的轻重缓急？问题怎样随时间变化？问题能否进入政策制定的过程？谁促使问题受到重视，进入政策议程？等等一系列需要分析的问题。

一、问题提出

在任何一个社会，总是存在这样那样的众多问题，正如常言所述，有问题说明这个社会没问题，没问题说明这个社会有问题。因为在一个常态的社会，人们因为各种利益关系而出现不一致的认识、选择，这必然导致出现各种问题；而在一个非常态的社会，人们不敢或者没有认识到各自的利益及其差异，不敢暴露利益冲突导致的各种问题，或不愿意用话语或行动表达自己的利益。正因为人类社会存在这样那样的需要进行利益协调的问题，才有社会性组织和政府存在的必要性。

不是所有的社会问题都是公共问题，或者需要制定政策的公共问题，这是国家与社会存在边界的重要原因，一旦混淆这一边界，政府就或者管得过宽，或者管得太少。正是如此，国家应该制定学校开设什么外语课程的政策，却不应该干涉家长要送孩子去补习班学什么外语。此即，全日制学校外语课程是公共问题，补习学校外语课程不是公共问题。

如何界定社会问题已经成为公共问题，需要制定公共政策加以解决呢？

首先应分析问题的相关性和重要性是否涉及全体或多数社会成员的利益。比如在我国，高考外语语种就是一个涉及大多数社会成员的问题，外事警察的外语教育尽管涉及人数不多（现在只有数十万长期在我国居住生活的外国人，相关警察只有数千人），但却具有相当重要的地位，仍然是一个公共问题。

其次，应理解相关各方的利益表达与冲突，有些问题可能并非重要问题，但却来自重要人物的表达，或者由于利益相关者的原因导致严重的社会冲突，这也可能使社会问题发展成为公共问题。如我国小学英语课程政策的制定就主要是来自于当时担任副总理的李岚清同志的提倡与支持，而张玉勤因为期末外语考试不及格而自杀的“马振扶公社事件”对1973—1976年全国外语政策的影响，都是典型的案例。

一般而言，政策问题应由以下方面提出：

1. 政府与立法机构

作为公共政策的主体，政府是提出政策问题的主要机构，这也是政府的职责所在，因为政府比民众更了解国内外的现实。我国很多外语政策的问题都是由政府提出的，典型的有1964年国务院外语规划领导小组的“外语七年规划”、教育部1985年开展大学英语四、六级考试的政策等，都是政府提出的外语问题，前者是外交需要，后者是外语教学政策的配套政策的需要。其实，教育部的大量外语政策都是政府作为政策主体发现外语问题而提出的。

政府作为政策主体的优势在于他们对于政策相关信息的掌握比较全面，但政府往往由于与政策过于相关，或者存在利益关联，而导致政策制定中真正的公共利益没有受到应有的重视，如教育部2005年关于大学英语四、六级考试改革的政策，虽然在强大的社会批评舆论中出台，但由于利益关系，仍然采取了收费、发放证书等饱受诟病的政策，显然问题的提出存在着问题。

基于政府的职能，各国政府都是各国外语政策问题的主体。

欧洲委员会语言政策局负责制定欧洲外语政策，相关政策的问题也是由欧洲委员会提出。

欧洲委员会作为跨政府机构，自20世纪50年代以来，一直促进其成员国共同的外语政策，主要目的是为了解决各国存在的外语问题，尤其是各国成员交流中存在的外语问题。从20世纪50年代的“基础法语（Le francais fondamental）”项目，到20世纪70年代开始的“校外教育委员会

(Committee for Out of School Education)"项目，以及意念—功能大纲，入门级（the Threshold Level）以及交际法，20 世纪 80 年代的"台阶(Waystage)"以及"跟我学（Follow me）"等项目、"欧洲公民语言学习(Language Learning for European Citizenship)"等主要项目，更有 1991 年开始制定、1996 年提出草案、1998 年进行修订、2001 年正式颁布实施的欧洲统一的外语政策《共同欧洲框架》，都是基于欧洲委员会提出的外语问题。[①]

美国政策也是美国外语政策问题的主要提出者。美国当今最主要的外语政策——2006 年 1 月 5 日美国总统布什发布的"国家安全语言启动计划"(National Security Language Initiative)——就是基于美国政府和立法机构提出的外语问题。自从 911 事件之后，美国各界一直在探讨外语政策问题，议员和政府官员多次讨论制定全国性外语政策的必要性，之后有了这一政策。

2. 外语教育者与外语学习者

在公共政策理论上，外语教师和学外语的学生是外语政策的真正主体，但显然，由于我国的公共政策的现实，外语教师和学生并没用成为我国外语政策的主体，只有极少外语教师和学生参与外语政策问题的提出。主要形式有：

(1) 受政府委托

教育部的外语政策制定一般都是委托几位外语教师完成，比如国家《英语课程标准》的制定与修改，就是由教育部挑选十几位外语教师完成。

(2) 接受政府咨询调查

教育部制定外语政策时往往针对外语教师和学生开展一定范围的调查，征求对现行外语政策的意见，以及修改建议。

(3) 发布自己的意见

我国有一些教师和学生就我国外语政策在学术期刊、学术著作、网络等发表学术论文、观点、意见等。

但毫无疑问，我国外语教师和外语学习者目前并非提出外语政策问题的主体。

欧洲的大多数外语教师与外语学习者较少参与外语政策问题的提出，但欧洲学者特别积极而且有效地提出政策问题。

这一点美国有所不同。美国外语教师协会（ACTFL）是多项外语政

---

① Council of Europe. 2001. *Common European Framework of Reference for Languages: Learning, Teaching, Assessment*. Cambridge: Cambridge University Press, p. 3.

策问题的提出者，尤其是目前使用的美国外语教育标准。

不过，外语学习者一直没有深度参与外语政策问题的提出。2010年，我国进行了一项面向外语学习者的政策调查，学习者在这一调查中成为政策关注的中心，他们提出了他们的外语生活中的问题。但这一调查中由学生提出的问题是否能成为政策问题、进入政策议程，尚需待其发展确定。

3. 社会

外语政策从来都是一个社会问题，因为需要外语能力的主要是社会，尤其是企业、机构等。

我国社会机构较少提出外语政策问题，只有外语相关产业与服务的企业与机构提出外语政策的问题。

我国有不少非外语专业的教师，也提出外语政策问题，如撰写《走火入魔的英语》一书的南开大学教授朱鲁子、中国人民大学教授顾海兵等，都就外语政策问题发表了很多意见。

在美国，社会团体非常积极地参与外语政策问题的提出，企业、军队、家长等都曾就美国外语政策发表了非常全面、认真的意见，直接影响了美国外语政策的制定，其中美国的《双语教育法》就因家长而制定，也因家长而终止。

在欧洲，企业是外语政策问题的积极提出者。荷兰的外语政策就是一个典型案例，企业各界不仅提出问题，更是直接参与政策制定。

相对于欧洲、美国而言，我国社会力量参与外语政策问题提出与制定的力度还可以进一步加大。

二、问题确定

如前所述，众多的社会问题未必成为公共问题，也未必成为制定公共政策的一个问题。政策问题要成为政策，就必须得到确认，进入政策制定的议程。

一般而言，外语生活问题主要通过如下途径进入外语政策制定的议程：

1. 重大的国际事件的出现

作为外国语言，外语问题总是与国家与外国的关系有着不可分离的联系。我国在鸦片战争之后广泛开始西方语言教学，在1949年以后大量进行俄语教学，中苏论战之后开始其他语种教学，1972年恢复联合国席位之后开始外语特色教育，这些都是重大国际事件的出现，导致国家提出外语问题，界定外语问题，制定外语政策。

2. 政治领导人的提议

在任何一个国家,政治领导人的意见都会影响政策,因为他们掌握着与政策相关的信息。我国 1960 年开办外国语学校的政策、2001 年开始小学英语课程的政策都是因政治领导人的提议,使社会问题成为公共问题,并且得到确认,进行政策议程,并最终成为政策。

3. 较为广泛的大众传播媒介的讨论

大众传播媒介以其社会影响促进社会问题成为公共政策问题,并最终得到确认,成为政策,最典型的是我国 2005 年的大学英语四、六级考试政策的改革,都是在广泛的大众传播媒介的讨论后出现的。

4. 有重大话语权和影响力的学者的意见

在一个尊重知识的社会,学者的意见都会受到特别的重视,从而成为公共问题进入政策议程的重要力量。我国几位非常著名的学者都曾经就我国外语政策发表自己的意见,如胡文仲教授、胡壮麟教授、陈琳教授、张正东教授等,都曾经就我国外语政策发布重要意见,其中不少成为政策问题得到确认、进入政策议程的重要依据。

5. 出现的社会危机与动荡事件或引人注目事件

政策的制定是为了解决社会问题,所以社会危机等事件都会成为政策的基本问题。张玉勤事件是典型的社会事件导致社会问题成为外语政策问题。

6. 外语教育技术的重大变化

随着科学技术的发展,外语教育的技术也不断发展。我国 20 世纪 70 年代外语电化教育政策就是典型的因为外语教育技术出现重大变化而形成的政策,21 世纪我国大学英语普遍推进基于互联网技术的外语自主学习中心建设的政策也是基于互联网技术的发展而形成的政策。

第二节　外语政策方案制订

政策制定过程中的最基本的环节就是政策方案制订(policy formulation),政策问题进入政策议程之后,就需要制定政策方案。

制定政策方案,就是分析研究政策问题、确定政策问题解决要达到的目标、设计解决问题的方案、预测各种方案的后果、选择确定最终方案的过程。

一、政策问题分析

社会问题成为政策问题、进入政策议程之后,需要进行以制定解决方案为目的的政策问题分析。分析政策问题可以从问题成因、问题性质、问题特征、问题主要因素、问题的关键性因素、问题的牵引型因素、问题可在短期解决的因素、问题需要长期才能解决的因素等。

从制定政策解决的方案而言，主要应把握的是：问题成因、问题性质、问题的关键性因素、问题的牵引型因素、问题可在短期解决的因素等。

以我国高考外语政策改革为例。我们知道，高考外语政策的改革必然是高考政策的组成部分，受我国考试文化（尤其是望子成龙思想等）的巨大影响，也受我国高考阅卷成本限制（相对而言，主观题阅卷经费是客观题阅卷经费的数十倍，乃至数百倍）。准确分析这些问题，才能制定出科学合理的政策方案。

二、政策目标制定

政策目标就是政策试图解决问题而达到的目标。基于对于政策问题的分析，从能在短期解决的问题入手，以全面彻底解决问题，实现理想目标为指向，是制定政策的关键。制定政策目标应该有战略眼光，要切实可行，既不能一蹴而就，也不能“能百步却五十”。

根据前面对于高考外语政策问题的深度分析，我们可以发现，我国的考试文化使我们不可能放弃高考，我国现行的高考外语阅卷经费投入不可能全面使用主观题。我国 2010 年高考收费 100 元，分摊到英语学科的只有 20 元，而雅思（IELTS）和托福（TOEFL）考试 2010 年每次费用分别是 1450 元、1800 元。所以，基于此，高考外语政策改革的方案在目前只能是：以更直接评价考生的外语运用能力的客观题代替不能直接评价考生的外语运用能力的客观题，简言之，是以运用性的客观题代替知识性的客观题，而很难全面推行更加理想的主观题代替客观题的改革。

三、解决方案设计

要解决政策问题，实现政策目标，需要设计能解决政策问题、实现政策目标、切实可行的政策方案。

政策方案可以从政策主体内部（通常是政府）提出，也可从政策外部（政策客体、外部专家、非政府组织等）提出，不过较为理想的则是通过政策内部与外部互动的方式提出，而且主要依靠政策主体的外部专家与政策客体进行决策，尤其要加强专家的决策作用。

政策方案可以是改革型的、创新型的，也可以是渐变型的，甚至无为型或者退后型的，要以是否解决政策问题为依归，而不是以是否创新为依据。

政策方案应该不是单一的，而是多种的，可相互替代，而不是相互否定的。我国小学英语课程政策在实施中遇到困难，其中一个主要原因是没有足够的具有可操作性的替代方案应对教师不足的问题。

美国和欧洲的外语政策几乎都是在政策内部与外部互动中形成的，尤其是荷兰1988年12月在制定“荷兰国家行动计划”时，参与政策制定的不仅仅来自荷兰教育领域，还包括外事、贸易和工业以及其他各个部门的代表。“工作组”的组成人员甚至来自于冶金行业和银行业。[①]

四、方案后果预测

多种方案设计之后应该就方案后果进行预测。预测的方法可以是多种多样的，主要有：时间序列分析方法、回归分析方法、理论导图、因果关系、德尔菲技术、主观概率分析、交互影响分析、情景描述等。

方案后果预测一定要科学合理，这是科学确定政策方案的基础。我们尤其要注意运用定量的方法，对方案后果进行比较分析。

五、政策方案确定

对各种政策方案的后果进行预测分析之后，需要根据科学的预测，确定政策的具体方案，这是决策中最关键的环节。

方案可能各有所长，各有不足，后果可能千差万别，如何确定一个方案或者组合多个方案形成最终方案，这需要科学的方法，更需要政治智慧，需要对方案的政治可行性、行政可行性、教育可行性、文化可行性、经济可行性、技术可行性进行综合平衡，任何一方的严重不足都可能造成政策实施的短板，导致政策实施的困难。

我国在2001年开设小学英语国家课程的政策具有很强的政治可行性（行政领导人支持）、行政可行性（各级教育行政部门支持）、文化可行性（很多家长原意孩子从小就开始学习外语）、经济可行性（国家具有相应的经济实力，而且获得了很多经费为西部制作和购买教学光盘等）、技术可行性（网络技术、电视技术都可以保证最偏远的农村和北京同步课堂学习），但是其教育可行性偏弱（没有足够的小学英语师资和使用现代化电教设备进行教学的师资、没有足够的教师编制增加小学英语教师），这导致小学英语政策实施至今小学英语课程开设率依然没有超过70%，成为新的教育不公平现象。

① Theo Bongaerts Kees De Bot (eds.). *Perspectives on Foreign-Language Policy*. Amsterdam/ Philadelphia: John Benjamins Publishing Company, p. 5.

第三节　外语政策合法化

政策合法化(legitimation)是政策主体确定政策方案之后,依照法定权限和程序,对政策方案进行审查、通过、批准、签署和颁布,使政策实施获得合法性授权的过程。政策合法化通常要按照一套法律规定的程序,或者习惯性程序,使政策成为可以合法实施的方案。政策合法化是现代公共政策制定的一个基本特征,政策合法化也是政策实施获得足够的政治资源、行政资源、经济资源等政策实施的重要资源的保证。

仍以我国小学英语政策为例。2001年教育部出台教基【2001】2号文件"关于积极推进小学开设英语课程的指导意见"。

该文件目标明确:"推进小学开设英语课程的基本目标是:2001年秋季始,全国城市和县城小学逐步开设英语课程;2002年秋季,乡镇所在地小学逐步开设英语课程。小学开设英语课程的起始年级一般为三年级。各省、自治区、直辖市教育行政部门可结合实际,确定本地区小学开设英语课程的工作目标和步骤。"按照这一目标,2002年之后的第4年(按从小学三年级开设计算),亦即2006年,应该基本在全国小学开设英语课程。

该文件对教学、评价、教材、技术、师资、领导都做了具体规定。关于师资的规定是:

> "加强小学英语师资队伍建设,是提高小学英语教学质量的基本条件。目前,要重点搞好小学英语骨干教师和辅导教师的培训工作,以解决小学开设英语课程的急迫需要。可开展转岗培训,对具有一定英语基础的在职小学教师,通过培训合格后,可转岗从事英语教学或兼职承担英语教学辅导工作。各级师范院校、教师进修院校、中小学教研室要在当地教育行政部门的规划和指导下对在职小学教师进行培训。
>
> ……
>
> 加强各级各类师范院校英语教育专业建设,努力扩大和提高师范院校培养小学师资的规模和能力。要继续办好中等外语师范学校。鼓励并支持有条件的中等师范学校举办英语专业班。中等师范学校要开设英语必修课。有条件的中等师范学校可改建为中等外语师范学校。
>
> ……

> 依据本地区实际，对小学英语教师的配备标准、教学工作量、职务聘任和工资待遇等做出合理规定。为吸引优秀小学英语教师，各地可根据实际情况，采取适当的鼓励政策。鼓励非师范院校英语专业毕业生到小学任教。”

由于此前没有开设小学英语国家课程，只有少数小学储备有小学英语师资。若全国全面开设小学英语课程，以当年在校小学生 3—6 年级学生 8000 万计算，每 400 名小学生配备 1 名教师(小学英语课程每周 2 课时，小学教师需要教 10 个班，约 400 名小学生，才能基本满工作量)，需要 20 万小学英语教师。如此庞大的师资队伍从何而来，转岗教师比例很少，合格的转岗教师比例更少，没有新增教师编制，是无法在短期内解决新增 20 万小学英语教师的。

我们完全相信，在高校英语专业大量扩招之后的今天，现在全国有足够 20 万名合格人员可以担任小学英语教师。但是，由于没有新增 20 万名小学英语教师财政编制，致使至今小学英语教师队伍依然不足，而且小学英语在岗教师至今质量没有全面达到要求。

我们试想，若在 2001 年小学英语课程政策获得足够的财政授权，4 年内增补 20 万名小学英语教师编制，小学英语课程政策的目标可能早已实现。

这一案例清楚地说明，政策合法性对于政策实施是至为关键的步骤。

第四节　外语规划

语言政策制定的一种特殊形式是语言规划。“语言规划的基本含义是：政府或社会团体为了解决语言在社会交际中出现的问题，有目的、有组织地对语言文字及其使用进行干预与管理，使语言文字更好地为社会服务。”[①]外语政策属于语言政策的范畴，所以外语政策的制定也存在外语规划这一形式。

随着我国改革开放的深入，外语已经成为我国实施改革开放的基本国策的重要资源，成为我国提升国际竞争力的重要因素，更成为国民生活和教育的不可忽视的组成部分。我国目前“对外广播部门和新华社使用 38 种外语。外交部在对外交往中使用的语种大概有 30 种以上”。“根据 1997 年在部分城市的调查，外文在城市商业区的社会用字中使用数量占

① 陈章太：《语言规划研究》，北京：商务印书馆，2005，第 2 页。

20%～30%左右。以中外文并用为主,中英文并用最多。"[①]加入 WTO、举办奥运会,使我国社会发展对外语的需要更大。因此,外语不仅已经成为我国国民教育的主要内容之一,现在从小学生到博士生都需要学习外语,而且已经成为社会发展的广泛需求,每年社会教育市场的外语培训费用达到数百亿元之多。

但是,近年来,我国外语政策受到诸多批评。有人指出:"在现行的高考中,英语是必考科目;大学英语没过级就毕不了业;研究生的录取,英语在多数情况下具有一票否决权……现行英语教育……的负面影响,已经凸显。"[②]甚至有人更激烈地表示,"学生在学习英语的过程中深受其害,浪费大量的时间,荒废正常的学业,使整个中国的教育质量遭受毁灭性的打击,同时也使国家每年数以百亿的巨大财富打水漂,真是祸国殃民。"[③]笔者也曾对外语教育政策和外语考试政策进行了分析和批判,并提出了改革的建议。[④]

显然,一方面我国社会对外语有很大的需求,一方面我国的外语政策需要调整。这表明,我国急需外语规划。正如国家语言文字工作委员会的苏金智所言:"外语是学习外国先进科学技术,了解世界情况,与各国人们进行文化交流和思想交流的重要工具。外语的使用是我国语言使用的一个重要组成部分。但是,由于国家长期以来对外语的使用没有从语言规划的角度进行必要的管理与指导,它的使用出现了较为复杂的局面。""到目前为止,国家在外语使用方面既没有长远的总体目标,也没有短期的可操作性的目标。"[⑤]我们认为,在我国这样一个以汉族为主体的多民族的占世界人口 1/5 的国家,我国的语言规划在语言类别上应该包括国家通用语(普通话)规划、少数民族语言规划、地方方言规划以及外语规划,甚至国际通用语规划等不同层面。

为此,本节拟对外语规划的基本内涵等理论问题进行初步探讨。

---

① 苏金智:"语言规划的连贯性与系统性",《语言规划与语言政策:理论与国别研究》(周玉忠、王辉主编),北京:中国社会科学出版社,2004,第 22 页。

② 谢克昌:"谢克昌委员质疑现行英语教育",《中国教育报》,2004 年 3 月 8 日。

③ 朱鲁子,2003,炮轰大学英语考试制度:英语考试"祸国殃民"? http://news.xinhuanet.com/edu/2003-10/29/content_1148309.htm 新华网(访问时间 2003 年 12 月 20 日 16:31)

④ 鲁子问:"中国外语教育政策的实然分析与应然设想",《基础英语教育研究》,2003 年第 1 期,第 7—13 页;鲁子问:"我国当前外语考试政策偏失与改革建议",《湖北招生考试》(理论版),2004 年第 12 期,第 66—70 页。

⑤ 苏金智:"语言规划的连贯性与系统性",《语言规划与语言政策:理论与国别研究》(周玉忠、王辉主编),北京:中国社会科学出版社,2004,第 21 页。

一、外语规划的界定

外语是相对于母语而存在的其他语言，外语规划也属于语言规划的范畴。语言规划的主体一般是政府或社会团体，语言规划的目的是解决语言在社会交际中出现的问题以及使语言文字更好地为社会服务，语言规划的方法是对语言文字及其使用进行干预与管理。当然，规划行为的主体与规划研究与倡导的主体可能是不同的，因为规划可能是有学者作为个人来研究、倡导发起的，就如我国早期的汉语拼音规划一样。

外语规划显然也应该是由政府或社会团体来实施的，尽管可以是学者个人研究与倡导的。如前所述，我国社会当前的外语生活中出现的问题已经迫切需要进行外语规划了，所以我国外语规划的目的显然是解决我国当前外语生活中出现的各种问题，使外语更好地为社会服务，满足社会发展的需要。当然，这里的外语生活应该从“生活世界”这个哲学概念的层面进行理解，尽管外语生活也经常体现为我们的日常生活。外语规划的方法也应该是对外语人口、外语语种选择、外语教育政策等一系列外语生活中的问题进行干预和管理。由于规划具有强制执行的要求，所以外语规划中的社会团体实际上是代表政府、或在政府授权后进行规划，比如大学英语四、六级考试委员会制定大学英语教学四、六级考试标准就是代表教育部高等教育司进行外语能力评价的规划。外语规划作为政府或代表政府的社会团体行为，对于社会语言生活必然起到重要的作用，涉及不同利益群体的利益，那么，外语规划显然应该属于公共政策的范畴。

为此，我们认为，外语规划是政府或社会团体有目的、有组织地对外语生活进行干预与管理的公共政策行为，其目的是为了解决语言生活中在外语方面出现的问题，从而使外语更好地为社会服务。

二、我国外语规划的基本内容

外语规划作为语言规划的一个分支，其规划内容也应该与语言规划相同。“语言规划的内容包括语言地位规划和语言本体规划两大部分。”[①]

（一）外语地位规划

外语地位规划与语言地位规划的原理相同。“语言地位规划，是指语言规划为语言文字确定应有的、合适的地位，即它们在社会中的地位，并协调各种语言关系。”[②]基于此，我们认为，外语地位规划也就是对外语在社会生活中应有的、合适的地位进行规划，以满足改革开放、提升国际竞

① 陈章太：《语言规划研究》，北京：商务印书馆，2005，第8页。

② 同上，第9页。

争力、社会经济发展对外语的需求，并协调外语与母语的关系。

我国是一个有着自己的通用语的国家，因此一般情况下，我国的国内事务不需要使用外语。但随着我国的社会发展，对外交往日益频繁、深入，外语对我国社会发展的作用也越来越重要，作用的领域也越来越广泛。外语在我国目前主要仍然表现为国际交往的工具，在国际政治、经济、文化、军事交往中广泛使用。我国的社会发展、企业竞争、国家安全等也需要了解外国的一些信息，利用外语获得相关信息也是外语对于我国的重要工具性作用之一。随着我国改革开放的深入，越来越多的外国人来我国学习、工作、旅游、生活，这使外语在我国也开始表现出在国内为外国人提供外语服务这一新的工具特性。

我国目前正在走向老年社会，老年人口正不断增加，很多老人退休后也去学习外语，以满足自己的学习愿望。这些人学习外语的目的主要是满足自我兴趣，并不主要是为了与外国人交往。对于外语的个人发展规划，是学习者个人发展的需求，所以本节不展开讨论。

以上分析说明，外语目前是我国社会发展和国民自我发展的需要，外语在我国应该有一定的地位。这些需求也自然地形成了外语在我国的另一种功能：教育功能。既然我国社会发展需要外语人才，那么这些外语人才就需要学习外语的条件，包括足够的外语教师。

外语地位的确定主要应依据国家的外语人力资源需求，因为在我国目前的社会发展阶段，国民自我发展的外语学习需求还难以通过社会的外语规划来满足。

对社会发展所需的外语人力资源的规划称为外语人口规划。外语人口规划必须以社会发展的需求为依据，所以其规划要求在规划之前进行外语生活状况调查，并按照社会发展预测的方法，预测社会发展对国家外语能力（即国家的外语人口的外语能力的总体表现）的需求，比如我国对外政治、经济、文化交往需要多少具有外语听说读写能力的专业人才，我国外语信息获取需要多少具有外语阅读翻译能力的专业人才，我国社会外语服务需要多少具有外语听说能力的专业人才等，以及我国外语教育事业本身需要多少具有全面的外语能力的外语教师。

目前外语在我国已经具有了不可忽视的地位。我国的国民教育系列从小学教育到博士生教育都开设了外语课，我国几乎所有职称晋升都要求一定的外语考试成绩，我国很多职务的获得也要求申请者具有一定的外语能力。

那么，这样的外语人口规划是否符合我国的国家外语能力需求呢？

事实却不尽如人意。一方面,社会对大学英语四、六级考试和研究生入学外语考试、职称外语考试提出广泛的批评;另一方面,一些国家机关和很多企业都渴求精通外语的专业人才。

外语与母语的关系也的确需要进一步规划。比如现在一些外国进口商品往往没有中文说明,这给不懂外语的消费者带来很多困难,同时一些国内机构也往往广泛使用外语,甚至出现只使用外语的现象。尤其是外语教育与母语教育的关系需要进行规划,现在母语教育质量下降,很多人将原因归于外语教育时间过多,其实母语教育时间不足的主要原因很可能是其他学科的教学时间过多,而不一定是外语教育时间过多。不过,这更说明外语与母语关系的规划是当务之急。

以上分析说明我国外语政策急需在开展大规模、全方位、准确的国家外语能力需求调查与预测分析的基础上进行科学的外语规划。

（二）外语本体规划

外语本体规划在原理上与语言本体规划基本相同。“语言本体规划,是指语言规划时对语言文字本身所进行的规范化、标准化工作,目的在于改善和增强语言文字的社会功能,便利人们使用。”[①]外语的本体规划可能不存在语言的规范化问题,但语种选择问题、外语的标准问题仍然是需要规划的。

外语语种规划就是选择哪些语言作为对外交往、尤其是外语教育的语言,这与国家的外语能力需求是相关的,也就是说,外语语种的选择必须考虑到国家的外语能力需求。随着我国对外交往的不断扩大与深入,社会发展需要越来越多的具有不同语种外语能力的人才,比如随着我国在阿富汗建设工程的增加,我国对精通阿富汗的官方语言普什图语和达里语的专业人才的需求就会不断增加,但现在我国的普什图语和达里语的语言能力还远远不能满足这一需求,这就需要我国对外语教育的语种进行必要的规划。

外语本体规划的标准规划问题也是不可忽视的一个因素,比如如果把美国英语作为英语教育的内容之一,那么,澳大利亚英语、新西兰英语、加拿大英语、南非英语,甚至印度英语、新加坡英语等是否也应该、或者可以成为英语教育的内容?美国的非洲裔美国人英语、英国的牙买加移民英语等是否可以成为英语教育的内容?这些都需要进行必要的规划。本体规划可能涉及的问题还表现在其他一些方面,比如我国有地铁的城市

① 陈章太:《语言规划研究》,北京:商务印书馆,2005,第12页。

为了方便外国人，要给“地铁”加上英文标识，是使用 underground，subway，tube，还是 metro? 这些词在英语词典中都有“地铁”的含义，到底使用哪一个需要看依据哪个标准。所以，标准化问题也是外语本体规划不可回避的一个问题。

三、我国不同领域的外语规划

以上是从外语规划的内部对外语规划进行分析，外语规划是一项公共政策行为，所以还需要从外语与社会公众生活的不同领域的关系这一外部向度分析外语规划。①

按照领域划分，外语规划应该涉及社会发展(包括外语教育)与社会安全两大主要领域，不过外语教育具有特殊性，因为外语教育的目的是实现外语人口的规划，所以我们在此从社会发展、社会安全、外语教育三个领域讨论我国不同领域的外语规划问题。

(一) 外语的社会发展规划

如前所述，外语对于我国社会发展具有重要作用，因此外语规划必须首先考虑社会发展因素。

1. 满足需求的规划

社会发展对国家外语能力提出了需求，不满足这些需求就可能制约社会发展，比如我国洋务运动时期就存在因为国家外语能力不够而阻碍社会发展的现象。而好的外语规划都会充分考虑社会发展的需求，比如荷兰的外语规划对荷兰的社会发展就起到了促进的作用。②

当然，外语规划不仅要考虑当前社会发展的需求，还应该考虑社会发展的未来需要，因为国家外语能力需要通过多年的外语教育才能形成。为此，满足社会发展需求的外语规划应该根据社会的现实与未来发展的需求进行。

2. 优先性规划

社会发展一般不能做到各个领域同时同步发展，因为社会发展所需的资源总是有限的。因此，社会发展的过程中往往会考虑优先发展某些领域，也就是说，社会某些领域的发展相对于其他领域具有优先性。

那么，要满足社会发展的需求，外语规划就应该根据社会发展的优先

---

① Lambert, R. 1993. *Language and International Studies*. Washington, DC: National Foreign Language Center.

② Tuin, D. and Gerard Westhoff. 1997. *The Task Force of the Dutch National Action Programme as an Instrument for Developing and Implementing Foreign-Language Policy*. in Theo Bongaerts and Kees de Bot: Perspectives on Foreign-Language Policy, Amsterdam: John Benjamins Publishing, pp. 21-34.

性进行外语规划，以优先满足那些具有发展优先性的社会发展领域的需求。

（二）外语的社会安全规划

社会安全规划是外语规划的一个重要方面。社会安全一般包括国家安全、文化安全、公众安全等不同的维度，外语的社会安全规划也应该从这几个维度进行。

1. 国家安全维度的外语规划

随着人类社会经济的发展，国际交往日益密切，各国内部事务瞬间可能成为全球事件。同时，霸权主义、恐怖主义威胁全球，导致当今世界存在着巨大的不确定性。因此，各国的国家安全已经不可规避地涉及到国际事务。因此外语规划就必须具有国家安全这一维度。随着我国举办奥运会、世博会，以及我国参与国际事务次数的增加，我国的国家安全问题也不容忽视，外语规划也必须考虑这一维度。

2. 文化安全维度的外语规划

“国家文化安全首先是就国家主权意义而言，主要是指一个国家的文化主权神圣不可侵犯，一个国家的文化传统和文化发展选择必须得到尊重，包括国家的文化立法权、文化管理权、文化制度和意识形态选择权、文化传播和文化交流的独立自主权等等，这是国家文化安全最核心的内容。”①

外语必然是外国文化的载体，因此外语教育必然形成对外国文化的传播。因此，外语规划必须考虑国家文化安全问题，外语教育不能危及本国文化的安全，外语教育不能导致外国文化无限制地进入本国文化，否则可能导致本国文化的优秀成果的丧失。

合理的外语规划可以促进我国文化的发展与进步，可以促进我国更深入地了解外国文化，更合理地借鉴和学习外国文化，同时外语促进我国社会的发展的同时也会促进我国文化的发展。因此，文化安全要求科学、合理的外语规划。

3. 公共安全维度的外语规划

外语涉及公共安全的因素有两个方面，一是外来势力可能带来的公共安全隐患，一是社会内部的外语政策若导致内部不稳定从而可能导致的公共安全隐患。

这些危险的存在都要求外语规划必须具有公共安全的维度，因为科

① 胡惠林：《文化产业发展与国家文化安全》，广州：广东人民出版社，2005，第106页。

学、合理的外语规划也同样能保证公共安全。

（三）外语教育规划

外语教育是形成国家外语能力的主要途径，因此外语规划必须包括外语教育规划。我们在此从外语教育目标、外语教师与外语考试三个层面说明。

1. 外语教育目标规划

语言规划具有多种目的和动机，[①]所以应该明确外语教育在我国的性质特征。简单地说，外语教育在我国主要表现为其工具性。那么，首先就应该进行广泛的语言需求现状调查与发展预测，[②]要弄清楚我国社会发展对国民的外语能力的真实需求，依此进行外语规划，确定到底为什么目的开展外语教育，为什么目的在基础教育阶段进行外语教育，以及在大学教育阶段进行外语教育的目标又有什么不同，以及我国应该教授什么外语，针对我国当前外语教育中的问题，科学地制定不同阶段、不同地区、不同领域、不同层面的外语政策等。[③]

然后，必须依据我国目前的社会经济发展现状，建立教育阶段的外语教育目标，也就是面向全体受教育者的最基本的外语教育目标。正因为这些目标是面向全体受教育者（某种意义上是全体国民）的，所以应该建立与我国目前的国民收入人均 GDP4300 美元（2010）相适应的外语教育目标，当然，外语教育目标可以具有一定的前瞻性，可以参照其他的人均 GDP1000～5000 美元的国家和地区的外语教育目标，但不应比照人均 GDP10000 美元～30000 美元的国家和地区的外语教育目标来建立我国目前的外语教育目标。

再后，应该建立国家的专业人员外语教育目标。这里所指的不是外语专业人才，而是精通外语的专业人才，包括初级专业人员（比如服务人员、导游、技术工人、初级公务员等）、中高级专业人员（工程师、大学教师、中高级公务员、政务员等）。这一阶段的教育主要是大学教育。

最后，要建立的是国家外语专业人员的外语教育目标。这只是很少一部分人的外语教育目标。从目前的外语教育目标看，基础阶段的要求

---

① Ager, D. 2004. *Motivation in Language Planning and Language Policy*. Multilingual Matters, pp. 1-12.

② 陈章太：《语言规划研究》，北京：商务印书馆，2005，第 30 页。

③ 胡文仲："我国外语教育规划的得与失"，《外语教学与研究》，2001 年第 4 期，第 245—251 页；鲁子问："中国外语教育政策的实然分析与应然设想"，《基础英语教育研究》，2003 年第 1 期，第 7—13 页；鲁子问："我国当前外语考试政策偏失与改革建议"，《湖北招生考试》（理论版），2004 年第 12 期，第 66—70 页。

太高，特别是各项技能要求太平均，比如写的要求超过日常交际要求，规定的教学内容也超过日常交际要求。而在专业人员和外语专业人员目标要求方面，则要求偏低。

按照这样的思路，应可以建立起更合理的外语教育目标体系。

2. 外语教师队伍规划

外语师资水平是目前制约外语教育效率的因素之一。

必须加大外语教师培养与培训的国家投入，改革外语教师教育，改革师范大学外语系的教学，使之不再是综合大学外语系的翻版，基于师范外语教学的特殊性，造就具有足够的外语运用能力的外语教师队伍，造就掌握了有效的外语教育理念和教学方法与手段的外语教育队伍。

同时还要对现有的70多万的外语教师进行在职发展教育，帮助那些尚不具有足够外语运用能力的教师，获得足够的外语运用能力。

在国家投入有限的情况下，还应该引导外语教师自己投入自己的发展，用各种激励、乃至优惠政策，鼓励外语教师不断提高自身的外语运用能力和外语教学能力。

3. 外语考试规划

正如荷兰的外语规划经验（Melse，1997：57）①所表明的，外语教育规划必须与外语考试规划相结合，因为外语考试决定了外语教学是否按照外语教育规划的思路进行。

外语教育规划与外语考试政策要保持高度的一致性，因此我国的外语教育规划必须与评价外语能力的外语考试结合。实际上，现在的外语教学都是以考试为指挥棒的。高考增加了听力，老师马上帮助学生提高听力能力，高考取消了单词拼写，学生的单词拼写错误马上增加。大学四级考试提高了写作要求，大学英语教学马上增加了写作教学内容。

目前通过国家的各种外语考试的学生依然不能满足社会对他们运用外语能力的要求，这说明必须确实建立以外语运用能力为方向的考试评价体系。只要真正建立以外语运用能力为导向的考试体系，外语教学很多问题会迎刃而解。

第五节　外语政策制定的偏失与调整

在我国当前的外语政策中，总存在一些政策的偏失，有些甚至很严

① Melse, L. 1997. *Changing Targets—Changing Tests*, in Theo Bongaerts and Kees de Bot: Perspectives on Foreign-Language Policy. Amsterdam: John Benjamins Publishing, pp. 55-78.

重，导致这些政策偏失的主要原因是政策目标的偏失。导致外语政策目标偏失的主要有两种因素：一是认识不足导致的目标偏失，二是利益偏向导致的目标偏失。

一、认识不清导致的目标偏失与调控对策：以我国义务教育外语课程政策目标偏失为例

制定合理的政策目标，要求对政策的问题本身、问题的形成原因、问题的解决方案、不同解决方案的特点、政策执行的条件等，有着全面的认识与把握，然后综合各种因素，统筹考虑，制定出以公共利益为主导、兼顾不同利益主体的具有适度的成本的政策目标。

我国义务教育外语政策有着很高的语言运用能力目标，却没有合理的文化目标，而运用目标与社会需求并不完全一致。由于政策制定者对于制定我国义务教育外语政策的相关要素认识不够清晰，尤其是对于我国外语能力需求没有进行相关调查，而只是从语言内部的视角，制定我国义务教育外语政策，这必然导致我国义务教育外语课程政策目标的偏差。全面地分析其中的问题，可以帮助我们建构更加合理的义务教育英语课程目标。

从 2001 年起，英语作为国家课程从小学开始开设，外语已经成为我国义务教育阶段的主干课程。国家《英语课程标准》(实验稿)非常明确规定了义务教育阶段小学、初中英语课程目标，总体目标规定为“综合语言运用能力”，同时规定了相关目标。[①] 日语、俄语等其他外语课程标准也规定了基本相同的义务教育阶段的课程目标。

依据这一目标体系，我国接受过义务教育的全体国民都将获得基本的外语运用能力。但从外语人口规划来看，我国的社会发展可能在相当长一段时间内并不需要全体国民都具有基本的外语运用能力，这势必造成义务教育外语教育资源的不合理配置。为此，本节从外语规划的视角，对我国义务教育阶段的外语课程目标展开探讨，以尝试更科学、合理地设置我国义务教育阶段的外语课程目标。

鉴于英语是目前我国最广泛开设的外语课程，而且其他外语的课程标准也与英语课程标准所规定的外语课程目标基本相同，本节主要以义务教育阶段英语课程目标为依据，进行分析。

（一）我国义务教育阶段现行外语课程目标

我国现行的国家《英语课程标准》(实验稿)对我国义务教育阶段的英

① 教育部：《全日制义务教育、普通高级中学英语课程标准》(实验稿)，北京：北京师范大学出版社，2001，第 6 页。

语课程目标进行了如下的规定：

> “基础教育阶段（含义务教育阶段，引者注）英语课程的总体目标是培养学生的综合语言运用能力。综合语言运用能力的形成建立在学生语言技能、语言知识、情感态度、学习策略和文化意识等素养整体发展的基础上。语言知识和语言技能是综合语言运用能力的基础，文化意识是得体运用语言的保证。情感态度是影响学生学习和发展的重要因素，学习策略是提高学习效率、发展自主学习能力的保证。”①

国家《英语课程标准》（实验稿）对义务教育阶段的英语课程终极目标（五级）进行了较为详细的说明：②

目标总体描述
有较明确的英语学习动机和积极主动的学习态度。能听懂教师有关熟悉话题的陈述并参与讨论。能就日常生活的各种话题与他人交换信息并陈述自己的意见。能读懂供 7—9 年级学生阅读的简单读物和报刊、杂志，克服生词障碍，理解大意。能根据阅读目的运用适当的阅读策略。能根据提示起草和修改小作文。能与他人合作，解决问题并报告结果，共同完成学习任务。能对自己的学习进行评价，总结学习方法。能利用多种教育资源进行学习。进一步增强对文化差异的理解与认识。

以上总体目标可以分为三类：

1. 外语运用能力：能听懂教师有关熟悉话题的陈述并参与讨论。能就日常生活的各种话题与他人交换信息并陈述自己的意见。能读懂供 7—9 年级学生阅读的简单读物和报刊、杂志，克服生词障碍，理解大意。能根据阅读目的运用适当的阅读策略。能根据提示起草和修改小作文。

2. 学习能力：有较明确的英语学习动机和积极主动的学习态度。能与他人合作，解决问题并报告结果，共同完成学习任务。能对自己的学习进行评价，总结学习方法。

3. 跨文化能力：进一步增强对文化差异的理解与认识。

国家《英语课程标准》还规定了义务教育（五级）的语言技能、语言知识、情感态度、学习策略和文化意识标准，比如义务教育（五级）听的语言技能目标为：③

---

① 教育部：《全日制义务教育、普通高级中学英语课程标准》（实验稿），北京：北京师范大学出版社，2001，第 6 页。

② 同①，第 7 页。

③ 教育部：《全日制义务教育、普通高级中学英语课程标准》（实验稿），北京：北京师范大学出版社，2001，第 14 页。

技能	目标描述
听	1. 能根据语调和重音理解说话者的意图； 2. 能听懂有关熟悉话题的谈话，并能从中提取信息和观点； 3. 能借助语境克服生词障碍、理解大意； 4. 能听懂接近正常语速的故事和记叙文，理解故事的因果关系； 5. 能在听的过程中用适当方式做出反应； 6. 能针对所听语段的内容记录简单信息。

国家《英语课程标准》(实验稿)五级的语言技能、语言知识、情感态度、文化意识、学习策略等方面的目标具有以下特点：

1. 语言技能和语言知识目标非常详细，这些目标不仅说明具体，甚至详细到具体的阅读材料的字数，而且要求明确。

2. 情感态度和文化意识目标不够清晰，不够系统。例如，有些文化目标表述比较模糊，比如“了解自然现象在英语中可能具有的文化涵义”就是一个比较宽泛的目标，因为自然现象非常之多，也非常之复杂，因为各地的自然现象差异非常大，而这些现象在英语“可能”具有的文化涵义更是非常之多。文化和情感目标系统性有些不足。文化目标中要求学生“了解常见动植物在英语国家中的文化涵义等”，那么，为什么要了解美国人对松树(植物)的态度，而不需要了解英国的国教呢？为什么要用恰当的方式表达赞扬，而不需要用恰当的方式询问个人信息呢？为什么没有政治、社会方面的文化内容？学生是否有必要了解英国是君主立宪制的国家，国王、女王并无实际权力？等等。显然，这些目标设计的系统性还存在不足。

（二）现行义务教育外语课程目标质疑

1. 现行义务教育外语课程目标与我国社会发展需求不一致

分析我国当前的社会发展对我国未来国民的外语能力的需求，我们可以发现，国家《英语课程标准》(实验稿)等所规定的义务教育外语课程目标与我国社会发展需求存在相当大的差异。

我们知道，我国当前的社会发展需要一定数量的高级外语专业人才，包括以外语人才和精通外语的专业人才，比如大学英语教授、高级翻译人才、国际组织和机构的中国代表、进行经济和科技国际合作的高级专业人才等。虽然这一级别人才的具体数量需要进行外语人口规划才能获得，但我们可以依据常识判断，我们肯定不需要全体国民都成为高级外语专业人才。这一级别的人才需要外语专业以及以外语为主的专业进行培养。

我们也知道，我国当前的社会发展需要大量的具有一定外语能力的中级专业人才，比如国际业务服务人员、导游、国际合作的技术工人、处理国际事务的政务员和公务员，以及中初级工程师、一般大学教师。

根据我们的预测研究，以上两个层次的人员大约占受教育者总人数2.56亿人[①]的5%～10%，[②]这一级别的外语人才主要是大学（尤其是重点大学）的教育来培养。

但是，我国很多机关和企业抱怨无法招收到具有足够外语能力的人员，很多机构抱怨大学毕业生的外语达不到他们的要求。我国高级公务员和高级技术人才的外语能力与国际交往中对外语能力的需求还有很大距离，他们中的很多人还不得不利用宝贵的工作时间进一步学习外语。

我们还知道，我国当前的社会发展需要相当大数量的具有初步的外语能力的初级专业人才，比如能看得懂外文零部件名称的企业员工、能给外国人以简单帮助的公共汽车售票员、能向外国购物者介绍产品的售货员等。这些人员主要是通过基础教育来培养。这个层次的人员大约目前占受教育者人数的20%，以后可能扩大到40%。[③]

不过，这些人员往往需要专门的职业外语的学习，才能获得从事这些职业所需的外语能力。很多从业人员也是在从业过程中学习职业所需的外语。

我们更知道，我国当前毕竟还是以国内市场为主的经济机构，我国2010年人均GDP还处于约4300美元的阶段，经济国际化程度还不高，我国很多普通的工作岗位对外语能力的需求并不是很高，甚至几乎为零。比如我国大多数乡镇级政府的工作人员，在工作中很少使用外语。我国很多企业的一般管理人员和工人，在工作中也很少使用外语。特别是广大农村的初中毕业生，很多在完成义务教育之后要回乡务农，他们在劳动和生活中更是很少使用外语。

这个层次的人员目前大约占受教育者人数的70%，以后可能下降到50%。[④] 这一层次与前三个层次的人口分流主要是在义务教育阶段结束时完成。

当然，我们非常清楚，我国当前的社会发展需要全体国民具有开放的跨文化意识，这是我国对外开放的基本需要。全体国民开放的跨文化意识不仅是我国实施对外开放政策、开展对外经济合作的民心基础，也是我

① 教育部：《2005年全国教育事业发展统计公报》，http://www.moe.gov.cn/edoas/website18/info20732.htm，2006年7月21日16：43。

② 鲁子问："美国外语政策的国家安全目标对我国的启示"，《社会主义研究》，2006年第3期，第115—118页。

③ 鲁子问：《外语政策与社会发展》，北京：第五届中国英语教学国际研讨会"中国外语政策"专题论坛，2007。这一组数据是根据人力资源需求预测方法推测的，主要是根据经济领域发展速度对劳动力需求确定。

④ 同上。

国坚持开放的外交政策的民心基础。外资企业在我国的经营总体上是非常顺利的，改革开放以来，我们没有出现过严重的冲击外资企业的民间活动，这与我国国民开放的社会文化意识有着非常密切的关系，当然，我国国民的这种意识有着不可否认的经济目的。

不过，我国国民当前的跨文化意识也还存在很多问题。有一部分人在跨文化交往中表现出强烈的对中华文化的不认同，崇洋媚外思想还有很大的市场；也有一部分人在跨文化交往中表现出明显的文化民族主义情绪，用一些极端的言行（主要是言论）表达对外国文化的不尊重，甚至批判，尽管这种批判言论有其自身的道理，但也更多则是情绪化的言论，而非理性的言论。这两种言行都是制约我国跨文化交往的因素。

我国社会发展对外语人口的这种需求可能在未来 20 年来都不会出现本质性的改变。也就是说，我国 20 年以内的社会发展需要大约 5%～10%的受教育者（主要是重点大学受教育者）具有较强的外语运用能力，需要大约 20%～40%的受教育者（主要是高等和中等职业教育受教育者）具有一定的外语运用能力，而其他 50%～70%的受教育者（主要是在接受义务教育之后离开学校者）不需要明确的外语运用能力。同时，我国社会发展需要全体国民具有对外国文化的合理的跨文化意识。

而现实却是，我们不仅缺乏高层次的外语运用者，而且全体国民也还没有建构起合理的跨文化意识。

显然，目前义务教育的英语课程目标与我国社会发展的实际需求并不一致，因为目前的外语课程目标的外语运用能力目标偏高，而跨文化能力目标偏低。

2. 不合理的义务教育外语课程目标导致外语教育资源的巨大浪费

为了实现义务教育外语课程目标体系，我国现在开始从小学三年级开设国家外语（英语）课程，形成了义务教育阶段大约 70 多万人的英语教师队伍（根据教育部教育统计数据估算）。仅以国家为每位外语教师支付的财政支出（包括教师工资和教师教学必需费用，如设备等）为人均 1 万元计算，国家每年为外语课程支付的财政投入超过 70 亿元。我国接受义务教育的学生人数约为 1.7 亿人。[①] 仅以每年每个学生购买外语课本等外语学习用品的投入为 20 元计算，学生的投入超过 34 亿元。我国义务教育外语投入总计超过 100 亿元。[②] 如前所述，我国目前接受义务教育

① 教育部：《2005 年全国教育事业发展统计公报》，http://www.moe.gov.cn/edoas/website18/info20732.htm，2006 年 7 月 21 日 16：43。

② 同上。

的70%的学生将在初中毕业后不再运用外语，而只是理解外国文化。

而实际情况是，学生在义务教育阶段接受的跨文化教育非常有限。所以现在的义务教育外语课程投入相当一部分形成了浪费，保守估计也在一半左右，即每年50亿元左右。对于我国这样一个人均GDP只有4300美元的国家来说，50亿元的浪费是一个不容忽视的浪费。

同时，外语教师的辛勤劳动也并没有形成社会发展的有效资源，他们的很多劳动，尤其是义务教育阶段外语教师的劳动，没有培养出社会发展需求的人才。本节作者曾经在农村初中担任英语教师数年，本节作者所执教的数百名学生中，只有不到10名学生考上大学，即使是这些大学毕业生，现在也几乎不使用英语。显然，义务教育外语课程目标与社会发展需求的不一致势必造成外语教师劳动(这是外语教育最宝贵的资源)的浪费，甚至是巨大浪费。

显然，义务教育外语课程目标的不合理正在造成外语教育资源的巨大浪费。

为此，我们认为，我国必须全面调整义务教育外语课程目标，这样我们可以利用现有的外语课程投入，既培养我国社会发展所需的外语人才的外语运用能力，更培养全体国民的跨文化交往能力。

(三) 义务教育外语课程目标偏失的归因分析

义务教育英语课程之所以存在以上问题，其根本原因在于对于义务教育英语课程存在诸多认识不清之处，主要认识模糊之处在于：

1. 对义务教育性质把握有所欠缺

义务教育是面向全体国民的强迫性教育，所有适龄国民都需要接受义务教育，义务教育英语课程也就是面向全体国民的英语课程。对于我国全体国民而言，英语课程的特性应该是人文性的，而不是工具性的，因为我国现在和将来的社会发展都不需要全体国民具有中等初级(lower intermediate)的英语运用能力。既然如此，现在的义务教育英语课程对于全体国民的英语运用能力的要求显然就是不合理的。

2. 对于外语课程的人文特性认识不够深入

英语课程的人文性表现在诸多方面，主要包括：学习外语所需和所培养的跨文化心态(开放、客观、包容等)、英语作为外语的文化特征(尤其是其思维方式特征)、英语与汉语的文化比较、学习英语对其他人文素养的培养。

在现行的义务教育英语课程中，英语的人文性主要表现在文化实践层面，而对于文化价值层面的考虑远远不够。

3．对于我国社会发展对外语的需求了解不够准确

我国现行义务教育英语课程是基于英语本体设计的，我们参与了这项工作。设计义务教育英语课程之前，没有进行广泛的社会需求调查，没有建立我国义务教育受教育者在工作岗位和生活中对于外语的需求的预测模型。这样设计的课程显然与社会发展对于国民外语能力的需求存在很多脱节。

（四）基于社会发展需求，重构义务教育外国语文课程目标的对策建议

依据以上分析，我们可知，我国目前社会发展对全体国民的外语相关能力的需求首要的是跨文化能力，包括理解一定的外国文化知识，形成初步的跨文化交往能力，养成合理的跨文化态度。

我们认为，我国基于社会发展需求的义务教育阶段外语课程目标应该降低外语运用能力目标，而提高跨文化能力目标，并且在课程性质上把外语课程改为外国语言文化课程。我们设想，我国基于社会发展需求的义务教育外国语文课程的目标为：

1．外语运用能力：能运用外语进行简单的日常交往。能听懂老师和同学运用外语就熟悉话题的简单陈述并参与讨论。能听懂日常生活中简单的外语指令和通知、通告。能运用外语简单介绍自己和所在地方的基本信息。能基本读懂日常生活用品的外文说明书的关键信息。能写日常生活中常用的便条。能根据自己的兴趣形成自己需求的外语运用能力。

2．跨文化能力：能基本了解所学外语国家文化的基本特征，逐步养成合理（开放、平等、尊重不歧视、宽容、客观无偏见等）的跨文化意识，逐步养成与外国人进行日常交往的跨文化交往能力。[①]

3．学习能力：能逐步养成根据自己的需求进一步学习外语的动机、态度和策略。能与他人合作，解决问题并报告结果，共同完成学习任务。

以上目标显然与现行的外语课程目标有很大的不同。

首先，我们仍然以语言运用为外语课程的第一层次的目标，因为外语是跨文化交往的工具，语言运用能力是跨文化交往能力的基础，这门课程也是外国语言文化课程，而不是外国文化课程，所以，语言运用能力是本课程的基础目标。我们设想的语言运用目标是根据我国 20 年内对全体国民的外语运用能力的最基本可能要求设计的，而且不需要太大的语言能力培养层面的投入。

---

① 鲁子问：《中小学英语跨文化教育理论与实践》，北京：中国电力出版社，2005，第 51—65 页。

另外，我们设想的目标大幅度降低了义务教育外语课程的语言运用能力目标，大幅度提高了义务教育外语课程的跨文化教育目标，因为我们认为，跨文化教育是义务教育外语课程的主要目标。对于跨文化教育的目标本身，我们设计了知识、情感、能力三个层面的目标，以便更好的把握外国语文课程的跨文化教育目标。这些目标基于我国社会发展的现状，也考虑到了我国社会发展 20 年以后的需要，甚至是更长时间的需要。

同时，为愿意提高自己的外语运用能力的学生提供了发展的空间，他们可以“能根据自己的兴趣形成自己需求的外语运用能力”，这样一些希望在义务教育阶段利用学习外语的年龄优势得到充分的外语教育机会的学生，可以根据自己的需要，发展外语运用能力。这一弹性化的设计为30％～50％需要一定外语运用能力的学生提供了相应的学习条件和基础。

（五）基于社会发展需求的义务教育外语课程政策实施的对策建议

那么，要实现我们设想的以上课程目标，我们势必需要改革我国义务教育外语课程的实施。我们认为，主要应从以下五个方面改革义务教育外语课程实施：

1. 调整课程目标

以上分析表明，我国现行的义务教育外语课程目标存在一些需要调整之处，我们应该基于我国社会发展的现状和未来发展的需要，规划我国义务教育外语课程的目标。从美国的经验看，外语目标的合理性是非常重要的。①

本节所分析的人口比例是依据当前不同阶段教育人口比例设计的，具有一定的科学性，其实还应基于全面的外语现状与未来需求调查分析，这样才能得出更为准确的外语人口比例，制定科学的外语人口规划，在此基础上，结合教育人口比例，设计更为科学、合理的义务教育外语课程目标。

2. 调整教学内容

在设计合理的义务教育外语课程目标之后，我们应该全面改革目前的义务教育外语课程内容。

以教材为例。现在的义务教育外语教材都是以培养学生的综合语言运用能力为目标的教学内容，课文、活动、练习、评价都是以语言知识和语

① 鲁子问：“美国外语政策的国家安全目标对我国的启示”，《社会主义研究》，2006 年第 3 期，第 115—118 页。

言技能为基本内容的。文化在教材中一般都只是点缀，往往没有明确的跨文化教育目标。

若按照义务教育外文课程设计教学目标，那么教学内容势必需要大幅度修改，要大幅度增加文化教育内容和活动，大幅度减少和降低语言知识和语言技能教学内容和活动。

3. *开展教师培训*

我国目前的义务教育外语教师所接受的外语教育都是以语言知识、语言技能为目标的，而且大多已经非常习惯了以语言知识、语言技能为目标的教学要求。在调整课程目标、教学内容后，显然需要进行相应的教师培训，帮助教师形成开展跨文化教育的能力。

这样的教师培训需要给教师传授相应的外国文化知识，引导他们形成相应的跨文化意识和跨文化能力，这样他们才能培养学生的跨文化意识和跨文化能力。

4. *改革教学方法*

义务教育外语课程是以语言为主要目标的课程，而我们设想的义务教育外文课程是以语言为基础目标、以文化以主要目标的课程，显然二者的教学方法会有不同。这就是说，在规定新的义务教育外文课程目标后，应该倡导新的以培养跨文化能力为主、以培养语言运用能力为基础的教学方法。

文化的教学方法主要有附加法、融合法、互动法、实践法以及体验法，①这些方法对于培养跨文化能力有着各自的作用。要开展跨文化教育，就必须以此为方向，对外语教学进行方法改革。

5. *改革考试评价*

正如荷兰的外语规划经验所表明的，②外语教育规划必须与外语考试政策一致，因为外语考试决定了外语教学是否按照外语教育规划的思路进行。要保持外语教育规划与外语考试政策的一致性，我国的外语教育规划就必须与评价外语能力的外语考试政策改革结合。实际上，现在的外语教学都是以考试为指挥棒的。

在改革义务教育外国语文课程目标之后，必须引入相应的测试评价改革，这样才能促进义务教育外国语文课程的目标的实现。

---

① 鲁子问：《中小学英语跨文化教育理论与实践》，北京：中国电力出版社，2005，第90—93页。

② Melse, L. Changing Targets—Changing Tests. Theo Bongaerts and Kees De Bot. 1997. *Perspectives on Foreign-Language Policy*. Amsterdam: John Benjamins Publishing, pp. 55-78.

义务教育是面对全体未来国民的教育，所以义务教育课程目标非常重要。我们应该基于我国社会发展对义务教育的需要，设定科学、合理的外国语言课程目标，从而满足我国社会发展对国民的外国语言文化能力的需求，促进我国的社会发展。

我们认为，以上建议是基于对于义务教育英语课程清晰、全面的认识而提出的，更加符合义务教育的特性和英语的学科特性，尤其是充分考虑到了我国社会经济发展对于未来国民外语能力的需求。

二、利益交结导致的方案偏失与调控对策：以我国大学英语考试改革政策的偏失为例

政策是利益调节的工具，整合各方利益主体的利益，促进公共利益的最大化，是公共政策的本质。在政策制定中，要选择合理的政策问题解决方案，必须考虑到各方利益，并以公共利益的最大化为核心。

我国 2005 年启动了大学英语考试改革，教育部办公厅颁布了《全国大学英语四、六级考试改革方案》。这一由教育部高教司主导的改革政策，由于涉及高教司自身等部门的利益，最终未能形成以公共利益最大化为目标的大学英语考试改革政策。全面分析这一改革政策，有助于我们了解把握利益在外语政策制定中的冲突，并形成更为合理的对策。

（一）大学英语考试改革政策分析的内容与方法

1. 大学英语考试政策的内涵与特性

考试政策概念的界定是考试政策研究的逻辑起点。从公共政策学的视角，可以这样界定考试政策："作为公共政策的考试政策是考试权力机关为了解决考试中已经存在或可能出现的公共问题以最大可能地实现考试公共利益而制定的行动过程方案。"①以上定义有助于我们准确把握政策的本质，进而界定考试政策的内涵。

由此我们可以确定，大学英语考试改革政策应该是一种通过大学英语考试的新方案，解决大学英语考试中的公共问题、实现大学英语考试相关的公共利益的方案。

考试政策的基本特征与考试这一人类特有的社会活动以及政策的属性紧密相关。概括起来，主要有以下六个方面的特性：

(1) 利益倾向。考试政策的利益倾向是指考试政策所要实现的目标、所期望的行动必须体现、符合并服务于具有主持考试事务能力，拥有相应职责和权力，从事考试活动管理、设计、实施、监督的群体（或其授权

① 鲁子问：《国家·考试·人》，武汉：湖北人民出版社，2006，第 89 页。

的个人)与组织机构的利益,从而以最大可能地实现考试的公共利益。这是由考试政策主体的本质及特点所决定的。

(2) 目标取向。任何政策都有一个明确有待实现的目标,考试政策也不例外。考试政策的目标取向是具有主持考试事务能力,拥有相应职责和权力,从事考试活动管理、设计、实施、监督的群体(或其授权的个人)与组织机构所要达到的目的、实现的目标,执行考试政策则是要直接促进考试政策目标的实现。考试政策目标包括如下两层含义:第一,任何考试政策都要实现由具有主持考试事务能力,拥有相应职责和权力,从事考试活动管理、设计、实施、监督的群体(或其授权的个人)与组织机构所确立的目标;第二,任何考试政策都服务于整个社会的发展取向。考试政策的目标取向,规范着考试政策所涉对象的行为,使他们有意识、自觉地朝向考试政策的目标,从而避免考试政策执行过程中的盲目性。

(3) 权威性。考试政策的权威性是与考试政策的合法性紧密联系在一起的。考试政策的合法性是指作为对考试政策所涉对象的规范和指导,考试政策必须得到所涉对象的认可、接受,不管是出于自愿还是被迫,否则,考试政策就没有约束力,难以取得所期望的效果。考试政策的权威性来自于考试政策的合法性,具备合法性的考试政策必然具有权威性。考试政策权威性的取得或是因为考试政策符合所涉对象的利益而被他们自愿服从,也可能因为所涉对象慑于惩罚而被迫接受。

(4) 功能多样性。考试政策的功能在于使考试目的得以实现。但由于考试政策指向的行动会牵涉到社会的方方面面,因而其功能不是单一的。既有考试政策制定者所期望的正功能,也有其不愿意见到的负功能;既有易觉察的显形功能,也有隐藏着的隐形功能;既有可预测的功能,也有始料不及的功能。

(5) 价值相关性。一项考试政策必然要涉及其政策目标是什么,采取什么措施、方式、方法、方案去实现考试目标,如何去执行考试政策,等等。对于这些问题的回答与考试政策制定者信奉的价值观紧密相关。首先,考试政策制定者所信奉的价值观不同,其要实现的目标便不同,因而所指示的行动方向也不同。其次,在考试政策问题的认定方面,信奉不同价值观的政策制定者会表现出很大的差异。

(6) 过程性与阶段性。从动态角度看,考试政策是由一系列环节阶段构成并相互作用的过程。从广义的角度讲,考试政策过程可以分为两大阶段:考试政策制定阶段和后考试政策制定阶段。考试政策制定阶段包括:考试问题的确认,考试政策议程的建立,考试政策的制定与预评估,考试政策的采纳与合法化等环节;后考试政策制定阶段即执行阶段,包括:考试政策的实施,考试政策的效度评估,考试政策的调整与变更,考试政策终结等环节。一般说来,制定考试政策总要针对特定的问题。如果没有特定的问题,或特定的问题出现了,但未被发觉、认定,则不会有相关的考试政策产生。

大学英语考试改革政策也当然具有这些特性,尤其是利益倾向,大学英语考试政策之所以进行改革,就是要进行利益调整,利益调整的方案要考虑目标、功能、过程等等。

2. 影响大学英语考试改革政策制定的因素

影响大学英语考试改革政策制定的因素很多,按其因素产生的来源可以分为系统外的影响因素和系统内的影响因素。系统外的影响因素包括政治因素、教育因素、经济因素、文化因素、社会舆论、突发事件、国际经验等;系统内的影响因素包括考试政策制定的历史经验、主管部门的意志、既得利益群体及利益受损群体等。

(1) 政治因素

纵观人类考试发展历史,国家的政治制度对考试政策的影响极强。政治领域中的风云突变时常影响考试政策,考试政策的重大变革也往往是政治领域发生重大变化的反映。上世纪80年代也是我国逐步对外开放的时代,随着对外开放的发展和外语人才需求的急剧增加,我国开始重视外语特别是英语教学,大学英语四、六级考试政策正是在这样的背景下出台的。可以说,四、六级考试政策的制定是符合当时的政治环境需要的,也是当时政治大环境下的必然产物。再比如高考中的外语一科,1955—1957年停考,1958年恢复考试,但不计入总分,之后外语在高考中的地位几度沉浮,摇摆不定,除受当时外语教学的条件限制之外,政治风潮对其影响不可低估。

在当今,我国坚持改革开放的基本国策。无论是改革发展,还是对外开放,都需要足够的国家外语总量,需要相当比例的大学毕业生能够自如地运用外语。政策因素要求大学英语考试政策进行改革,为国家和社会发展培养具有外语能力的优秀人才。

(2) 教育因素

随着大学招生人数增加、我国基础教育的发展,大学生的英语水平有了很大的变化,有相当一部分学生的英语水平有很大提高,但大学新生的总体外语水平却有所下降。在此教育背景下,大学英语考试政策如何改革,则必须考虑教育因素。

(3) 经济因素

经济因素对考试政策具有重要的影响。强大的经济支持是考试政策的物质基础。考试政策执行过程中的人、财、物、信息等各种资源的使用,最终都必须以经济为基础;况且追求考试的规模效益,节省人力、物力、财力也是考试政策所追求的重要目标之一[①]。对于大学英语考试而言,其经济因素则包括考试成本因素、考试收入因素、考生的支付能力、考生支付考试费用的合法许可等。

(4) 文化因素

考试与文化同属社会母系统中的子系统。文化以精神或物化产品而成为考试系统的内部要素,并与施考主体和应考主体结成考试的内部关系,而考试则以传承人类文化的功能成为文化系统的内部因素,与文化传承的主客体构成文化系统的外部关系。尤其是传统文化以其强大的历史惯性和社会裹挟力,长期影响着人们的认识和行为,特别是居于考试文化核心层的社会主体价值观,直接影响着考试观念、考试制度、考试政策等。[②] 例如,在四、六级考试改革的模式上,究竟是选择"渐进式改革"模式还是选择"激进式改革"模式,这就涉及到社会主体价值观的问题。

(5) 社会舆论

舆论作为一种社会行为伴随着人类社会的诞生而产生。《梁书武帝纪》中曰:"行能臧否,或素定怀抱,或得之舆论。"其中,"舆论"即公众的言论,或公众的意见。它是在外部社会环境、个人意见的表露、集体意识的集合、领袖的领导以及新闻传媒的介入等几个主要因素的相互作用下形成的。社会舆论压力有时也会对考试政策的制定产生推动作用或重大影响。大学英语四、六级考试推出的初期阶段,它在促进《大纲》规定的教学目标的实现、提高大学英语教学水平和大学生的英语水平方面所作的贡献是不可磨灭的。但是,随着社会的发展,它越来越不适应社会对人才外语能力的需求,并且由于它的权威性而引发了一些不良社会问题,这违背了该项制度实行的初衷,使其饱受质疑,社会舆论强烈,纷纷要求取消或改革之。在这样的背景下,2005 年教育部决定对该项考试进行彻底改革,以适应社会改革开放对我国大学生英语综合应用能力的要求。可以说此事例凸显社会舆论在考试政策制定中的作用。

(6) 突发事件

突发事件是突然发生的无章可循的偶然事件。它总是通过偶然的形

① 廖平胜:《考试学原理》,武汉:华中师范大学出版社,2003,第 150 页。

② 张志群:《普通高校入学考试安全问题研究》,华中师范大学硕士论文,2006,第 12 页。

式出现，令人难以预料和措手不及，但又关系到相关考生的利益，不得不进行处理，而且还要处理好。当然，从哲学的观点来看，这种偶然性背后隐藏着必然性，它是事物的内在矛盾积累到一定程度时，发生质变的过程。突发事件有时会催生新的考试政策来防范类似突发事件的再次发生。例如2004年全国高考英语听力考试中，北京、上海、沈阳、贵阳等地的个别考场，分别出现了短暂的考题广播中断事故，事件发生后，各地反响强烈，气愤不已的考生及家长们甚至联名到各级教育部门反映情况，要求加分或重考英语听力。[①] 这一事件的发生直接导致了教育部不得已出台高考外语听力测试从2005年起不再做全国统一要求的政策文件。

(7) 国际经验

当代公共政策问题的复杂性前所未有，需要进行高投入的信息收集、设计与论证；另一方面，政策环境的敏感度和不确定性加大了政策失败的风险性。因此，政策移植就成为一种降低成本和风险的途径。“发明创造并不是表现创造力的唯一途径，在他人发明的基础上探索或改进也是正常的。当一个组织学习别人的经验时，会显著地减少拉升学习曲线所需要的时间和做出改进的花费。”例如：风靡全世界的“托福”是名副其实的大规模考试，它的考试效度、信度和可操作性之间的平衡解决得较好，这不仅因为“托福”一贯注重交际能力的测试，更重要的是它成功地实现了机考。新四、六级考试听力内容更加接近学生生活，并在2009年也开始实行机考，我们认为，这些新的举措就是部分地借鉴了“托福”的经验。

(8) 历史经验

古人云：“以铜为镜可以正衣冠，以古为镜可以知兴替。”历史经验在考试政策制定过程中扮演着十分重要的角色，在某种程度上影响着政策的制定。渐进决策模型非常注重历史经验。以西蒙的有限理性模型为基础，美国经济学家、政治学家查尔斯·E·林德布罗姆(Charles Lindblom)提出渐进决策模型。该模型认为，现实政策的制定对既有政策具有路径依赖性。这一模型把“稳定”作为追求目标，以量变为主，注重修修补补，而不是动大手术。[②] 我国其他考试制度，特别是高考制度存废的经验和教训明显地影响着我国大学英语四、六级考试政策的制定。例如1999

① 王莹、范春生：《战战兢兢的英语听力考试，进退两难的招考尴尬》，新华网，http://news3.xinhuanet.com/focus/2004-07/12/content_2285211.htm。

② 游述华、黄泰康、蒋正华：“影响药物政策制定的因素分析”，《中国药房》，2007年第4期。

年教育部高教司针对大学英语教学目标和要求的变化，对大学英语四、六级考试做了相应调整：采用新题型、采用平均级点分报告成绩、设作文最低分。1999 年 5 月，教育部高教司发布 1999 第 53 号文件，在部分院校开展了大学英语口语考试的试点工作，同年 11 月扩大到在北京、上海、南京、武汉四城市所有的高校，并于 2000 年扩大到全国 19 个省会城市及周边地区的高校，2001 年扩大到全国直辖市和所有省会城市及周边地区的高校。2005 年教育部又推出一系列力度较大的改革措施，并分别于 2007 年 1 月和 2007 年 6 月开始全面实施。2009 年 1 月份，教育部在全国 100 所本科院校开始实施了机考，并决定逐步推广。由此可见，我国大学英语四、六级考试改革不是一种“激进式”的改革，而是一种“渐进式”的改革，坚持稳中求改，稳中求新。

(9) 领导意志

长期以来，深受传统计划经济体制的影响，国家几乎包揽了社会资源的全部配置权，行政机关成为唯一的公共决策主体；而且，在传统“金字塔”的组织模式下，长官意识和唯上意识泛滥，行政领导的意志成为行政决策的最大促成要素。组织内、外的约束机制严重不足，权力型的决策模式使得行政决策权成为行政机构特别是行政领导人的一项特权，公共政策的制定表现出了随意性、非科学性、不稳定性、短视性，导致价值的异化。[①] 考试政策的制定自然也很难“脱俗”，一项政策能否提上议事日程、如何制定以及主要意图都与领导密切相关。如我国曾经取消高考，我们以为就是领导意志的结果。可以这样说，在目前我国制度化程度不高的情况下，博学、贤明的领导发挥着重要的作用，对考试政策的制定有着深远的影响。

(10) 利益群体

近几年来，利益群体对考试政策制定环节的影响明显增强。在一些重要的考试政策中，我们可以看到这些利益群体的影响和作用。例如，全国硕士研究生入学英语考试中的听力部分，从 2004 年起被调整到复试中进行，且不作统一要求，由各高校根据学科或专业特点自行决定。这是充分考虑了不同的学生群体以及高校的利益而做出的明智选择。

由上可见，大学英语考试改革政策的制定实际上就是一个博弈过程，系统内外的各种因素共同作用、影响和决定着考试政策的制定过程。考试政策不同于其他公共政策，有着更强的专业性，更高的安全性，在尊重

① 龚芳：“对江苏 2008 年高考新方案的质疑和思考”，《湖北招生考试》，2007 年第 2 期。

特殊性的同时，要充分考虑到各种复杂因素，利用这些因素为考试政策制定服务，在各种利益和冲突中权衡利弊，制定合理满意的考试政策。大学英语考试政策的改革，势必调整利益，这样必然导致利益相关方的利益博弈，尤其是既得利益群体与新利益群体的利益博弈，因为既然要进行改革，就是因为既得利益群体的获益大于制度设计所预期的利益，要进行利益重新分配。而各种因素导致的利益交结，过于复杂，尤其是核心利益并不明朗，导致大学英语考试改革政策出现目标背离。

3. 大学英语考试改革政策的运行机制

所谓运行机制，是指参与系统运行的各个要素以及运行过程的各个环节之间彼此依存、有机结合和不断调节所形成的相互关系和运行方式。考试政策是一项涉及多因素、多环节的系统工程，如何将考试政策各个要素、各个环节联系成一个整体，促使考试政策按预定的轨迹运行，是研究考试政策运行机制的重要目的。有效的考试政策的制定与运行应有以下机制：

（1）高效的信息机制

高效的信息机制在考试政策过程中具有重要的地位和作用，是考试政策运行的神经，为考试政策的制定、执行、评估和监控提供依据，没有这些信息，考试政策的制定、执行、评估与监控都无法开展。它由掌握信息技术的专门人才所组成，从事信息的收集、整理、贮存和传递等活动，为考试政策提供准确、及时的信息，为考试政策过程服务，保证制定出合理的考试政策并加以有效地执行，进而实现预期政策目标。

（2）成熟的咨询机制

成熟的咨询机制也是考试政策过程中的一个重要组成部分，它参与考试政策决策活动，在其中发挥着参谋咨询的重要作用，以保证考试政策决策的科学化、民主化。它由考试政策研究组织和各种专家、学者所组成，主要对考试政策问题进行分析，对考试政策进行预测，对考试政策方案进行设计与论证，对与考试政策相关问题提供咨询，对考试政策进行评估并反馈信息。

（3）善断的决策机制

善断的决策机制在整个考试政策过程中居于核心地位，它既是考试政策决策活动的组织者又是考试政策的最终决定者，领导着考试政策决策活动的全过程。主要负责提出考试政策课题，考虑考试政策目标的确立，组织考试政策方案的设计以及根据现实条件，综合权衡，对考试政策做最终决定。

(4) 有力的执行机制

有力的执行机制是考试政策过程的有机组成部分,它由考试政策执行组织及其人员特别是由具有主持考试事务能力,拥有相应职责和权力,从事考试活动管理、设计、实施、监督组织机构中的人员所构成,其主要职责是将考试政策方案(理想)转变为考试政策效果(现实)。它在考试政策决策活动中的作用是为考试政策方案或项目的执行做好准备,从事指挥、沟通、协调等方面的活动,分析、总结执行情况。

(5) 完善的监控机制

完善的监控机制是整个考试政策过程的一个有机组成部分,是考试政策决策科学化、民主化、法制化的一个重要保障。它的发展与功能的发挥有助于制定考试政策并执行好合理的考试政策,避免考试政策变形走样而出现灾难性的后果。

以上这些机制各有分工,相互独立,又密切配合,协同一致,促使考试政策得以顺利地运行。前三种机制对于政策制定至关重要,大学英语考试改革政策的制定在这三方面都存在这样那样的不足。但这些机制中,基本都与利益主体相关,所以必须依靠内部的监督机制,保证利益平衡中实现公共利益最大化。

4. 大学英语考试改革政策分析的方法

由于人类认识考试活动的局限性和考试政策本身所具有的复杂性,考试政策所规划的目标有可能在考试政策的执行过程中遇到这样或者那样的问题,理论上具有可行性的考试政策并非就是实践中具有可行性的考试政策。因此,在考试政策实践过程中,事与愿违的情况也是有的。如我国试行的公共英语等级考试(PETS),现在可以说没有发挥其预设的功效。这就需要我们对考试政策进行研究,从而提高考试政策的科学性和有效性。具体来说,考试政策分析的意义主要集中在以下两方面：减少政策失误和提高决策效率。

减少考试政策失误,除了提高考试政策决策者的素质和严格决策程序外,最重要的就是加强考试政策分析。通过对考试政策进行分析将考试政策决策中存在的问题加以消除,确保制定的考试政策是优化的;同时,考试政策研究还可以对考试政策实施的计划和资源的配置提出正确的建议,从而减少考试政策执行的失误。

公共政策决策低效主要是由三方面原因导致的：一是政策制定主体系统中不同的决策者,或者是个人,或者是团体之间,利益矛盾较大,意见分歧过多,相互讨价还价,常常议而不决;二是某些公共机构决策方法落后，决策技术陈旧；三是参加政策制定的人员素质差，既缺乏必要的政策知识，又不熟悉政策制定的方法、技术和程序。考试政策也是如此。因此，要解决考试政策制定的低效问题，加强考试政策研究是一条重要的途径。利用专门的考试政策研究人员加入考试政策决策过程，可以提供必要的知识，可以使用最好、最新的决策技术和方法，可以避开利益团体之间、政府部门之间的矛盾，提供较为客观、公正的政策建议，从而不仅使考试政策决策节省时间，节约经费，而且能抓住机遇，确保高效。

如本书第一章所述，政策分析的方法很多，我们在进行政策分析时究竟采用何种政策分析方法，一般而言，这要根据政策分析的具体问题和所要提供的信息而定。对于大学英语考试改革政策，我们在进行政策分析时，比如要重点分析改革对于利益的重新分配，是否促进了公共利益的最大化。

（二）大学英语四、六级考试改革政策

1. 改革之前考试的政策主要内容(1985—2005)

大学英语四、六级标准化考试自 1986 年末开始筹备，正式在全国各高校试行是在 1987 年 9 月，而关于此项考试的文件最早在 1985 年，1985 年 2 月 9 日教育部发出(85)教高一字 004 号文件，《关于印发〈大学英语教学大纲〉(高等学校理工科本科用)的通知》文件中提到，《大纲》确定的教学目的和教学要求反映了当前国家对高等专业人才外语方面的要求，是我部今后检查大学英语教学质量的依据。鉴于各校在新生入学水平、办学条件等方面存在差别，《大纲》规定重点院校一般应达到基础阶段四级的教学要求，非重点院校应达到的级别由各校自定。教育部将从 1987 年秋开始，对结束四、六级学习的学生进行统一的标准测试。以后毕业生记分册上应同时注明学生在英语基础阶段所达到的级别以及专业阅读阶段的成绩，供用人单位参考。① 这是四、六级考试第一次出现在文件中，它并不是单独出现，而是在教学大纲中，作为大纲的测试部分出现的。它是大纲的一部分，大纲的性质和目的决定了它的性质和目的。

大纲及文件下发后，大学开始了大学英语教学改革，大学英语教学受到高度重视，地位得到了高度提升。1993 年全国大学英语四、六级考试委员会正式成立，考试委员会由全国重点大学的有关教授和专家组成，设主任委员一人，副主任委员若干人，1993 年前名为“大学英语四、六级标准化考试设计组”。考试委员会设办公室为常设机构，为了适应我国幅员

① 教育部《关于印发〈大学英语教学大纲〉(高等学校理工科本科用)的通知》[(85)教高一字 004 号]，1985 年 2 月 9 日。

广大的情况，在考试委员会下成立了三个考试中心，分别设在清华大学、上海交通大学、武汉大学。这期间发表的有关大学英语四、六级考试的论文主要是对教学和考试的技术性分析，怎样配合大纲进行教学，怎样提高考试成绩等。如怎样进行四、六级考试的写作训练，怎样提高学生的四、六级词汇学习等等。

到 1994 年和 1995 年已经有一些学者认识到四、六级考试对教学的影响，发表了一系列文章，认识到四、六级考试的一些负面效应，1996 年 5 月 2 日，原国家教委发了《关于印发大学英语专业阅读阶段教学基本要求的通知》(高教司 1996 第 56 号 14 文件)，该文件强调，为了全面贯彻大学英语教学大纲，必须加强专业阅读阶段教学，使学生在修完基础阶段后，英语学习不断线。

随着国际交流与日俱增，无论是社会还是学生本人对听说等产出技能的需要越来越大。必须根据社会发展调整教育教学目标以培养国家建设所需要的各类人才。1999 年教育部颁布了新的《大学英语教学大纲》，对英语综合水平提出更高要求，加大了听、说、写、译的比重。针对教学目标和要求的变化，大学英语四、六级考试做了相应调整：采用新题型、采用平均级点分报告成绩、设作文最低分。

1999 年 5 月，教育部高教司发布 1999 第 53 号文件，在部分院校开展了大学英语口语考试的试点工作，同年 11 月扩大到在北京、上海、南京、武汉四城市所有的高校，并于 2000 年扩大到全国 19 个省会城市及周边地区的高校，2001 年扩大到全国直辖市和所有省会城市及周边地区的高校。

1999 年的改革在测试内容和形式上进行探索以体现加大对英语应用能力的考核，翻译、复合式听写和简答题、设作文最低分、对测试内容的各部分进行答题时间限制等措施应该说更能有效测量应用英语的综合能力。实施口语考试是新进步。它必将会推动我国大学英语教学和学习朝着正确的轨道前进。

教育部高教司于 2001 年 4 月 6 日发布《关于印发〈第八届全国大学英语四、六级考试总主考会议纪要〉的通知的文件》。以附件形式全文附了《第八届全国大学英语四、六级考试总主考会议纪要》。《纪要》指出全国大学英语教学和大学英语四、六级考试取得的成绩，是“功不可没，有目共睹”。指出四、六级考试得到了社会的广泛认可，在境外的影响也日益扩大；香港中文大学、英国霍尔大学、美国霍普金斯大学等都已正式将大学英语四、六级考试成绩作为录取中国内地学生攻读硕士、博士学位的英语水平成绩证明;并指出我国大学英语四、六级考试在与国际接轨方面取得了可喜的成就。[①]

2001 年 9 月 4 日高教司函[2001]148 号文件《关于印发〈2001—2005 年教育部高等学校大学外语教学指导委员会成立大会暨第一次工作会议纪要〉的通知》,通知中提到配合考委会进一步改革、完善四、六级考试,使之更有利于学生的外语实用能力的提高。

2003 年 12 月 29 日,教育部发布了教高厅[2003]10 号文件《教育部办公厅关于 2003 年 9 月 20 日大学英语四、六级考试试题失密事件的通报》,文件将 9 月 20 日四级考试试题失密事件的经过和处理情况通报,并提出要加强考务工作,充分认识考试保密工作的重要性。

2003 年 12 月 30 日,教育部发了部委教电[2003]507 号电报《教育部高等教育司关于对大学英语四、六级考试购买试题答案事件进行调查的通知》,电文中提到 2003 年浙江工业大学发现有考生购买试题答案进行作弊。考前试题可能失密,并要求各地区和考试进行逐级排查,并提出各地区、各考点必须进一步加强大学英语四、六级考试管理,对再次出现类似事件的单位和个人,要追究领导责任。

2004 年,湖北省教育厅发布了鄂教办[2004]4 号文件《省教育厅关于转发〈教育部办公厅关于 2003 年 9 月大学英语四、六级考试试题失密事件的通报〉的通知》,通知提出一系列要求,要各校结合各自实际,采取有力措施,认真贯彻落实。

2004 年初教育部颁布了《大学英语课程教学要求》。2004 年《课程要求》最大的特点是突出听说能力的培养和教学。

可以说,2003 年和 2004 年的工作重点在处理和防止试题泄密上。

2. 2005 年改革政策的主要内容

2005 年 3 月 18 日,教育部发布了教高厅[2005]1 号文件《教育部办公厅关于印发〈全国大学英语四、六级考试改革方案〉(试行)的通知》,在通知发出前,教育部专门召开了新闻发布会。因为一个教学考试而召开新闻发布会,这在以前是很少有的。文件指出:近期内四、六级考试将采取的重要举措之一是改革计分体制和成绩报告方式。自 2005 年 6 月考试(试点)起,四、六级考试成绩将采用满分为 710 分的计分体制,不设及格线;成绩报导方式由考试合格证书改为成绩报告单,即考后向每位考生发放成绩报告单,报导内容包括总分、单项分等。为使学校理解考试分数

① 教育部《关于印发〈第八届全国大学英语四、六级考试总主考会议纪要〉的通知》(教高司函[2001]45 号),2001 年 4 月 6 日。

的含义并根据各校的实际情况合理使用考试测量的结果，四、六级考试委员会将向学校提供四、六级考试分数的解释[①]。这是四、六级考试改革中第一次开始对成绩报导方式改革，明显淡化了考试合格证书的作用。文件的附件是大学英语四、六级考试改革方案（试行）（以下简称为《改革方案》）。全文分为三个部分，一是四、六级考试改革的指导思想、目标和原则，二是四、六级考试改革的措施，三是四、六级考试中长期改革规划。《改革方案》中提到四、六级考试的目标原则：四、六级考试是为教学服务的标准化考试。考试改革的指导思想是在保持科学性、客观性和公正性的同时，使考试最大限度地对大学英语教学产生正面的导向作用，即通过改革，引导师生正确处理教学与考试的关系，更合理地使用四、六级考试，使考试更好地为教学服务。考试改革的目标是更准确地测量我国在校大学生的英语综合应用能力，尤其是英语听说能力，以体现社会改革开放对我国大学生英语综合应用能力的要求。改革要按照前瞻性与可行性相结合、分步实施的原则进行，既有近期改革目标，又有中长期规划。

根据《全国大学英语四、六级考试改革方案》的安排，2007 年 1 月全面开始实施改革后的大学英语四级考试；2007 年 6 月开始实施改革后的大学英语六级考试。另外，为了加强管理，教育部对大学英语四、六级考试组织结构进行了调整，从 2005 年 4 月份开始，考试由教育部高等教育司和教育部的考试中心共同来管理。具体的分工是这样的，高等教育司负责大学英语四、六级考试发展的方向，聘请大学四、六级的委员会的委员，指导他们做好四、六级的业务工作。教育部的考试中心是具体负责，包括考试的组织与实施，考风、考纪建设以及负责安全保密的考务工作。

综观大学英语四、六级考试政策的全过程，我们可以看见一条清晰的线索：各方期待—多方满意—多方不满意—改革。这一过程清楚地告诉我们，改革的目的是利益调整，而从公共政策而言，改革的目的是为了实现公共利益的最大化。但是，这些改革政策并没有真正进行利益调整，尤其是没有保证公共利益最大化的基本措施，甚至没有促进公共利益（尤其是国家利益）的核心措施。

（三）大学英语考试改革政策的问题分析

从公共政策研究的角度来看，大学英语考试政策改革的问题在于，政策制定时没有坚持公共利益最大化等核心原则，从而导致改革政策本身出现了失误。

---

① 《教育部办公厅关于印发〈全国大学英语四、六级考试改革方案（试行）〉的通知》（教高厅[2005]1 号），2005 年 3 月 18 日。

实事求是地说，大学英语考试改革政策问题的确认和目标的确立都是恰当且符合实际的，它的问题主要存在于为实现目标而设计的方案中，或者说是一些具体的政策手段或措施出了问题，没有把握公共利益最大化的核心原则。具体分析如下：

1. 考试功能存在冲突

1985年2月9日教育部颁发了(85)教高一字004号文件《关于印发〈大学英语教学大纲〉(高等学校理工科本科用)的通知》(以下简称《通知》)，《通知》中明确提到："《大纲》确定的教学目的和教学要求反映了当前国家对高等专业人才外语方面的要求，是我部今后检查大学英语教学质量的依据。鉴于各校在新生入学水平、办学条件等方面存在差别，《大纲》规定，重点院校一般应达到基础阶段四级的教学要求，非重点院校应达到的级别由各校自定。教育部将从1987年秋开始，对结束四、六级学习的学生进行统一的标准测试，一、二、三、五各级由学校自行测定。"《通知》指出，"希望通过大家的共同努力，争取在五年左右时间内开创一个大学英语教学的新局面，以期适应现代化建设和对外开放政策的需要。"通知的直接目标就是执行大学英语教学大纲。为了达到让各高校执行大学英语教学大纲，进而改革大学英语教学，《通知》规定大纲是教育部今后检查大学英语教学质量的依据。

我们看到其他的手段都无法硬性检查，四、六级考试是最大的硬性手段。其他各级的考试由各校举行，无法比较，专业阅读阶段的考试也由各校举行，也无法比较，这里就把四、六级考试从大纲的其他内容中凸现出来，成为检查大纲的最重要的手段，也成为衡量大学英语教学的最重要手段。这也就是说，从四、六级考试的诞生来看，它的性质应该是检查大学英语教学质量的教学考试。

但是，由于《通知》的对象是各省、自治区、直辖市高教(教育)厅(局)，国务院有关部委教育司(局)，全国理工科院校，也就是说包括了全国所有的大专院校、高教厅局这样一个广泛的群体，这等于说四、六级考试是全国性的、统一的考试，其成绩具有可比性。同时《通知》还加了一个手段就是要在毕业记分册上注明学生的级别和专业阅读阶段的成绩，供用人单位参考。这些又使得大学英语四、六级考试完全具备了水平考试的性质。

水平考试一般是为一个具体目标设立的，如托福、雅思主要是为去英语国家留学的人士设立的语言水平考试，通过以上考试，就具备了去这些国家留学的语言基础水平。因此它的考试就是为了证明考生当前的英语水平是否能达到要求的水平，因此它的试卷是统一的，评分是统一的，结果是可比的。另外这种考试还有一个特点，那就是你是自愿的，也就是说你想去英语国家学习，或你仅仅只是想证明你的英语成绩，你才会考试，没有人硬性规定你要考。我国的公共英语等级考试（也称 PETS）也有这个特点。而教学考试就不同，它是学校用来检查教与学情况的考试，它的一个特点就是它的规定性，参与学习的学生都必须参加。另外一个特点就是它的具体性和阶段性。由于各校的实际情况不同，教学基础不同，教学资源不同，实际情况不同，教学考试一般都由各校自行组织，而且由于学习是一个长期的过程，因此教学考试也有阶段性的特点，不是通过一次就完了，而是一个连续的过程。如平时的检查，中期的考察，期末的考试，等等。全国统一的教学考试，这在世界上都是少见的。

所以，是教学考试，就应该具有一定的强制性、针对性和阶段性；是水平考试，就应该具有统一的特点和自愿的原则。可是四、六级考试有教学考试的强制性，却没有教学考试的针对性和阶段性特点，有水平考试的统一性，却没有水平考试的自愿原则。从这个意义上，四、六级考试一开始就陷入定位矛盾之中。

2005 年 3 月 18 日教育部办公厅印发了教高厅[2005]1 号文件，名为《教育部办公厅关于印发〈全国大学英语四、六级考试改革方案〉（试行）的通知》。通知的对象依然是各省、自治区、直辖市教育厅（教委），有关部门（单位）教育司（局），新疆建设兵团教育局，部属各高等学校，通知的对象和以前一样，涵盖了全国所有的教育管理部门和全国所有的大学。通知指出大学英语四、六级考试改革是大学英语教学改革的重要组成部分，希望各校根据大学英语四、六级考试改革的总体规划，统筹安排，实现新旧考试的平稳过渡，积极推动本校的大学英语教学改革工作。文件的目标依然是教学改革，也就是说把四、六级考试依然定位在教学考试的性质上。另一方面，依然是全国统考的形式，水平考试的形式，考试的定位问题仍然没有解决。

可以说，正是四、六级考试与生俱来的身兼“二职”使得考试结果空前权威，使其知名度迅速上升，在校园内受到极高的重视，在校园外也被社会所认同；也正因此，造成了四、六级考试大量的滥用和误用，如：部分学校把四、六级考试成绩与学位证书、毕业证“挂钩”，与老师、学生的评优评先相联系；社会上的一些组织和机构将四、六级考试成绩作为招聘大学生的重要参考条件；等等。这使考试有了很高的社会权重，学生压力很大。学生为了取得较好的四、六级考试成绩不得不花相当多的时间和精力，有些学生甚至不惜用以发展其他重要英语能力(如说的能力)的时间或专业课程学习时间来准备四、六级考试,更有甚者,有的学生不惜“铤而走险”,采取买试卷请“枪手”等非法手段。

我们知道,任何一项改革政策都是要解决一定的问题的,大学英语四、六级考试改革政策要解决的问题之一就是要减轻学生的压力,但是只要四、六级考试定位问题不解决,学生压力就难以减轻。因为,只要它是教学考试,学生就必须参加;是全国统考,分数就有可比性;分数有可比性,它的成绩就具有权威性;成绩具有权威性,各种误用、滥用就会继续,考试的社会权重就不会降低;社会权重降不下来,学生的压力问题就解决不了。

所以,考试的功能问题似乎是考试改革的瓶颈,改革政策不解决这个问题,其目标问题难以突破。而功能问题的确定需要坚持公共政策的公共利益最大化的原则,而不是只考虑教育部门,甚至考试组织部门的利益。

从国家利益而言,大学英语考试政策应该是一项完全免费的(因为学生已经缴纳学费,学费中包含了每一学科的考试费用)、成绩只反馈到教师(以便教师调整教学方法)和大学(以便对全校英语教学进行质量监督)的学业检测考试,而不是一项向学生收费、为学生提供英语水平证明的英语水平考试。为学生提供英语水平证明的考试应该是社会独立第三方组织的、与大学英语课堂教学无关的考试。这样清晰的考试功能,才能保证公共利益、尤其是国家利益的最大化。

2. 社会对改革的需求没有得到满足

进入21世纪后,人们面临着经济、文化和社会各方面的全球化发展,国际交往日益频繁,国际经济竞争越发激烈,“国界越来越模糊,使用英语作为交际的场合越来越多。”一个拥有较强英语交际能力的个人或民族必定会在国内外竞争中占有更多的优势,获得更多的机会。面对激烈的竞争,现代国家特别需要具有国际交流能力的创新型人才。同时,随着国际交流与日俱增,无论是社会还是学生本人对听说等产出技能的需要也越来越大。如杨惠中等在1998年对用人单位的调查发现,对应聘人员的英语能力要求按重要性排序,说占48.6%,读47.6%,听40.8%,写26.2%。[①] 邵永真在调查中也发现“经过十几年的改革开放和中学及大学英语教学的改革,大学生们迫切希望进一步提高口语和写

① 杨惠中:《大学英语四、六级考试效度研究》,上海:上海外语教育出版社,1998,第17页。

作能力”[①]。所以，必须根据社会发展调整教育教学目标以培养国家建设所需要的各类人才。2004年初，教育部颁布的《大学英语课程教学要求》规定，“大学英语的教学目标是培养学生英语综合应用能力，特别是听说能力，使他们在今后工作和社会交往中能用英语有效地进行口头和书面的信息交流，同时增强其自主学习能力、提高综合文化素养，以适应我国经济发展和国际交流的需要。”根据新的课程要求，大学英语四、六级考试委员会宣布了《全国大学英语四、六级考试改革方案》，《方案》规定：大学英语四、六级考试改革的目标是更准确地测量我国在校大学生的英语综合应用能力，尤其是英语听说能力，以体现社会改革开放对我国大学生英语综合应用能力的要求。

政府提出的大学英语教学目标和改革目标都是符合社会发展实际的，然而遗憾的是，《方案》又规定，口语考试仍然不是大学英语四、六级考试的正式项目。不将口语考试列为正式项目的主要原因是考试规模太大，“成本太高”，组织方难以承受。[②] 但是，这样会产生很多问题。首先，这使得改革政策的目标难以实现。《方案》规定，大学英语四、六级考试改革目标是更准确地测量我国在校大学生的英语综合应用能力，尤其是英语听说能力。听说读写是语言综合能力不可分割的四个部分，而口语能力又是最能体现交际能力。缺少口语的测试，怎能“更准确地测量我国在校大学生的英语综合应用能力，尤其是英语听说能力”？其次，不考口语对语言教学可能产生不良反拨作用和影响。当考生不用参加口语考试，或口语能力较差依然可以获得较好的四、六级考试成绩时，他们还有什么动力去学习和提高自己的口语水平呢？所以，不将口语考试列为正式项目不但影响改革政策的目标实现，而且势必导致大学英语教与学过程中口语技能训练的淡化甚至缺失。口语技能是英语交际能力的最重要内容之一，其淡化或忽略会影响大学英语教学目标的实现，最终会影响国家人才战略的实施。

因此，这样的决策只是从当前利益出发，只考虑局部和当前的利益，不着眼于长远和整体，不是公共利益的最大化。只可能给大学英语考试的管理部门带来利益，却牺牲了外语教育领域的国家利益，更无法满足社会希望大学英语考试对大学毕业生的英语口语能力有科学的明确的鉴别的要求（这一要求是否应该由大学英语考试承担是其考试功能决定的，此处只是基于大学英语考试改革政策的目标展开讨论）。

---

① 邵永真：“指委会英语组扩大会议发言”，《大学外语教学通讯》，1998年第3期。
② 金艳：“最大限度发挥四、六级考试的正面导向作用”，《高等教育》，2005年第9期。

3. 计分方法没有兼顾个人与社会需要

公共政策学表明，改革措施是否有效是相对改革目标的，如果它有利于促进目标的实现，那么它就是有效的，否则是无效的。

计分体制和成绩报导方式最大的改变就是取消了合格证书、及格线，直接给学生以分数，包括单项分、总分等。此举目的是淡化合格证的作用，让学校和学生少关注合格通过率，而关心学生的成绩，从而降低四、六级考试的社会权重，减轻压力，让教学回归课堂，回归科学的轨道，使考试更好地服务教学。这种做法可以说是有意义的，也是用心良苦的。但是，只要考试是统一的，大学英语四、六级考试委员会不设及格线，各校不会换算吗？满分 710 分，及格线是多少，马上就有人换算。况且全国大学英语考试委员会在 2005 年 9 月 3 日的《关于 2005 年 12 月大学英语六级考试(CET-6)和 2005 年 11 月大学英语四、六级口语考试(CET-SET)报名资格的通知》称"2005 年 12 月大学英语六级考试的报名资格为：2005 年 6 月大学英语四级考试 425 分以上(含 425，相当于原来的 60)并修完大学英语六级课程"。事实上这就成了从此之后的历次大学英语六级的报考资格。这不是等于说官方仍然在乎及格线吗？难怪学校还会攀比，而且并不复杂，及格线以上的成绩单依然有以前证书的作用，不过是及格证书换成了成绩单而已。另外，调查表明，很多学生认为改发写有具体分数的成绩单会加大自己的心理压力，因为，原来的 CET 只划分"及格"和"优秀"两个评定档次，考 60 分和 84 分都获得合格证书。但是，改发成绩单后，如果分数太低就很尴尬。[①] 而且更方便用人单位比较，以前只是通不通过的问题，现在还要比分数的高低。

综上所述，这种改革措施似乎起不到减轻学生压力的作用，而且会使学生的压力更大。那么四、六级考试的重要性依然会冲击大学英语教学。

显然这一手段难以达到它的政策目标——通过改革，引导师生正确处理教学与考试的关系，使考试为教学服务的目的。可以看出，这一改革措施是缺乏严密的论证，特别是没经过政策制定程序中的模拟执行，因此导致它是无效的。这样的计分方法根本没有考虑其对大学英语的反馈作用，反而只是试图回避原有的批评。从公共利益最大化而言，当我们把大学英语考试定位为为大学提供教学反馈的教育系统内部的学业考试之时，大学英语考试的计分政策则应是分项计分，以便为大学英语教学提供尽可能全面、深入的反馈。

---

① 张丹："大学英语四、六级考试改革对大学生影响的调查研究"，《国家教育行政学院学报》，2007 年第 2 期，第 78—81 页。

4. 考试组织权属与收费的法理性仍有不足

我国当前的大学英语四、六级考试政策的制定程序需要进一步明确立法程序或者法理程序，因为这一考试的政策与诸多法律有一定程度的相悖。

全国大学英语四、六级考试委员会在其官方网站指出："College English Test（简称 CET）是由教育部主管的全国性教学考试"，"国家教育部委托'全国大学英语四、六级考试委员会'负责设计、组织、管理与实施大学英语四、六级考试。"[①]显然，大学英语四、六级考试是课程学业考试（achievement test），就是完成一门课程的教学之后，检测学生学习课程内容之后掌握课程内容情况的考试。《高等教育法》第 34 条规定："高等学校根据教学需要，自主制订教学计划、选编教材、组织实施教学活动。"《教师法》第 7 条"教师享有下列权利"第 3 款规定"指导学生的学习和发展，评定学生的品行和学业成绩"。根据这些法律规定，大学的课程学业考试是大学和大学任课教师的权利。大学英语只是大学的一门课程，大学英语考试作为课程学业考试，就是基于教学内容（教材）的考试，应该是任课教师组织的考试，或者是学校统一组织的考试，更重要的是，应该是免费的考试，因为每一课程的考试费用一般已经在该课程的学费中收取。[②]

那么，若大学英语四、六级英语考试作为教学考试，其权利属于任课教师和学校。教育行政部门要获得教师和学校的这种权利，显然应该获得教师和学校的权利让渡，或者有新的立法改变这种权利。而现在，我们看不到这一让渡的法律程序，也看不到新的法律依据。显然，当前大学英语四、六级考试作为课程学业考试即使具有充分的合理性，但其制定程序的法理性并不充分。

因此，从"依法行政"来看，大学英语四、六级考试作为收费的课程学业考试，这一政策的制定程序的法理性不充分。

同时，作为具有教学督导功能的考试，应该是教育督导机关提供考试资源、教学部门组织考试、不单独收取费用的考试，因为教学督导的功能是教育督导机关的法定职责，其费用是国家提供的。也就是说，组织教育督导考试是教育行政机构的职责之一，因此依据现有的法律，教育督导没有理由成为一项收费的考试。显然，若大学英语四、六级考试要成为收费的教育督导考试，就必须有改变教育督导的法律依据，而现在我们看不到

① http: www. cet. edu. cn/cet-conceptl. htm.
② 鲁子问：《国家·考试·人》，武汉：湖北人民出版社，2006，第 89 页。

相关的法律依据。这说明，无论当前的大学英语四、六级考试作为教学督导考试具有多么充分的合理性(其实，其督导功能并没有充分实现)，作为收费的教学督导考试，这一政策的制定程序的法理性不充分。同时，要把一门大学课程作为在学费之外另行收费，应该经过相关的法律程序，而且应该组织大学、教师、学生参加的听证会，就像水费、电费、火车票的听证会一样。

从公共利益最大化而言，大学英语考试应该是完全免费的考试。

5. 对考试成绩被广泛误用缺乏有效引导

大学英语考试成绩被教育行政部门、高校、社会(尤其是企业)误用，而相关部门对此并无有效对策。

作为各高校的主管部门，在大学英语四、六级考试及改革政策系统中，他们的职责首先应该是向有关高校宣传、解释，让学校、老师、学生及社会明白这一政策的目的、用意；其次要根据所在地区高校的考试结果，帮助分析、查找原因，及时调整教学，切实促进本地区大学英语教学水平和学生实际英语应用能力的提高；特别是要对政策的执行情况进行检查和监督。遗憾的是不少地方的教育行政部门不仅没尽到应尽之责，反而凭简单通过率给各校排名次。这极容易引起学校之间的简单攀比，造成不恰当的无形压力。事实上各校办学条件不同，生源不同，专业要求不同，学生未来需求也不同，不存在进行简单比较的基础。

如果说是对大学英语四、六级考试的误用导致了大学英语四、六级考试及改革政策在执行中的偏失，那么各级教育行政部门对大学英语四、六级考试的误用则是源头。

由于教育行政部门凭简单通过率给各高校排名次，一些学校为了提高名次，为了所谓的“名声”、“竞争力”，片面追求简单通过率，在执行政策时搞“土政策”：给具体从事大学外语教学的部门下达通过率指标，将学生的考试成绩与老师的职称晋升、收入等相联系，将大学英语四、六级考试成绩与学生评优评先、奖学金及学位和毕业证书简单挂钩。个别地方甚至只求通过，不求提高，这样做极易冲击正常的教学和学习，导致应试教育，违背了教学规律和教学目的，不利于教学水平的提高和培养学生实际英语应用能力。何况简单通过率只能反映出有多少学生达到了大学英语四级或大学英语六级的及格线，并不能反映这些学生在什么层次上达到了教学大纲相应的要求。能够全面反映某个学生群体(学校、省、全国)英语水平的是平均级点分。平均级点分既考虑到累计通过率，也考虑到及格学生考试成绩的高低，所提供的信息要丰富得多。把信息量大得多的平均级点分放在一边不用，只追求简单通过率，这也是对大学英语四、六级考试的一种误用。

由于大学英语四、六级考试受到教育行政部门、高校、老师和学生的高度重视，这使得它在校内外声名鹊起。同时因为它是官方举行的全国统考，成绩具有权威性和可比性，一些招聘单位出于成本考虑，在招聘人员时都对大学生和研究生分别提出了四级和六级的合格要求（425分以上），把四、六级考试成绩作为他们招聘人才的重要筛选条件。实际上，这是极不科学的和不合理的。常言道，三十六行行行出状元，招聘人员时应将其基本素质与职业相联系，强调专业水平和能力，岂能拿四、六级成绩来分高低、定优劣？况且现阶段的四、六级考试并不能真正全面反映大学生的英语能力。在如今就业岗位稀缺，就业竞争极其激烈的情况下，这样的做法无疑给了大学生们"逼上梁山"般的沉重压力。

可以说，正是大学英语四、六级考试及改革政策执行主体在执行政策时的偷梁换柱，各级教育行政部门、高校以及社会等对大学英语四、六级考试的误用导致了大学英语四、六级考试及改革政策在执行中出现偏差，使原政策难以得到有效的贯彻落实。

由于考试政策在制定过程中出了以上问题，从而导致政策的效力大打折扣。具体地说，就是改革政策没能解决考试定位问题，它依然是教学考试，是对大学生英语水平进行检测和鉴定的重要手段，同时它还是全国的统一的考试，它的成绩仍然具有可比性，加上人们心理上对它盲目崇拜的惯性（有些人认为改革让它的质量更高更可靠），其权威不但丝毫未降低反而更高。这样，这项本来用于检测大学生英语课程掌握情况的教学考试却用在了更多的地方。语言测试专家指出，当一项考试的结果用于考试以外的目的时，该考试结果（亦即分数）获得了社会权重，这项考试就变成了高风险考试。这种社会权重越大，考试的风险就越高。当考试结果直接决定考试者的未来命运时，这种风险就变得直观而具体，即考试者关心的不再是如何提高语言能力，而是关心如何赢得考试的捷径。在这种心理作用下，各种不良社会现象就会出现，政策的效果就会背离了原先确立的目标。

要实现大学英语考试的公共利益最大化，教育部门应该不为每位学生提供英语成绩，而只提供一个能力结构雷达图，说明其能力优势与不足，建议其提高哪些不足的能力，这样的具有诊断性质的成绩报告单不会导致任何误用。

6. 大学英语教学中应试教学依然盛行

首先是学生为“考”而学趋势更加明显。由于上述压力，学生们不得不为考试而学习，不得不为提高成绩而努力。很多学生一考上大学就开始关注英语四、六级考试的情况，在课堂上他们希望老师多讲与考试有关的内容，如题型、答题技巧、考试政策等；老师讲到与考试没有直接关系的内容时，他们的关注度明显差。在英语学习上，学生们更愿意采取易于快速提高成绩的方法，如花大量时间去背单词、做题、背作文模板等。在备考期间这种现象表现得更明显。调查表明，在备考期间，82.6%的人很少练习口语，[①]因为口语不是必考项目。

其次，考试对课堂教学的冲击也不容忽视。考试对学生的压力明显波及大学英语课堂教学。对于绝大多数英语老师而言，他们是非常清楚语言的学习和教学规律，他们更清楚怎样才能培养社会所需要的外语能力，但面对现实的压力，学生的想法往往和老师的愿望有差距。调查表明，很多的学习者喜欢真题加应考方法的授课方式；而大多数被调查学生希望老师让学生“自由复习”。学习者的期望在和教师授课内容不符的情况下，学习者往往逃课或者上课不专心，希望给自己更多的空间。面对这种状况，老师们被迫转变教学方法，那就是“以学生为中心”：更多注意与考试有关的内容和项目，如听力、阅读、词汇及做题技巧等。同时，尤其当考试临近时，老师们不得不腾出大量时间为考试做准备，从而损失了本该用于完成《大学英语课程教学要求》的教材内容的宝贵时间。由此可见，大学英语考试的确对教学内容存在一定的冲击力。

由于大学英语四、六级考试的压力，英语学习耗费了学生太多的时间和精力，尤其对于那些生源和教育资源基础不好的院校的考生，要想考一个不错的分数，就必须花更多的时间和精力去备考，其他课程尤其专业课的学习难以保障，这制约着学生综合素质的提高，“全面发展”和“培养创新素质”难免成为“空中楼阁”。

因此，现行的大学英语四、六级考试政策不但不利于大学生的英语应用能力的真正提高，而且也妨碍现代国家所需人才的培养。

要把大学英语考试转变为促进学生英语运用能力提升的考试，让学生为了考试的复习本身就是一种能力培养活动，这样才能真正实现大学英语考试的公共利益最大化。

---

① 王淑花：“大学英语考试对大学生英语学习反拨作用的调查”，《语文学刊》(高教·外文版)，2007年第8期，第138页。

7. 大学英语考试造假、舞弊现象日益猖獗

我们 2008 年 3 月 27 日在 Google 里输入"2008 · 四、六级考试 · 作弊"字样，得的回复是"约有 329,000 项符合 2008 · 四、六级考试 · 作弊的查询结果"。粗略浏览发现，其中包括有作弊和反作弊的信息，但更多的是有关四、六级考试作弊的报道。可见，四、六级考试作弊情况不容乐观，且呈现以下特点：

第一，更加公开化。过去，有关四、六级舞弊的广告总是偷偷摸摸地出现在厕所间墙壁上、教室座椅背上、楼梯间等比较背的地方，而且常显得遮遮掩掩，如"四六级助考＋手机号"之类。可如今，特别是每次大学英语四、六级考试之前，稍加注意就会发现，有很多"枪手公司"招揽生意的广告充斥于网络、高校的食堂、宿舍楼以及宣传栏和其他的公开、醒目之处，其宣传语更加直白和大胆，诸如"网上改成绩，四六级包过"的信息随处可见，而在校园 bbs 论坛上，此类广告更是泛滥成灾……[①]

第二，市场规模化。如果说前些年四、六级考试"枪手服务"只是发生在某些地方和某些人之间的话，现在这种服务则是成规模、批量、"有序"进行的。"我们服务的 QQ 号是 2832334 * *，永远不变！我们长期提供服务，具有专业的团队和多次成功的操作经验，靠信誉生存。会帮助每个找到我们的考生顺利过关，我们不会作出为了些许利益而被人唾骂的事情……"这是一个已经"经营"了 6 年的"老字号"的"枪手公司"的宣传语。据该"公司"负责人"考试通"说，这两年"生意"太火爆，他们"公司"已经发展了不少"下线"，"下线"每发展一名"客户"就有 25%的提成。他还表示，他们"公司"在四、六级中收取的费用从 400 元到 1000 元不等。分为考前付清、考前考后各付一半以及考后付清三种付款方式。除了考前付清外，其余两种需要以身份证、学生证作为"抵押"。

第三，更加高科技化。五六年前，当发现英语四、六级考试考生是通过用塞在耳朵里的微型耳塞与藏在兜里的手机相连，从而接受场外传输的答案时，人们惊呼，这是现代考试作弊的高科技！于是，考试管理部门纷纷出台政策和措施来对付这种"高科技"，如不准考生带手机进入考场，在考场内使用屏蔽仪等。而如今的作弊手段早已今非昔比了，可以说是花样翻新、更新换代。其中一种是，"有专门的人员安插进考场，通过昂贵的纽扣摄像机迅速对考卷进行拍照，然后由外面的车载接收器获取照片，照片传出考场后，就会有英语作题高手分工做题。答案作出后就会在群

① http://edu.qq.com/a/20080619/000071.htm.

上公布，客户可以通过带入考场的橡皮式或手表式接收器接受场外发射机发射的答案。”另外，很多枪手公司还为作弊考生准备有反屏蔽仪以及用于场外传输答案的多种信号发射机来对付考点屏蔽仪和“无线电监测车”（大多数考点只有一台且只能检测到一种信号）。可以想见，借助形形色色的作弊手段和高科技，每一次考试都会有一些考生成功作弊，因为“枪手公司”生意如此火爆以及他们不惜重金购置高科技设备的行为就很能说明问题。面对这些情况，一些考点工作人员表示了无奈：“尽管每次考前也进行培训，但作弊手段不断翻新，作弊技术经常换代，我们真是防不胜防啊！”

严重的四、六级考试作弊现象不仅对那些勤奋学习、有真才实学的考生不公平，而且，它会引发大学生的心理失衡进而会成为考试进一步失范的诱因。更为重要的是，这种社会心理会逐步演化成为一种社会风气，以潜在和泛化的形式，左右着当代大学生的心态；而这种心态会演化成当代青年在重要关头的思想观念、思维方式、行为规范和价值取向。妨碍学校和社会的诚信建设，不利于社会的和谐与稳定。

除了冲击正常的英语课堂教学，成绩造假、考试作弊疯狂等不良后果外，围绕着大学英语四、六级考试的各种考试培训、模拟题也泛滥成灾。这些问题的存在不仅影响政策目标的实现，恶化了大学英语四、六级考试及改革政策执行环境，增大了政策目标实现的难度，同时也损害了教育部门的形象，降低了政府的威信。

正是因为大学英语考试的以上诸多问题，导致了大学英语考试舞弊严重。以实现公共利益最大化为目标进行改革，就可以从根本上消除这样的舞弊行为。

（四）大学英语四、六级考试改革政策问题的归因分析

如上分析，现行大学英语四、六级考试政策还存在诸多缺陷和不足，主要是因为缺乏明确的公共利益最大化的政策意识，导致这一意识缺乏的当然还有其他原因。此节对此进行简要分析。

1. 缺乏明确的国家利益优先意识，导致公共利益最大化无法实现

国家利益乃全体国民之最大最高公共利益，因为任何国家利益的损失最终都要转嫁给国民承受。国家利益有压倒国内其他所有个人或者集体利益的优越性，当个人利益或集体利益与国家相抵触，都应该无条件服从国家利益。国家利益要靠具体落实的国家意志去有效维护，国家之所以要有意志，也正是为维护其利益。国家意志体现为强制执行的国家法律法规和政策、完备的政府机构职能及监督系统、尽责爱国的政府官员

等，及所有这些要素环环相扣有机结合。如果国家意志的哪一环节出现断裂缺失，不能使其落实到具体的国家利益领域，则该方面国家利益必受损失。大学英语四、六级考试是国家考试，其改革政策是国家政策，当然应该体现国家意志，维护国家利益。因此，政策制定者应该有国家利益至上的意识。那么，在大学英语四、六级考试改革上国家利益是什么呢？应该是通过改革促进大学英语教学，从而培养现代国家所需要的人才。大学英语四、六级考试在中国具有很高的权威，因而对大学生乃至国民的英语学习有着巨大的导向作用，缺失口语考试可能导致英语学习中口语技能训练的弱化甚至缺失，这会影响具有国际交流能力的人才的培养。面对经济全球化和激烈的国际竞争，现代国家特别需要具有国际交流能力的高层次专业人才。在这个意义上，大学英语四、六级考试改革政策不将口语考试作为必考项目是缺乏国家意志的表现，因为这样做的结果只可能给管理部门和管理者个人带来利益，却牺牲了外语教育领域的国家利益。

2. 政策制定过程科学性不够，导致政策不能协调各方利益

导致大学英语考试改革政策没有坚持公共利益最大化的根本原因在于考试改革政策制定的过程不科学，主要是内部人为内部人制定内部政策。其中主要表现在：

（1）规范决策过程的程序尚未建立

建立科学的决策程序是防范决策失误的一个重要保障措施。美国著名的大法官富兰克·弗特认为“自由的历史基本上是奉行程序保障的历史。”[①]“正是程序决定了法制与恣意人治之间的基本区别”。[②] 因为决策作为一种思维活动，必然带有一定的决策者的主观色彩。这种主观色彩过重就会导致主观主义、经验主义。邓小平同志说：“我们过去发生的各种错误，固然与某些人的思想、作风有关，但是组织制度、工作制度方面的问题更重要。”[③]因此，我们应该将决策过程所应该遵循的步骤以制度和法律的形式确定下来，使问题的认定，目标的确立，方案的确定，等等都按照规范的步骤和程序运行，防止主观随意性决策失误的发生。在现阶段，和其他的公共政策一样，我国的教育政策特别是高风险的考试政策正是没有政策制定的程序法作保障，给许多决策失误发生预留了空间。否则，四、六级考试改革政策不会出现像上述所分析的、那样明显的失误。

① 李承，王运生：“当代公共政策民主范式”，《政治学研究》，2000 年第 4 期，第 52 页。

② 李卫东：“程序比较法”，《比较法研究》，1983 年第 2 期。

③ 《邓小平文选》，第 2 卷，北京：人民出版社，1993，第 333 页。

(2) 决策合法性审查制度尚不完善

决策合法性审查制度就是对政策的合法性进行审查和把关的制度，一般是在相当于县级以上各级人民政府部门设置专门的法制工作机构。审查政策方案是它们的一项主要职责，有关部门拟定政策方案后，一般先由法制工作机构审查，审查通过后再报领导会议讨论。法制工作机构对政策方案进行审查，对保证政府决策的合法性有着重要作用。如果我们的决策合法性审查制度完善的话，大学英语四、六级考试政策中就不会出现有关大学英语四、六级考试组织管理权利所属及收费方面的政策制定法理依据不充分的问题。

(3) 公民参与决策制度很不健全

我国政府决策的目的在于维护和增进最广大人民群众的公共利益。人民参与下的政府决策才能反映社情民意，符合人民的意愿。政府和公民能否形成有效互动，公民能否真正参与到政府决策之中去，公民能否拥有监督政府行为的某种权利，公民能否依法通过一定的途径否决出现偏离民心的决策，是防止政府决策失误的最重要制度建设。全国大学英语四、六级考试是我国大规模、高风险的考试，涉及人员多，影响范围广，事关社会的稳定和国家的安全。所以，公民能否真正有效参与政策制定的意义尤其重要。以往的四、六级考试政策或改革政策都是经过教育行政部门、专家、一线老师等的讨论和研究而制定出来的，而作为这项考试最大的利益相关者——学生却没参与其中，作为重要的教育政策，四、六级考试改革政策怎么保证充分反映社情民意，符合人民的意愿？可以说这为政策执行中的不和谐埋下了隐患。

(4) 专家咨询制度未真正建立

专家咨询制度是指在决策过程中，决策者要针对政策问题向有关专家、学者以及各种政策研究组织进行咨询，听取他们对政策问题的意见、看法与设想的一种制度形式。这种制度要求在重大政策制定时，决策者必须倾听专家的意见，从决策程序上对决策过程进行制度化规范。这一制度重在发挥专家的研究为决策服务的功能，能帮助设计较为科学合理的决策方案。所以专家咨询制度是防止决策失误的锐利武器。全国大学英语四、六级考试是我国大规模、高风险的语言测试活动，它的重要性和特殊性客观上决定了其考试及改革政策的制定者必须至少向以下领域的专家咨询：公共政策专家、教育政策专家、语言测试专家、考试专家等。要认真听取他们的意见和看法，否则就会发生意想不到的失误。事实上，大学英语四、六级考试政策的制定确实履行过咨询专家的程序，问题在于，政策研究组织、专家、各界人士与决策系统的联系还缺乏制度化，咨询人员受制于决策者，行政干扰大。[①] 另外，咨询专家组成在广泛性、代表性上还有待提高。这也是国人包括一些教育专家对大学英语四、六级考试政策不理解甚至反感的重要原因之一。

3. 没有制定相应的监督机制与责任机制，导致多方利益受损

由于决策所掌握的信息有限、决策者的有限理性、决策者个人及其所代表的集团的利益与偏好不同，也由于决策者以有限的甚至错误的知识体系或价值体系为指导，决策者对时代发展形势的不完全的认识等因素，决策者所制定出的任何一个政策都不可能是完善的。同时，由于决策者在制定政策时，可能没有严格遵守宪法和法律所规定的规则和程序，所以制定出不合法的政策。所以必须对政策制定过程及其活动进行有效的监控，以保证政策制定的质量。然而我们知道，政策若得不到贯彻执行，那么政策所要解决的社会问题以及政策目标就无法实现。由于人们的一切活动都与利益相关，而政府的政策又是对社会价值和利益的权威分配，必然牵涉到各级政府的切身利益，就是因为政策的执行者和政策的施政对象各有自己的利益要求，才使得许多政策在微观执行中变形、走样、扭曲或遭到抵制，以至于决策失误。因此，为了保证政策制定的合理与合法以及政策能得以贯彻实施，必须对政策制定过程和政策执行过程进行监督。

全国大学英语四、六级考试是教育部推出的旨在推动我国大学英语教学改革，提高大学英语教学水平，培养适合国家建设需要人才的重大政策。自其诞生以来的二十多年间，它在提高人们对大学英语的重视以及提高我国大学英语教学质量和大学生英语能力方面的功劳不可磨灭。正如教育部副部长吴启迪女士所说的：“大学英语四、六级考试适应了社会的需要，得到了社会的普遍认同，产生了良好的社会效益，也为我国大学英语教学质量的提高做出了巨大的贡献。”[②]这些证明了大学英语四、六级考试作为我国的一项重要教育政策的价值以及合理性的一面。但是，作为公共政策，它也不可能是完美的。另一方面，大学英语四、六级考试及改革政策在执行过程中，政策制定者与执行者及政策的施政对象（学生）之间的利益差别是客观存在的：政府的利益是想提高学生外语水平来适应改革开放的需求；各级教育行政部门的利益是用最简单、最经济的方式（考试）来管理教学；高校的利益是提高通过率以提升自己的排名，学生利益是取得好成绩（无论以什么手段）为自己获得更多的利益。这些都

① 杨惠中：“语言测试的社会学思考”，《现代外语》，2007 年第 11 期，第 371 页。
② 吴启迪：教育部新闻发布会，2005 年 5 月 25 日。

说明无论是大学英语四、六级考试政策的制定还是执行都需要有效、有力的监督与控制，以保证决策的正确性，维护其严肃性和统一性，确保及时发现问题，纠正错误的或者调整不当的决策。

事实上大学英语四、六级考试政策本身也在不断地调整和修改，只是这种调整有时来得晚了些，修改来得太被动了些。比如 2005 年的改革，它是到了考试政策严重滞后于政策环境，与社会需求极度不和谐并引起其他不良社会问题时候，到了几乎全国人民都喊“打”的时候，才不得不进行的变革。它之所以这么被动，一个重要原因就是缺乏有效的监督和检查，从而不能及时发现问题并主动纠正问题。

大学英语四、六级考试新的政策已于 2005 年出台，它的实施也分别在 2007 年 1 月和 6 月全面展开。两年多的实践证明，无论是它的政策制定还是政策执行还都依然存在着问题（如上述分析），而且有些问题已相当严重了，如社会对它的误用及不良影响等。特别是招聘单位将四、六级考试成绩作为他们招聘人才的重要标尺，给学生带来了很大的压力。在当今就业岗位稀缺，就业竞争极其激烈的情况下，这是考试让学生感到大学英语四、六级考试压力的最大根源。

针对四、六级考试政策在执行中的偏失问题，切实有效的监督和管理尤其重要，尤其必要。这就要求政府对那些误用和滥用现象及误用和滥用者绝不能仅仅停留在“呼吁”和“重申”上，必须对“违规者”以适当惩罚，以保证政策的正确运行。

责任追究制度，是指由于决策错误导致经济、政治、社会、道义等诸方面的不良后果，决策者必须承担由此引起的政治、法律、行政、道义责任，并依照相关法规给予应得的惩罚。为了约束和规范决策者的行为，对错误决策的追究必须形成制度，制定相关的法规。

在中国的管理文化与体制中，最大的弊病就在于责任不清、权责不明、追究不严，这就使得行政者或管理者的个人希望及其行为的成本让他人或社会来承担，其收益让个人来分享。尽管这种情况在近两年有一些改善，但是与国际通行的问责制相去甚远。

我国一直没有注意建立科学的权责一致的责任追究制度体系，缺少决策失误的责任追究制度。长期以来，我国各类决策失误比比皆是，缺少决策责任制是其中的一个重要原因，每每决策失误后，政策制定者就以“改革”、“试验”、“交学费”等时髦口号一推了之，无需承担责任。就因为政策制定者无需为自己的行为和所造成的后果负责，从而为决策失误的发生提供了可乘的空隙。

制度作为一种强有力的约束人们行为的工具，公民缺失了它，就会导致行为无章可循，出现行为失范。在某种意义上，管理部门的一切行为都是决策行为。孟德斯鸠说："没有制约的权力必然导致腐败。"①我们可以说，没有一套可行完善的制度来规范决策，必然会产生决策失误。

相对而言，我国的教育政策的制定更加迫切需要决策责任追究制度。常言道，十年树木百年树人，教育关系着国家的未来，民族的兴盛，是百年大计，千年大计。教育政策，尤其重大的教育政策，如大学英语考试政策，关系着千万学子的命运，错误的决策会耽搁几代人的培养，面对越来越快速的世界发展，越来越激烈的国际竞争，我们"试验"不得，这个昂贵的"学费"中华民族付不起！所以，制定大学英语考试改革政策，应该全面深度研究，理清各方利益，坚持国家利益优先、公共利益最大化。

（五）大学英语四、六级考试改革政策建议

1. 遵循以人为本的原则

在当代发展中，以人为本已作为社会发展的最高价值取向，它突出社会发展中人的地位和作用，强调社会发展要尊重人、理解人、关心人，把不断满足人的有效需求、促进人的全面发展，作为社会经济发展的出发点与归宿点。作为社会子系统的教育系统更应该将促进人的全面和谐发展作为最高的价值取向，要从学生的现实个性出发，尊重学生的需要、兴趣、创造和自由，培养学生的良好个性品质，促进其个性自主和谐地发展。所以，我们的教育政策应顺应这个要求，突出学生的主体地位，为教育对象的和谐、完善的发展提供好的制度保障。

首先，要以以人为本作为制定教育政策的出发点和最终目的。

正是为了更好地满足人的教育需要，才有必要制订和执行教育政策。这就意味着制定教育政策时，都必须把尊重人民群众的意愿、实现人民群众的利益、维护人民群众的教育权利作为根本前提，在评价任何教育政策的是非得失时，要以人民群众满意不满意、高兴不高兴、拥护不拥护作为根本依据。

其次，在制定教育政策的过程中要体现人在社会发展中的动力作用和主体地位。也就是说：第一，教育政策的制定要以人民群众的实践经验和创造精神为基础，从生动丰富的群众实践中获得启示；第二，调动人民群众参与教育政策制定的积极性，不仅要让人民群众对教育政策有知情权和建议权，而且要让人民群众成为评价的最终权威。第三，教育政策

① 孟德斯鸠：《论法的精神》，北京：商务印书馆，1982，第133页。

要赋予每个社会成员以平等受教育的权利，给每个受教育者以充分发展的空间。

再次，教育政策要充分体现出人文关怀。一切具有健全人格、能够自由发展的人，不仅有物质生活的需要，还有精神生活、感情生活和心理发展的需要。它要求教育政策遵循受教育者的心理活动规律，充分理解受教育者的情感、尊重人的价值、捍卫人的尊严，为教育对象创造愉快、和谐的人文环境。

只有这样才可能制定出符合人民意愿的政策，才能创办人民满意的教育。

2. 坚持国家利益优先

从公共政策的形成过程分析，公共政策是与政策相关的各种利益主体之间的利益互动的结果。在互动的过程中，通常会因为各种不同的利益博弈，出现某一利益主体的利益或某些利益主体的利益表现出之于其他利益主体的优先性，这种公共政策中某一或某些利益主体对于其他利益主体的优先性称之为公共政策的利益优先性。

公共政策的研究表明，对于公共政策，公共利益具有第一优先性，部门利益其次，个人利益后之，因为“谋求和增进公共利益是一些政策的出发点，也是公共政策的灵魂和归宿”。[①] 因此，任何一项公共政策的制定都是以公共利益的最大化为基本追求目标，因为实现尽可能大多数公众的利益是制定公共政策的社会基础，也是决定公共政策是否可以延续存在的唯一标准。大学英语四、六级考试作为国家公共政策，应该充分体现国家利益，保证国家利益的优先性。大学英语四、六级考试作为国家公共考试首先应考虑公共利益，然后才是部门利益和个人利益（包括家长和考生的个人利益）。[②]

在追求政策的公共利益最大化的同时，要努力追求政策效益最优化，因为只有政策的整体效益最优化，公共利益最大化才有意义。

教育资源配置应遵循“教育利益生产原则”，保证教育资源配置和使用的最大效能，不断提高教育资源利用效率，追求教育效益的最大化。效益优化主要的判断标准就是：教育活动保持最佳的“投入—产出”比例，把代价控制在最低水平，教育活动的结果具有正价值以及正价值量的最大化。效益优化是任何教育政策必须要面对的一个严肃问题。它要求教

① 宁骚：《公共政策学》，北京：高等教育出版社，2003，第185页。

② 鲁子问：“外语政策与国家安全——美国的经验与启示”，《当代教育论坛》，2004年第4期，第125页。

育政策以价值最大化或最优化的方式分配和使用教育资源。效益优化是社会和教育可持续发展观的必然要求。特别是在我国教育资源与应受教育人口相比十分有限,相对稀缺的情况下,发挥现有教育资源的最大效能,实现效益优化就成为社会和教育可持续发展的必要条件。

3. 强调多样性与可选择性

公共利益最大化的前提是政策的各利益主体的核心利益得到尊重,所以政策的多样性和可选择性就应该是政策利益合理配置的基础。

教育的多样性是教育中差异性的表现和教育对于差异性的尊重和适应。一方面由于教育实践主体的差异性、教育的复杂性以及文化差异性等导致教育活动各要素及其相互联系方式的多样性,另一方面教育为了尊重和适应不断更新和发展的主体的差异性,对自身进行改造和重组而呈现多样性。

教育的多样性与可选择性具有密切联系。一方面,多样性是可选择性的基础,选择是在多样性基础上展开和发展的。如果没有多样性作基础,主体就无法进行选择。也就是说,正是由于从我们周围的环境中产生的观念变得复杂,我们被迫思考、选择与总结,以便选择有用和正确的生活方式。另一方面多样性又可看做是教育制度追求可选择性的结果,正是由于越来越多的选择的要求,才凸现了以多样化为目标的教育的改革的重要性。

教育多样性是世界和人类社会生活多样性在教育领域的折射和要求。浩瀚的宇宙具有多样性,人类文化、环境、种族和遗传决定了社会生活的多样性。从根本上说,教育作为人类的社会活动,始终是以世界和人类社会生活为背景、对象、内容和目的。因此,它必须具有生产和再生产社会生活多样性特征的能力和机制。

追求多样性也是当代人类社会发展的大趋势。当代世界,经济越来越成为国家与国家之间处理彼此关系的重要纽带。全球范围内的经济竞争与合作推动了各国经济的发展并启动了全球、国际化和多极化进程。各国之间文化、科技和教育交流与合作日益频繁,而其基础就是民族性、多样化和价值多元化。在此背景下,民族的、文化的教育也就是世界的教育,没有民族性和多样性的教育也就没有对话的资格。

教育多样化也是个人完善发展必须条件之一。以“以人为本”的原则,教育的根本目的就是促进每一个受教育者的完善发展,而每一个人都是自然实体与社会实体的统一、认知与情感的统一、理性与非理性的统一,其发展都具有独特性和综合性。为了个人发展的这种独特性和综合性，为了充分发展人自身多方面的因素和特性，多样性是教育的唯一选择。另外，在教育政策程序上应以教育政策程序的民主性和科学性为理想。

作为政策价值目标的“可选择性”，具有两个基本的含义：一是受教育者（包括家庭）具有自主选择教育——任何类型的学校、何种类型的课程以及何种类型的教师等——的权利和机会；二是教育制度尤其是学制本身具有可选择的特征。可选择性是当代我国教育政策必然的一个价值选择。重视和尊重选择就是重视和尊重个性。个性是指一个人不同于他人的独特的心理特征和行为方式，具有差异性、独立性和社会性。人类个性的价值就在于进行选择，个性可以被理解为个人在宏观社会条件下按照自己的差异性与独立性进行选择。选择还是人类主体性的主要因素。在尊重个性和主体性已成为人类社会和世界教育主旋律的今天，可选择性作为教育政策价值标准，符合人类社会和教育尊重与张扬个性、主体性的趋势。选择也是网络化时代的要求。人类已经进入网络化和“数字地球”的时代。网络化彻底改变了人类传统的信息交流方式、学习方式和行为方式。在网络教育的过程中，完全超出每个人接受和使用能力的数据库成为人的本性，记忆和复制已经没有意义，选择和创新成为根本性的问题。在某种意义上说，网络时代个人的发展不是“教育”的结果，而是个人在教育者的帮助下一系列自主选择的结果。长期以来，我国传统的教育制度往往具有以划一、机械、封闭为代表的强烈的“给定性”特征。这种给定性的教育压抑了受教育者的个性、主体性和创造性，剥夺了受教育者选择的权利，严重影响了受教育者的健康发展。所以，可选择性应当成为我国当代教育政策的一个必然价值取向。

4. 建立和完善科学化的考试政策制定机制，保护各方利益

如果政策制定机制是完善的，我们就不可能在制度上给决策失误预留发育和成长的空间。所以从政策的动态过程来看，完善政策制定机制是预防决策失误的重要保障。同时，在中国社会体制变迁的过程中，随着社会利益结构的多元化发展，社会各阶层和各群体之间的利益差距越来越大，社会各利益群体之间的利益矛盾和利益冲突越来越凸现。当利益独立的社会阶层和利益群体在自己的利益意识崛起之后，必然要求过问和参与与自身利益关系密切的政府决策，甚至就某些利益关系的重大问题向公共管理部门讨价还价，施加压力。如果没有制度化、程序化的政府决策参与机制与通畅的社会利益表达渠道，来协调和整合社会各方面的利益，势必造成社会各阶层利益的失衡和社会矛盾的加剧，并可能危及社会的安定和政治的稳定。所以，我们迫切需要建立和完善以下考试政策的决策制度：

（1）专家咨询制度

专家咨询制度是指各级部门制定的关于依靠专家群体进行决策的咨询、论证活动，以提高决策的质量，保障决策科学化、民主化的规则体系。在考试政策制定过程中，将专家参与决策的形式加以制度化，以国家法律的形式确保专家参与到考试政策制定的全过程。也就是说，专家咨询的作用并不只是限于考试政策出台之前，对政策执行的指导、咨询与评估同样应是专家咨询的重要内容。将专家咨询论证贯穿于考试政策过程的每一个环节，提倡全程参与，适时咨询和论证。专家参与可以有效地提高考试政策的准确性和科学性，减少政府考试政策制定主体能力有限而导致的决策失误。此项制度要做到以下几点：一是要明确规定所有重大考试政策制定的每一程序都要有专家参与咨询论证，进行可行性和不可行性两种论证，使各项考试政策建立在可靠的科学分析、科学论证、科学评估、科学抉择的基础上。二是明确规定专家参与考试政策制定的权力是受法律保护和强力执行的，各级行政部门不得违反法律任意剥夺专家参与重大考试决策的权力，否则依法追究责任人的责任。三是对不同类型的考试决策进行咨询论证的范围、参与人员做出明确的规定，确保咨询论证具有普遍性和代表性，防止咨询论证流于形式，配套建立专家意见签字制度，以便评价专家是否称职，作为撤销其专家资格的依据。四，必须将专家咨询论证制度载入政府考试决策程序之中，对涉及社会发展全局的重大考试决策要广泛听取专家的不同意见；要保证有不同意见，如果没有争议，将做不出正确的决策。美国管理学者彼德・F・杜拉克说："管理者的决策不是从'众口一词'中得来。好的决策，应是从相互冲突的意见为基础，应从不同的观点中选择，应从不同的判断中选择。所以除非有不同的见解，就不可能有决策。"[①]保证专家在方案论证阶段、方案评估阶段、反馈修正阶段等充分发挥专家的专长，使政府主体决策从"拍脑袋定案"的经验决策转变为"群策群力"的科学决策。

（2）决策听证制度

听证制度是现代行政程序法的一项核心制度，是行政相对人参与行政的一重要形式，这一制度充分体现了行政主体行政的民主与公正，是一种特别有利于公民参与，防止行政偏私和职权滥用，保证行政公正，反映

① 杜拉克：《有效的管理者》，台湾：庆文印制有限公司，1978，第 178 页。

行政相对人利益的制度。

目前我国的听证制度已经实施，但是还没有教育决策听证制度实践的报告。既然听证制度是实现决策科学化、民主化的重要保证，我们那么应该建立适合中国国情的考试决策听证制度。建议如下：一、一些重大考试政策，如高考、大学英语四、六级考试、研究生入学考试等涉及面宽与国家未来命运利益密切相关的决策必须进行听证，以扩大人民群众的参与度，防范政府决策失误。二、对决策听证参加人的产生作出规定，理顺参与的途径，保证与此项决策有关的利害关系人能够不受任何条件的约束参与到听证中去，让他们提交书面资料、书面意见和辩护词，给他们提供口头辩论的机会，通过这些方式让他们参与政府考试决策过程。使政府的考试决策真正是反映人民意愿的决策。三、对于以上两条要用法的形式来保证实施。

大学英语四、六级考试是关于大学生学习状况的考试，这一政策必须坚持听取学生的利益表达。为此，我们应该：

A. 完善学生的利益表达机制

对于教学考试政策，学生作为直接参与者和主要利益相关者，应该说对考试政策价值选择问题有更大的发言权。因此完善学生的考试利益表达机制是解决矛盾冲突的基础。学生自己的组织无疑是利益表达的理想方式。只是学生组织要真正发挥作用，国家制定有关法律法规，完善相关政策、制度，保护学生的合法权利，理当是完善学生高等教育利益表达机制的应有之意。

B. 建构不同学生群体的利益平衡机制

国家在完善学生的高等教育利益表达机制的同时必然会面临这样的问题：不同地区、不同学校层次的学生群体所表达的利益是各不相同的，有时甚至是矛盾冲突的。在这种情况下，建构不同学生群体的利益平衡机制显得十分必要，它是解决矛盾冲突的关键。为此，必须不断推进考试决策的民主化，特别是决策程序的民主化，让不同地区、不同学校层次、不同利益代表参与管理和决策，保证政府供给的考试政策全面反映绝大多数社会成员的需要和利益，形成一种有效的利益平衡机制，最大限度地平衡各种不同的利益要求。

(3) 决策责任追究制度

决策责任追究制度可以理解为决策者在制定和执行公共政策过程中，由于未履行好自己的职责或由于错误决策而导致不良后果，违反了决策标准，侵犯了公共利益和公民的基本权利，决策者所必须承担的责任。

决策责任追究制度重在失误的预防而不是失误后的处理。但是对决策失误后的责任追究也很重要。所以决策失误责任追究制度有两重功效：一是起到威慑作用，防范决策失误发生。二是起到惩罚作用，警示后来人，防止以后少犯错误。总体来讲以防为主，以罚为辅，罚是手段，防止出现失误是目的。手段只是为目的服务的工具。实践中，对因考试决策失误造成损失的，应视后果的严重程度追究决策者的相应责任，主要是政治责任、法律责任和道德责任。如果是考试决策机构作出的集体决策失误，也要追究领导集体的责任。当然，对考试决策中的有功之臣，也要予以奖励。

（4）决策监督制度

决策监督制度是指对考试政策制定主体在决策过程中行使权力和履行义务、遵章依据的情况进行及时和必要的督促和检查。

在现代民主国家，许多国家是法治国家，政府行政实施法治化行政。其实，无论是国家法治化，还是行政法治化，它们的实质就是使政府行为要受到法律的约束和监督，使之受到各个方面彼此之间相互的制约。因为公共权力一旦缺乏监督和制约，它就可能成为脱离社会的力量，成为政府官员滥用职权，以公谋私的手段和工具，从而严重违背公共权力为公共利益的实现而服务的根本目的。为此，制定政策的监督机制是非常重要的，监督不只是在政策执行过程中才重要，要认识到只有对决策者的决策过程与决策内容的合法性、合理性进行监督，才能使政策制定工作真正健康、有序地展开。在决策监督制度中对于怎样监督，监督什么，处理结果公示等都要做出明确规定。同时我们应该创建一套保证监督制度顺利贯彻的原制度。再好的监督制度如果没有保证其付诸实施的原制度性规定，只能是无效制度或等于说没有。更主要的是要有一套完善的奖惩制度，对于在监督过程中发现的违反决策程序和决策制度，造成决策失误的责任人要坚决惩治，并利用政府公告、媒体等的力量迅速公之于众。这样才能达到监督的目的，我们并不是为了监督而监督，监督只是一种手段，目的在于防止出现决策失误，更主要的是要维护和增进广大人民群众的利益。为了保证监督坚强有力，应注意做到以下几个方面：(1) 监督机构相对独立。监督机构独立于同级行政机关之外，不受同级行政机关在权力来源和经济来源的影响和制约；(2) 转变监督方式。自上而下的监督代替平衡制约的监督并辅以自下而上的监督；(3) 决策要公开以增加透明度。公开是有效监督的前提。包括决策程序公开，执行的过程公开，决策结果公开。只有这样才能形成政府考试决策过程良性循环，将决策失误防止在决策前，以免产生不良后果，给人民群众造成损失。

（5）执行监督和管理机制

政策执行作为将政策所规定的内容转化为现实的过程，在政策活动及其过程中具有至关重要的地位与作用。它是实现政策目标的基本途径，是检验政策正确与否的唯一标准，是政策过程的中介环节。同样，考试政策执行是解决政策问题的根本性环节，考试政策执行决定着政策目标能否实现以及实现的程度和范围，执行效果是检验政策是否正确及其质量水平的重要根据。执行是使原政策得到修正、补充和完善的根本途径，政策执行活动及其后果是新政策制定的重要依据。鉴于四、六级考试政策在执行过程中发生的变化，部分学校以此来评定教师成绩，学校之间攀比通过率，甚至制定"土政策"让考试成绩和学位证挂钩，从而影响学生的学习和教师的教学，因此，加强对四、六级考试政策执行的监督和管理尤其必要，也尤其重要。

监督和检查是政策实施过程中的保障环节。在实际的政策实施过程中，往往由于执行者认识上的差异，造成对政策理解的失误，或者由于政策制定者与执行者之间存在的利益差别的影响，常常会使政策执行活动出现偏离政策目标的不良现象，因而必须对整个实施过程加以监督、检查，以促进政策的全面贯彻和落实。监督、检查的主要任务是：（1）督促没有采取积极措施的执行组织迅速行动起来，避免拖延执行；（2）及时发现偏离政策目标和违背政策目标的行为即问题，对责任者进行适当的处理；（3）通过对执行情况获取的反馈信息，检查政策和执行计划本身是否存在问题。在四、六级考试政策的执行过程中，有效的监督、检查是保证政策执行沿着正确方向进展的重要手段。强调有效的监督、检查，是由于在实际中存在着许多徒有虚名的监督、检查。有效的监督、检查应该既能客观公正地发现问题（尤其是重要问题），又能较为及时地促成问题的解决，否则，查而不管，监督、检查就会失去应有的效力，不为执行人员所重视。这样不仅不能使政策执行中问题得到解决，而且还可能造成恶性循环——问题越来越多，或者问题越来越严重，使考试政策的声誉和权威性受到严重损害。有效的监督、检查，可以使考试政策的权威性得到维护，引起执行者对认真贯彻执行政策的高度重视，从而减少、减轻执行中错误和偏差出现的频率和程度，起到一种预防作用；有效的监督、检查可以促成问题的尽快解决，使政策执行得以顺利进行，发挥一种保证作用；而且还可促成对执行中所产生的问题或不良后果进行补救，发挥其补救作用。对于部分学校的"土政策"问题，如果教育部及时监督、检查，对此进行干涉,部分学校的“土政策”会得到补救、纠正,并防止此“土政策”在其他学校被采用。

大学英语四、六级考试是我国当代大规模、高风险的语言测试活动,它能否健康发展不仅关系到千万莘莘学子的前途命运,更关系到国家的未来发展和社会的和谐稳定。大学英语考试政策的改革是必然的,因为迄今的大学英语考试政策的改革尚无法实现公共利益最大化。制定大学英语改革政策应该依循大学英语考试政策制定的基本原则,建立和完善多元的考试政策制定机制,加强对四、六级考试政策执行的监督和管理,最大限度地防止考试政策制定出现失误,可以保证考试政策得到有效执行,使大学英语四、六级考试政策更科学,更人性化,更符合最广大人民的利益要求,更有利于我国高等人才的培养,使外语教育为改革开放的基本国策的实施,培养所需的人才。

第四章　外语政策执行

外语政策作为解决公共问题、实现公共利益的方案，要通过政策实施达成政策目标，所以外语政策的实施是外语政策过程的关键环节。政策执行事关政策成效的达成，其重要性显而易见。

第一节　外语政策执行的内涵

在政策制定之后，政策方案进入执行阶段。所谓政策执行，指的是在政策制定完成之后，在政策的目标变为现实的过程中，将政策的方案所规定的内容付诸实施，为实现政策目标而重新调整行为模式的动态过程。

一、外语政策执行的过程

执行政策首先需要建立组织机构或者赋予现有机构执行政策的权力，然后要配置执行政策所需的相应各种政策资源，通过说明、计划、准备、实施、协调与监控等各种行动，将政策观念形态的内容转化为实际的政策绩效，从而实现既定政策目标的活动过程。

（一）政策说明

政策执行需要政策主体理解把握政策的要素，更需要政策客体理解政策执行的意义，否则政策根本无法执行。政策说明就是让政策执行的主体把握政策要求、理解政策目的、认清政策要素、了解政策困难，这样政策主体去执行政策才能减少偏差。政策说明更是让政策客体理解政策的目标、意义、措施、尤其是利益关系的过程。政策执行的诸多偏差和阻遏，常常来自政策客体对于政策的理解，尤其是对政策利益关系的理解。

在公布高考英语新政策之时，召开专门的新闻发布会，向社会说明新政策的背景、理由、意义、措施等，对于社会各相关方理解政策会有所帮助。

当然，政策说明应该真诚，不应利用信息不对称而故意隐瞒一些关键信息，这只会给政策带来更大的负面影响。例如某省计划改革高考英语听力考试政策，首先是停止高考英语听力考试，继而在几年后用一项社会考试的听力考试代替高考听力考试。该省在说明这些政策时，故意隐瞒相关信息，先以技术原因停止听力考试，继而以改革为理由用社会考试代替高考听力考试，这些说明只让更多人认识到该省在高考英语政策上的随意性和不负责任。

（二）政策计划

政策要执行，自然需要详细的、操作性的政策计划。政策一般是策略，不是针对任何一项具体条件设计的，更不可能预知政策执行过程中可能出现的新问题。所以，政策执行时必须在政策的基本原则下，明确各项分工，编制执行步骤，保证每一内容、每一阶段都有具体负责的政策执行者，再全面、准确地落实政策的执行方案。在我国，国家某项政策出台后，地方政策一般都会制订实施方案、实施细则，政策的最基层执行者根据这些计划执行政策。

我国在 2006 年以后一直在进行高中英语新课程实验前教师培训工作，每年教育部都会发布此项工作的文件，各省市区教育厅则根据教育部政策制定出详细的实施方案，然后交由地方教育行政部门具体组织实施。可以看出，计划是保证政策顺利和有效执行的关键因素之一。

（三）资源准备

任何一项政策的执行都需要各种必需的资源，包括物质资源，更包括社会文化资源、制度资源等。物质资源准备是保证政策执行顺利进行的经济基础，是必不可少的环节。而社会文化资源则是更加重要的，一项外语政策涉及整个国家的国民的跨文化态度，所以没有必要的社会文化资源，任何一项外语政策都是难以实施的。例如国家广播电视总局规定，在电视新闻和电视节目中禁止使用外文缩略词，如 WTO、NBA 等等，而要求必须使用世界贸易组织、美国男子篮球职业联赛等，这样的政策很快受到社会各界的批评，一是对于这些词使用汉语并不能促进汉语教学，或使用这些词也不会导致汉语作为母语地位的变化，而且 NBA 等本身就是一种约定俗成的说法，我们要抛弃约定俗成而转为规定，这本身就是与语言政策的性质不相符的。再者，外语政策应该是解决外语问题的政策，NBA 等等并没有导致汉语地位的下降，也没有导致英语的政治地位、社会地位的上升，也就是说，这并非一个严重的外语生活问题。显然，这类外语政策的社会文化资源本身存在诸多不足，从而导致政策执行的困难。

（四）政策实施

政策实施是政策执行的最关键环节，是政策的全面实践，政策实施的操作性、程序性最强，涉及面最具体、最广泛，直接面对政策客体。要保证政策目标的实现，政策实施就必须充分运用其力量。外语政策的实施甚至涉及国际关系、相关国家的利益，所以更需要慎重。

政策实施要动员一些力量开展政策行动，促进政策目标的达成，所以政策实施也是一个动员过程。在外语课程改革中，教育行政部门是政策的主体，但教师才是真正把政策转化为教学实践的主体，没有教师的实践，课程政策就只能是文本。所以，只有充分动员教师参与课程改革，课程改革政策才能顺利实施。

（五）协调与监控

政策方案是基于已有信息的预设，而实际的政策执行过程与预设可能存在很大的差异，这就要求政策执行过程中必须进行必要的政策的协调，而这种协调若导致政策目标偏离则不再是政策的执行过程了，所以执行过程中的监控必须贯穿于政策实施全过程，以此保证政策目标的实现。政策作为利益配置，在执行过程中必然出现利益纠结，协调和监控因此特别重要。

二、外语政策执行的基本手段

政策的执行必然需要一定的措施，这些措施可以归纳为法律、行政、经济、社会文化等措施，这些措施综合而言称之为政策执行的手段，也就是政策执行者为执行政策而采取的各种措施和方法。政策执行涉及复杂的利益纠结，因为政策执行手段必须具有多样性、灵活性，而且时常综合采用多种手段执行同一政策。

外语政策的执行手段主要有：

1. 法律手段

在政策制定过程中，政策合法化经常都是以法律形式赋予政策主体以执行政策的权限，所以法律手段是政策执行的首选手段。在议会制国家，法律几乎是一切政策执行的必然手段，比如美国所有重大外语政策都是用立法方式来执行的，包含重大外语政策的《国防教育法》本身就是法律，《国家安全语言计划》也是在获得相应的法律授权之后才得以实施的。

法律手段作为政策执行手段的优势在于法律的强制性、全面性，也就是说，法律是要求所有相关政策方都应严格遵守的，即使是行政主体也必须严格遵守法律规定。另外，法律具有较长时段的有效性，不会出现短时间的政令废止，人去令废等。用法律手段执行政策的不足则在于法律制定的成本，尤其是时间成本和行政成本，一项法律从调查研究到议会通过一般需要多年的时间，难以应对临时出现的问题，而且法律草案的讨论修改总是以利益妥协或者利益平衡为代价的，这导致政策成本的增加。

2. 行政手段

政策一般是由行政机构执行，所以行政手段是政策执行手段的主要形式，即使是运用法律手段执行政策也需要与之配套的具体行政措施。执行政策的行政手段就是基于行政组织的权威，采用行政命令、指示等行政方式，按照行政系统、行政层次和行政区划来实施政策的方法。采用行政手段执行政策的优点在于具有很强的执行力，因为行政机构本身就是执行机构，具有层级清晰的执行体系，可以在较短时间内开展政策的执行，实现政策的目标。行政手段执行政策的不足在于其短期效益特性，因为对行政机构的评价基本都是对其一定阶段行政绩效的评价，尤其是短期行政绩效的评价，这就导致行政机构总是追求当下的行政绩效，从而总是表现得比较急功近利。

3. 经济手段

经济利益是公共政策配置的重要利益，所以经济手段总是公共政策执行的重要手段，一般采用的有增加经济利益、减少经济利益两种方式。外语政策的经济手段主要是前者，其具体方式有对外语学习提供奖学金、对外语使用者增加工资或补助等，包括对外语使用者给予更多获得工作的机会。

美国的《国家安全语言计划》对学习其指定的关键语言的学生提供大量的奖学金，甚至包括去目的语国家学习该语言的奖学金。

在我国，外语从来都是获得高一级职称的充分必要前提之一，职称的提高意味着收入的增加，同时外语也是很多企业招聘员工的要求，有些企业并不需要某一岗位使用外语，但仍然会坚持有大学四、六级证书者优先的政策。

4. 社会文化手段

社会文化因素从来都是政策执行的天然要素，一项看起来非常合理的政策只要存在社会文化冲突，其执行就会大打折扣，甚至完全废止，因为政策的终极客体都是人，而人必然是社会文化的产物，即使有时经济利益、政治利益会影响人们对社会文化因素的坚持，但外语政策涉及更多的社会文化因素，所以社会文化的影响更为重要。

执行政策的社会文化手段主要表现为基于社会文化与政策的关联性，从强化或者弱化某些社会文化的成分，来推进政策的执行。比如我国改革开放之初，国家急需大量的外语人才，或者说外语人才政策有助于我国的改革开放，促进我国的社会转型以及国际文化交流，这时的外语政策就可以借助社会文化手段而执行。

当然，文化手段从来都是双刃剑，外语政策执行的社会文化手段更是如此，因为外语带来社会文化的变化，而并非外语带来的所有变化都是积极地，比如“愤青”与“非洋人不嫁”都不是积极的变化。

三、外语政策执行偏失与控制

政策执行是通过政策手段实现政策目标，但并非所有的政策目标都能实现，其中一个重要原因在于政策执行中可能出现的偏失。政策的各个方面都会影响政策执行目标的实现，不过导致政策偏失的最主要的有两个因素：政策目标设定与政策环境。

1. 政策目标设定导致政策执行偏失

政策执行的绩效在于政策目标实现的程度，政策目标直接影响政策执行。

政策目标严重高于政策执行的现实时，政策执行肯定会出现偏失。在政策目标设定时，政策制定者往往为了解决较多的问题、或者因为对政策执行困难的掌握不清楚，导致政策制定时把目标设定得高于政策执行的现实可能，这必然导致政策执行出现偏失。

政策目标是多种多样利益的分配和调整，在政策目标设定时，往往由于复杂的利益关系而设定试图满足多方利益的目标，但具体执行政策时，则可能出现利益分配目标无法实现，这也必然导致政策执行的偏失。

2. 政策环境影响导致政策执行偏失

在政策目标既定的情况下，导致政策执行偏失的主要原因乃是政策环境因素。政策环境因素包括资源因素（尤其是人力资源因素、经济资源因素、信息资源因素等）、社会文化因素等主要组成部分。

政策执行需要很多资源，尤其是人力资源、经济资源、信息资源等。任何一项政策都需要执行者执行，执行者对政策的理解与把握、对政策执行行为的专注与投入、执行力的强弱等等，都是政策执行的重要条件，而且越是复杂的政策越需要执行者具有较强的执行能力和较高的执行艺术。必要的经济资源从来都是政策执行的基本物质基础，尤其是需要较多经费才能执行的资源，如外语教学网络建设，这是需要较多经费支持才能得以执行的政策。

社会文化因素也是政策执行的关键因素。政策客体对于政策的认同、对于政策理念的认同、对于政策选择的利益配置方式的认同、对于政策绩效的认同等等，都涉及社会文化因素。政策的权威性是政策执行的根本保证，是政策得到政策客体认同的特殊而重要的社会文化因素。

这些因素中，我们知道，人是决定性的因素，但社会文化则是决定着人的因素，所以在深层次起着作用的是社会文化因素。

如前所述，政策执行涉及利益纠结，过程复杂，手段多样，这要求政策执行者科学、合理、有效地执行政策。

第二节　外语政策执行的模式

政策执行有着一些程式化的方法与过程，这些构成了政策制定的一些模式，如激进模式、渐进模式、等待条件模式、创造条件模式等。

激进模式就是采取激进的手段和方法，在较短的时间推进政策的执行，而渐进模式则是根据政策执行的难度，分阶段、有步骤地推进政策的执行。等待条件模式是指等待政策执行的各项条件全部具备后再执行政策，而创造条件模式则是指在政策条件还不具备的情况下，政策执行者主动创造条件，尤其是关键条件，先开始推进政策实施，一边实施政策一边完善环境和条件。我国 2001 年的小学英语课程政策从政策制定到实施不到一学年的时间，大部分教材都没有全部出版，这一政策的执行显然是激进的。一些地方在执行这一政策的过程中，总是强调不具备合格师资，从而不执行这一政策，以致这一政策开始执行的 10 年后，全国小学英语课程的开设率仍然不到 70％。这就是典型的等待条件模式。

本节下面介绍两种更具有现实意义的外语政策执行模式：渐进模式和创造条件模式。

一、渐进模式：国家《英语课程标准》教学要求实施案例

为了适应我国社会发展对进一步提高国民素质的迫切要求，我国从 2001 年正式开始新一轮的基础教育课程改革，现在越来越多的省市自治区正在进入高中课程改革。

新一轮的课程改革不仅要求根据不同年龄学生的认知规律，优化课程结构，调整课程门类，更新课程内容，引导学生积极主动学习，更要求构建符合素质教育要求的新的基础教育课程体系，要求基础教育适应社会发展和科技进步。

所以，我们对新课程的把握必须具有社会发展的维度，也就是说，我们必须基于社会发展实施课程改革。从社会发展的视角把握课程改革，课程改革的规划、实施与评价就必须基于社会发展的现状，指向社会发展的未来。

课程规划与课程评价是课程政策层面的，而课程实施则是教学层面的，是我们广大一线教师必须开展的。课程实施也是课程规划能否得以实现的关键，因为没有课程实施就不可能有真正意义的课程。

那么，我们就必须基于社会发展的现实与未来，实施课程改革。

（一）基于社会发展实施课程改革的策略

在我国这样一个幅员辽阔的多民族国家，各个地区的社会发展由于各种原因并不一致。这就势必要求各个地区采取适合本地社会发展要素的课程实施策略。

我们认为，课程实施的关键因素是如何选择与本地社会发展（现实状况与可预见的未来发展）相适应的实施途径，否则课程实施就会遭遇很大的困难。与社会发展相适应的课程实施途径，应该体现以下几个方面：[①]

1. 选择适应社会发展的课程实施目标。尽管课程计划或课程标准规定了课程目标，但课程实施目标还是可以不同于课程目标的，因为课程计划或课程标准规定的一般是长期的目标，而课程实施目标是要把长期分解为课程实施的不同阶段的目标。

2. 选择适应社会发展的课程实施内容。尽管教材可能已经编排了很多内容，但我国现在不同地区的人均 GDP 从 300 美元到 6000 美元不等，在这样一个发展不平衡的国家，而使用面向全国的教材，我们肯定需要结合本地的社会发展实际调整教学内容，也就是课程实施内容。

3. 选择适应社会发展的课程实施方法。尽管《高中英语课程标准》（实验）倡导“强调学习过程的任务型教学等教学途径”，而且我们面临着很多不同课程实施方法的选择，但各地的社会发展（尤其是师资现状、教学资源现状、教学条件现状等）并不平衡，所以我们应该选择适合本地社会发展的课程实施方法。

4. 选择适合社会发展的课程评价目标与方法。无论是形成性评价还是终结性评价，课程都离不开评价。课程评价目标与方法选择也应充分考虑社会发展的适应性，比如英语口试、英语听力的目标，以及听说与读写的分值比例关系，等等，都需要从社会发展适应性去考虑。

可以说，在课程实施中充分考虑社会发展适应性因素，非常有助于课程实施，有利于课程目标的实现，有利于课程计划的顺利推进，有利于课程评价目标的达成。

如何基于本地社会发展的实际，实施以《高中英语课程标准》（实验）为标志的英语课程规划呢？这是课程实施者必须思考的问题。

限于篇幅，本节仅以任务教学（task-based language teaching and learning approach，以任务为基础的语言教学途径，也译作“任务型教学”）为

① 鲁子问，张荣干：《中小学英语真实任务教学理论与实践》，北京：中国电力出版社，2005。

例，简要阐述如何基于本地社会发展，实施英语课程计划所倡导的任务教学途径。

（二）高中英语课程对任务教学的要求

新一轮高中英语课程改革提出：

高中英语课程要“建立新的外语教育教学理念，使课程设置和课程内容具有时代性、基础性和选择性；建立灵活的课程目标体系，使之对不同阶段和不同地区的英语教育教学更具有指导意义；建立多元、开放的英语课程评价体系，使评价真正成为教育教学的有机组成部分；建立多元、规范的英语教材体系以及丰富的课程资源体系，以保障英语课程的顺利实施”①。

对于课程实施环节的课堂教学，《高中英语课程标准》（实验）要求：“树立符合新课程要求的教学观念，优化教育教学方式。”“教师的教学理念、教学方式与教学方法要符合新课程的需要。应改变以教师为中心、单纯传授书本知识的教学模式。教师应帮助学生发展探究知识的能力、获取信息的能力和自主学习的能力。”②英语课程改革倡导采用任务型语言教学途径；同时，汲取各种教学方法中的有效形式，以形成适合我国高中学生的外语学习策略。

《高中英语课程标准》（实验）还对任务教学做出了明确的说明，提出了具体的教学建议：“英语教学中的任务指有利于学生用英语做事情的各种语言实践活动。任务的设计一般应遵循下列原则：(1) 任务应有明确的目的；(2) 任务应具有真实意义，即接近现实生活中的各种活动；(3) 任务应涉及信息的接收、处理和传递等过程；(4) 学生应在完成任务的过程中使用英语；(5) 学生应通过做事情完成任务；(6) 完成任务后一般应有一个具体的成果。”“在设计任务型教学活动时，教师应以学生的生活经验和兴趣为出发点，要有助于英语知识的学习、语言技能的发展和语言实际运用能力的提高，要积极促进英语学科与其他学科间的相互渗透和联系，使学生的思维能力、想象力、审美情趣、艺术感受、协作和创新精神等综合素质得到发展。”③

（三）影响任务教学实施的社会发展因素

我们要实施任务教学，必然需要一定的实施条件，比如师资条件，任务完成的语言环境条件等社会发展因素。

---

① 教育部：《普通高中英语课程标准》（实验），北京：人民教育出版社，2003。

② 同上。

③ 同上。

1. 师资因素

实施英语任务教学需要英语教师具有足够的运用英语的能力，因为任务活动都是语言运用活动。

但是，我国现在在职的高中英语教师在大学学习期间，都没有接受足够的运用英语能力的教育，因为大学英语课程没有相关教育内容，同时与此能力最关键的课程“语用学”到现在也没有在大学英语专业本科阶段广泛开设。

所以，我国高中英语教师只是具有不系统的、不自觉的、潜意识获得的英语运用能力。但这些能力显然与实施任务教学对英语教师英语运用能力的需求有很大的差距。比如对于 *This is a book*. 这一语句，当听到这句话的人因为年龄等原因（比如 1 岁左右的儿童）不能从外形识别 book，或者因为 book 的形式非常特别（比如竹简书、青铜铭文形式的书、如同石刻佛经形式的石刻书等）而不能从外形识别这样的 book 的时候，我们运用这一语句向对方说明所指示物是 book。即使这样简单的语句，很多教师因为没有接受相关能力培养，不能从语言运用角度去把握其运用形态。

2. 语言环境因素

任务教学是运用语言去完成真实生活任务（或指向真实生活的任务），这就需要一定的语言运用环境。而我国是一个非英语国家，在真实生活中运用英语的环境很少。

我国在真实生活中运用英语的人口比例很低。几乎只有英语专业工作人员、国际交往人员会在真实生活中运用英语。

我国使用英语的广播电台、电视台、报纸、图书并不是很多，而且其内容往往不是高中学生能够理解和运用的。

（四）我国大多数地区高中开展任务教学的步骤

那么，基于以上的社会发展因素，我们如何实施英语任务教学呢？

首先，基于我国这样一个非英语社会的现实，我们认为，我国中小学阶段的英语任务教学中的英语运用任务可以是指向真实，而不一定是完全真实的。

比如我们要求学生为了让学校提供学生喜欢的午餐，进行 *What's your favourite food?* 的调查，这个任务不可能是完全真实的，因为在我们的真实生活中，我们会使用汉语来开展这一调查，而且学校食堂的师傅也几乎肯定无法阅读我们用英文完成的调查报告。但是，为食堂午餐进行调查这个活动本身可以是非常真实的，只是我们不使用英语完成这一任务而已，所以我们把用英语完成的这一类任务称为指向真实生活的任务(real-life-oriented task)。

这一现实使我国的英语任务教学明显与国外的英语任务教学有了本质的区别。陈琳教授把我们的这种努力称为“任务教学的中国化”(陈琳，2003,第1页)[①]。我们把这种中国化的任务教学称之为真实任务教学，因为这是结合中国社会发展的真实因素设计的任务教学形态。

然后，基于我国现在的英语师资条件和我们无法让全体英语教师脱产一段时间来培养英语语言运用(最少需要三个月)的现实，我们只能分步骤实施英语任务教学，让教师在实施任务教学的过程中，不断通过开展运用英语的任务，培养自己的运用英语能力。鉴于这些教师都有良好的英语语言知识和语言技能的基础，只要在有效指导下，他们应该可以用不太长的时间，在实践中培养自身的英语运用能力，最终达到具有实施任务教学所需的英语运用能力的水平。

我们认为，对于我国绝大多数高中，可以先采用“过渡性的任务教学程序”，然后随着教师运用英语能力的迅速提高，逐步发展到采用“完全的任务教学程序”的步骤。

1. “过渡性任务教学程序”阶段

所谓“过渡性任务教学程序”是完全的任务课堂教学程序的一种变体，是我们为我国刚开始采用任务教学的英语教师设计的，是对我国大多数英语教师比较熟悉的PPP(presentation-practice-production)教学程序进行改造形成的。

这一程序由“语言学习—语用呈现—任务呈现—任务完成—任务反审”五个环节组成。

这里的“语言学习”就是presentation和practice这两个环节，而production这个环节，我们则分解成了具有任务教学特征的“语用呈现—任务呈现—任务完成—任务反审”这四个环节。

语用呈现就是向学生呈现所学语言的语用特征，尤其是完成后面的运用任务所需要运用的语言的语用要素，强调这些语言在运用上的正确性(accuracy)与得体性(appropriateness)，以此为后面的任务完成进行准备。

语言呈现阶段实际上属于任务前阶段，其中的关键是帮助学生掌握完成任务所需语言的语用内涵，进行有意识的准备。应该说，语用呈现的关键是教师准备把握教学内容的语用内涵，并根据任务的需要进行准备。

① 陈琳:《中小学英语真实任务教学实践论》,北京:外语教学与研究出版社,序言,2003。

在实际的教学中，语用呈现通常在语言学习之后采用发现、归纳、提示的方式进行，对于难以把握的语用内涵，则可以采用讲解、演绎的方式进行。

这一程序与PPP教学程序最大不同在于语用呈现，它要求教师在语言学习之后进行语用呈现。这就是说，语用呈现是这一程序是否符合真实任务教学程序的关键，若没有这个环节，我们完全可以把它看作PPP教学程序，而有了语用呈现，就可以看作真实任务教学基本程序的变体。

在很多教师已经把握这一基于现实的、具有一定的任务教学特征的过渡性任务教学程序之后，我们再要求教师按照完全的任务教学程序进行教学。

2. “完全的任务教学程序”阶段

我们所设计的完全的任务教学程序由“任务呈现—任务准备/语言学习—任务完成—任务反审”四个环节组成。

不难看出，由任务呈现，进而是任务准备、完成，最后到任务反审，体现的是一个真实任务教学课堂的时间顺序过程，而“呈现”、“准备”、“完成”、“反审”等是对这一过程中各阶段目的的描述。这一课堂教学程序是真实任务课堂教学的基本程序，也称为完全程序。

任务呈现阶段的目的是引导学生进入任务情景，理解任务要求，尤其是任务所要求的结果等。这与R. Ellis① 模式中“任务定调(framing the task)”相似，就是要给所要完成的任务定下基调，确定框架，也与J. Willis② 模式中的任务前阶段的介绍话题以及帮助学生理解任务指引等活动相似。真实任务教学强调任务呈现阶段要引导学生进入任务情景，其目的是要激活学生与任务相关的内容图式(content schemata)，以便减轻学生在任务完成阶段的认知负荷，使他们有更高质量的语言产出。任务呈现阶段另一方面也强调帮助学生理解任务要求，尤其是任务所要求的结果，这也是因为真实任务教学要求它的任务(包括真实运用任务和真实学习任务)要有明确定义的可预见的结果。显然，如果学生对任务要求的理解不明确的话，其后的各阶段也就难以实现预期的教学目的。

任务准备阶段的目的是让学生为了完成任务而进行各种内容或语言上的准备。作为一种语言教学活动，任务主要涉及两方面的准备，一是任务参与者在完成任务过程中所需要获取、处理或者表达的内容，一是任务参与者在完成任务过程中获取、处理或者表达这些内容所需要的语言知

① Ellis, R. 2003. *Task-Based Language Learning and Teaching*. Oxford: Oxford University Press

② Willis, J. 1996. *A Framework for Task-Based Learning*. Harlow: Longman.

识、技能或者能力，相应的，一般来说，前者往往是一种以意义为首要关注的任务准备，而后者则是一种以形式为首要关注的任务准备。如在一个电子邮件任务中，任务要求学生给老师写一封电子邮件告诉老师一位同学20年后可能的工作情况，为此，学生就需要在内容上做准备，包括向一位同班同学了解他/她20年后可能的工作情况；如果学生对使用英语描述一个人的工作情况存在困难，如对社会上不同职业的词汇不熟识，那他们就需要在语言上做准备，如学习相关的词汇等。

显然，有些任务准备阶段的教学活动并不绝对是一种纯粹内容上的或者语言上的任务准备活动。举"观察别人做相似的任务"为例，学生既可以从观察他人做相似任务的过程中获取到完成任务所需要的内容信息，也可以从中学习到完成任务所需要的语言知识，如词汇、结构等。对此，教师一般存在对学生的任务准备活动是否加以引导的选择；如果加以引导，教师还可以选择是引导他们准备内容还是准备语言，即是以意义为首要关注还是以形式为首要关注。

在真实任务教学中，真实学习任务是一种以形式为首要关注的教学活动，它可以围绕自身任务所要求的结果，也可以围绕一个真实运用任务所要求的结果而展开教学活动。这也就是说，在一个真实运用任务的任务准备阶段，教师可以通过一个真实学习任务引导学生为完成该真实运用任务做语言方面，即以形式为首要关注的任务准备。

任务完成阶段的目的是让学生按照任务要求完成任务，以达成任务所定义的结果。值得重提的是，真实任务教学要求区分任务的教学目的与任务的结果，这对于真实运用任务和真实学习任务都是同等重要的。对于学生来说，不管是一个真实运用任务还是一个真实学习任务，他们完成任务就是为了达成任务的结果，而对于教师来说，任务的完成更重要的是看是否达到教学目的，即一个真实运用任务的完成是希望引导出(elicit)首要关注语言意义的接受性和/或产生性语言运用，而一个真实学习任务的完成是让学生学习某一语言形式指向真实世界语言运用的有关知识、技能，以便培养学生在真实世界里运用语言的能力。

关于完成任务的要求往往是教师在设计任务的时候预先决定好的，但教师还可以在学生完成任务的同时做出一些同步的教学决定以影响任务的完成。在真实运用任务的任务完成阶段，任务的主要参与者是学生，这时教师极可能在"远处监控(Willis 1996：38)"[①]，而在真实学习任务的

① Willis, J. 1996. *A Framework for Task-Based Learning*. Harlow: Longman, p. 38.

任务完成阶段则不一样，真实学习任务是强调师生共同参与完成的，这也是真实运用任务与真实学习任务在任务完成阶段中的不同之处。

任务反审阶段的目的是提供机会让学生重新审视任务过程，包括任务的准备和/或完成过程，特别关注所运用的语言的正确性(accuracy)与得体性(appropriateness)。任务反审阶段属于任务后阶段，其中的关键是对任务过程进行有意识的反审，如对任务的完成情况进行反思，对任务过程中所出现的语言形式问题加以关注，等等。R. Ellis[①] 指出任务后阶段主要有三大教学目的：(1) 提供重做任务的机会；(2) 鼓励学生对任务的完成情况进行反思；(3) 鼓励学生注意语言形式，尤其是那些在完成任务过程中被证明有问题的。

与这三大教学目的相对应的是教师在任务反审阶段三大类教学活动，即(1)重做任务、(2)反思任务，以及(3)关注形式。显然，在实践教学中教师可以有不同的具体的教学活动选择，如 J. Willis[②] 的模式中就以任务报告作为一种任务反思的方式。另外，教师也可以对学生的任务反审加以引导，或者不加以引导。重做任务大多是没有加以引导的一种任务反审活动，而对某些语言形式的关注则往往是一种有引导的任务反审活动。

在真实任务教学中，其中一种有引导的任务反审活动是真实学习任务。与任务准备阶段相似，教师可以在真实运用任务的任务反审阶段设计相应的真实学习任务以引导学生对任务过程中出现问题的一些语言形式加以反审和学习。

表 1 真实任务教学的课堂教学程序

时间顺序阶段	目的阶段	
任务前	(1) 任务呈现	引入任务情景 理解任务要求
	(2) 任务准备	准备内容 准备语言
任务中	(3) 任务完成	达成任务结果
任务后	(4) 任务反审	有引导的反审 无引导的反审

显然，在真实任务教学的课堂教学程序中，任务呈现阶段与任务准备

① Ellis, R. 2003. *Task-Based Language Learning and Teaching*. Oxford: Oxford University Press. p. 258.

② Willis, J. 1996. *A Framework for Task-Based Learning*. Harlow: Longman

阶段都属于任务前阶段,而任务完成阶段则是任务中阶段,任务反审阶段是任务后阶段,如表1。R. Ellis[①] 曾指出,任务中阶段是任务型课堂所必需的(obligatory)一个阶段,而任务前、任务后两阶段则是非必须的(non-obligatory),但对保证任务中阶段能更有效促进语言发展起着关键的作用。这在真实任务教学的课堂也一样,即任务完成阶段是真实任务教学的课堂所必需的,而任务呈现、任务准备和任务反审阶段都是围绕该阶段而展开的。

比较 R. Ellis、P. Skehan[②] 和 J. Willis 等人所提出的模式,不难发现它们都各自有不同的侧重和切入角度。P. Skehan 的模式是基于信息处理理论提出的,J. Willis 的模式是从教学实践的角度提出的,而 R. Ellis 的模式则是对各模式的一种提炼和概括。真实任务教学的课堂教学程序模式是基于我国中小学英语教育真实因素而提出的,也是在我国中小学英语教学实践中总结出来的。

与同样是从教学实践角度提出的 J. Willis 的模式相比,颇为有趣的是,J. Willis 把任务后阶段细分成任务报告和语言聚焦两大部分,而真实任务教学则把任务前阶段分为任务呈现和任务准备两阶段,这其中有两大方面的原因。

如前所述,在真实任务教学中,真实学习任务既可以是围绕自身任务所要求的结果而展开的教学活动,也可以是围绕真实运用任务所要求的结果而展开的教学活动。显然,把任务前阶段分为任务呈现与任务准备两阶段是有利于教师较好地组织课堂教学,使真实学习任务为真实运用任务服务。

另一方面,任务型的课堂教学一开始就应呈现任务,让学生在任务的驱动下准备任务[③];如果把任务呈现阶段与任务准备阶段对调,或者不强调任务呈现阶段应在任务准备阶段之前,那么这一过程也就不是任务驱动型的教学过程。因此,真实任务教学把任务前阶段分为任务呈现阶段与任务准备两阶段是有利于教师较好地把握任务呈现阶段与任务准备阶段的先后顺序的。这对于我国对 3P 课堂教学模式以及与之相似的传统

---

① Ellis, R. 2003. *Task-Based Language Learning and Teaching*. Oxford: Oxford University Press, p. 243.

② Skehan, P. 1998. *A Cognitive Approach to Language Learning*. Oxford: Oxford University Press.

③ 鲁子问:《中小学英语真实任务教学实践论》,北京:外语教学与研究出版,2003,第13页。

课堂教学模式较为熟识的大多数中小学英语教师来说更是如此，因为如果不强调任务呈现阶段先于任务准备阶段，一位熟识3P课堂教学模式的教师就可能没有首先呈现任务，而是首先对某些他认为学生完成任务所需要的语言形式进行讲解和操练，然后再呈现任务，最后完成任务。这样的课堂也就难免像3P课堂教学模式多于任务型教学的模式，也与任务型教学的理念相去甚远，如教师讲解和操练的语言形式是教师，而不是学生自己认为在完成任务过程中所可能需要的。

真实任务教学把任务前阶段分为任务呈现和任务准备阶段的这两方面原因显然都是真实任务教学本身所要求的，但说到底也是由我国社会发展因素所决定的。

显然，这一程序与过渡性程序不同，这一程序要求教师具有比较全面的英语运用能力，能比较好地把握英语运用形态，要求学生具有完成任务的认知基础和完成任务活动的时间。

这里所介绍的基于社会发展实施英语任务教学的程序不一定符合所有课程改革学校的实际，但毫无疑问，这种“两步走”的方法符合我国大部分地区的社会发展的实际。

二、创造条件模式：S省Y县小学英语课程政策执行案例

根据2001年教育部2号文件“关于积极推进小学开设英语课程的指导意见”的要求，S省Y县从2001年开始在小学英语推进英语课程实施政策。该县作为西部贫困农村县，小学英语课程开设与实施情况是非常喜人的，其课程评价政策、课程管理政策，甚至走在了一些东部省市的前面，经验值得总结和推广。本节从课程实施政策、课程评价政策、课程管理政策三个方面对该县小学英语课程政策进行探讨。

（一）该县教育与小学英语基本情况

1. 教育基本情况

Y县位于S省西南部，是以农业为主的山区县，幅员3000平方公里，辖26个乡镇，548个行政村，总人口103万人，其中农业人口90余万。年国民生产总值44.5亿元，财政总收入1.345亿元，可支配财政在3亿元左右，全县人均纯收入2414元，是省级贫困县。

该县现有普高5所，职高公办2所，民办2所。义务教育阶段公办学校459所，其中单设初中31所，九年一贯制学校23所，小学403所，高中附设初中1所，特殊教育学校1所，义教私立学校1所，民办园100所。现有专任教师7525人（高中764人、初中2473人、小学4288人）。在校学生170,067人，其中高中15,295人、初中43,990人，小学86,278人，

在园幼儿 24,504 人。专任教师的合格率为小学 95.03%,初中 92.81%,高中 82.37%。代课教师 1214 人。小学入学率 99.9%,初中入学率 98.7%,小学辍学率 0.01%,初中辍学率 1.12%;小学毕业率 100%,初中毕业率 100%。

2. 小学英语课程现状

A. 开设

截止到 2006 年 9 月,该县 3—6 年级小学生总人数是 56,335 人,其中已开英语 29,085 人,占学生总数的 51.6%;已开英语的学校总数为 193 所,占应开学校(小学 403 所,九年一贯制 23 所)总数的 45.3%,已开学校中,乡镇学校 27 所(包括 1 所私立学校),基点学校 50 所,村级学校 97 所;已开英语年级学校所数及人数分别为三年级 174 所,8429 人,四年级 139 所,8172 人,五年级 124 所,8242 人,六年级 117 所,7660 人。

B. 课时

目前该县小学英语开课周课时数(均为长课)及学校所数为:6 课时 1 所,4 课时 11 所,3 课时 25 所,1 课时 1 所,其余学校均为 2 课时。2 课时开设的学校占已开设学校总数的 80.3%,也就是说,绝大多数已开设学校是按 2 课时开设的。

C. 教师

截止 2006 年 9 月,该县小学英语任课教师总人数是 278 人,其中英语本科毕业 6 人,英语专业专科毕业 84 人,非英语专业大专及以上学历 137 人。专职英语教师 40 人。若所有学校开齐,小学英语教师缺口是 305 人。

D. 教学

我们先后听了 8 节小学英语课,其中由县城小学英语教师执教的 5 节,农村小学英语教师执教的 3 节,其中村级小学 1 节。

总体而言,该县小学英语课堂教学理念先进,方法得当,活动丰富,教师认真,学生积极,效果较好,处于我国农村县区小学英语教学的先进水平。

(二) 该县积极创造课程实施的条件

该县特别重视小学英语课程,形成了积极的课程开设、教师教育等课程实施政策,对农村县区具有示范意义。

1. 积极开设小学英语课程

根据教育部“积极推进小学开设英语课程”的要求,该县从 2001 年开始开设小学英语。县教育局把小学英语课程的开设作为推进素质教育的重大举措来抓，积极开设和推进小学英语课程的开设。

为了保证小学英语课程的顺利开设，该县根据实际情况，陆续出台了相关政策，该县教育局以宜县教[2001]27号文件的形式，向全县下发了“Y县小学英语开课建议”，使得该县能按照教育部的要求，从2001年秋季起，在26个中心学校和部分基点校从三年级起开设小学英语。该县不断促进小学英语课程开设，到2006年秋期，该县3—6年级45.3%的小学开设了英语，3—6年级51.6%的小学生在学习英语。

该县不仅开设小学英语课程，而且积极促进小学英语教学。该县在小学英语教学中坚持课程标准倡导的教学理念，采取兴趣为主的教学方法，为学生终身学习奠定基础。各校积极为学生创造良好的英语学习的氛围，小学生们对小学英语的学习很感兴趣，不但在课堂上认真学习，还积极参加课外兴趣小组的活动，学生们在各种竞赛中也取得了很好的成绩。

积极的课程开设政策使得该县的英语学科在近几年有比较大的进步。

2. 认真开展小学英语教师教育

该县教育局领导和英语教研员提出，“小学开设英语课程，师资是关键，也是瓶颈。要开好小学英语课程，首先要解决好教师问题，一是数量，二是质量。”为保证该县小学英语教学质量，使小学英语工作能顺利地、高起点地开展下去，该县进行全面开展转岗英语教师等小学英语教师的上岗培训、在职培训工作，促进了小学英语课程的巩固与进一步开设。

(1) 全面开展教师岗前培训

该县2003年被确定为省级课改实验区，为此获得一定的课改经费。县教育局从经费中挤出一部分用于小学英语教师的岗前培训，并组织了考试，规定考试合格者才能上岗。

该县坚持“先培训，后上岗，不培训，不上岗”课改培训原则，并创造性地提出了“培训不合格，不上岗”的刚性要求，培训和上岗实行“培训—考试—合格—上岗”系统管理。

在培训工作中，该县注意研究和处理好了通识培训和学科培训的关系。先通识培训，更新教育观念，再学科培训；整个培训以通识培训为前提，以学科培训为核心，通识和学科统筹兼顾，使教师受到整体培训。

教师培训做到了“早、细、精、严、理”。教师培训抓得早。2002年9月，教育局投入20余万元为全县7000多名教师征订《课程标准》及《课程标准解读》。2002年和2004年，该县共举办了2个“小学英语教师资格班”（以下简称“资格班”），每班 55 人，由“资格班”培养的教师约占该县小学英语教师总数的 40%，其中大多数现在已经成长为骨干教师。2002 年该县还与当地大学合作，开办了 2 个小学英语师资班，为大面积开课做好了师资储备。培训安排细。提前确定培训参与者，健全机构，明确职责、纪律，妥善安排好培训时间、地点。培训队伍精。挑选教师精英，特别是一线学科带头人中参加过上级培训的优秀教师，还请了一名外籍教师对参训教师进行培训。培训考试严。所有报名参加“资格班”的教师都必须通过笔试、面试的方式予以录取，所有资格班的参培教师均参加了结业考试（笔试、面试），第一期考试不合格的 2 名教师参加第二期的培训和考试。第二期的参培教师合格率达 100%。课程设置科学合理。每期“资格班”的课程设计除了专业课（听说读写），还开设了新标准英语教材分析、课堂教学方法与技巧、教学实践、英语歌曲歌谣、英美文化习俗等课程，培养和提高教师的综合素质。

教师培训促进了小学英语课程开设。该县不但在全市率先大面积开设教学英语，让教师很快站稳了讲台，还让教师很快成为了市、县的教学骨干，多名教师在全国获奖。此次听课中，在村级小学任教的教师就是经过“资格班”培训的教师，其教学方法、教学智慧不亚于很多大城市的小学英语教师。

（2）积极开展教师在职培训

该县坚持“实验—培训—提高”的课程改革实验工作要求，走“研训结合”的上岗培训之路，把住课堂实践这个重要关口，把工作做实、做细、做到家。

从 2001 年起，该县开展了免费为小学英语教师进行送教下乡的“月月培训”活动，其具体做法是：将全县分为两个大片，利用周五至周一的时间分片培训，每片两天。每次培训均采取该县英语教研员专题讲座—教师集体备课—片区教师上课 3 节—集体点评—教师反思的方式，不但让教师们提前备好了课，还让他们在理论上得到了提高，明明白白地教学（知其然，还知其所以然）。这种培训活动以课例为载体，分析讨论教学实验中存在的问题，共同提出修改意见，有效地提高了教师参与课改的实际教学能力，形成了“教师教学行动跟进研究”的模式，促进了教师群体的共同成长，培养了一批教坛新秀。

由于该县 2/3 的教师都是转岗教师，为了保证学生的学习质量，该县于当年 7 月开办了为期一年的“小学英语教师口语培训班”，共有 40 名教师参加了培训，他们于次年 7 月前参加考试，合格者获得结业证。

该县还充分利用已有的现代教育技术，进行教师教育。该县在全市率先开通视频会议系统，成功申报并使用了全国农村中小学远程教育试点县项目模式三，共装备计算机网络教室68间，计算机2108台、多媒体投影室68个。通过远程教育工程，该县已基本实现全县各级各类学校都互联互通，资源共享。该县英语教研员经常利用全县教育视频会议系统，进行教师不出乡的教师培训，让教师到乡镇视频会议室，观看通过县教育视频会议系统进行的全县统一培训。

同时，该县正在制定“提升计划”，计划用五年时间，全面提升英语教师的专业水平和教学能力。

3. 先进的课程评价政策

评价是引导课程改革的关键，该县大胆实践，积极探索评价改革，用积极的课程评价政策引导小学英语课程实施。

早在2002年1月11日，该县教育局以宜县教研[2002]3号文件的形式，向全县下发了“Y县小学英语评价建议”。2004年教育部评价项目组专家来该县指导时指出，该县在2002年1月就提出这样内容全面、方法科学的评价建议，这在当时在全国都是处于领先地位。该县于2004年开始了对小学英语的终极性评价的试点工作（部分中心学校），并通过试点引路、理念渗透，得到了扎实推进。去年在全部中心学校进行，今年在基点校以上的所有学校进行，此项工作为该县的小学生达到国家《英语课程标准》的要求打下了很好的基础。

该县的小学英语评价研究成果在全国形成广泛影响：课题论文“小学英语终结性评价试卷的设计原则——以Y县小学六年级英语终极性评价试卷为例”于2005年被四川省教育科学研究所评为“四川省中小学外语教育教学优秀论文一等奖”，随后在“全国《英语》（新标准）小学英语教学研讨会论文评比”中又荣获一等奖，并代表所有论文获得者在大会上发言，在中国教育学会外语教学专业委员会第十三次学术年会上宣读论文，得到中央教科所、教育部考试中心等专家的高度评价，认为该县的小学英语评价已经达到了全国先进水平。

现在，该县已经把小学英语列为与语文、数学一样每学期进行评价的课程，而且与语文、数学的评价权重一样。

该县的小学英语课程评价政策促进了小学英语课程的开设。在调研中，我们多次听到乡镇教育管理部门和学校告诉我们，他们非常重视县里对乡镇和学校小学英语课程的评价。

4. 有效的课程管理政策

该县把小学英语课程开设情况与评价情况作为教育管理的一个重要

手段。

该县在教学抽考中，从每个乡镇抽调小学英语评价试卷到县里进行统一评卷和分析，发现问题及时处理，不仅就教学问题作出处理，而且以此对学校、片区教育管理部门（该县把全县 26 个乡镇划分为 5 个教学片区，教育局给每个片区派出 2 名专职教育管理人员，编制属于教育局）进行评价，而且实施“小学英语一票否决”制度。

2005 年，我们前去调研的片区其中一个班抽考成绩全部为零，因为该班教师因病请假一个学期，导致该校小学英语停止了开设（乡村很多小学只有一个英语教师，甚至多个小学共有一个英语教师）。县教育局领导决定对该片区全年评价实行“小学英语一票否决”，后来该片区主管教育领导承诺 2006 年秋大面积开设村级小学英语，才得以过关。2006 年秋，该乡镇为 16 所村级小学开设了小学英语课程。显然，该县有效的课程管理政策促进了该县小学英语课程的开设。

总体而言，该县小学英语课程政策积极，教学质量较好，是西部农村县区小学英语教学的一个典型案例。

第五章　外语政策评价

政策有着明确的目标，实现政策目标是政策的内在本质要求，也是政策的自身使命。政策过程中必然包括政策评价，因为只有开展政策评价，政策是否实现目标才能得到判断，从而才能基于这一判断决定是否延续、调整或终结这一政策；同时，开展政策评价还可以总结政策制定与执行的经验教训，从而提高政策绩效。

第一节　外语政策评价标准

政策评价要判断政策目标是否实现，需要对政策评价内涵的准确把握，需要合理的评价方法和程序，更需要特定的评价标准。

一、外语政策评价的内涵

根据美国著名公共政策学家安德森等学者的解释[①]可知，政策评价是基于特定的政策评价标准和合理的政策评价方法与程序，以评价政策过程、决定政策是否延续或改变与终止为目标，对政策是否实现预设目标、及其效率及价值进行的分析判断。其内涵表现在以下层面：政策目标是否实现，是否达到预设绩效；政策评价既对政策结果进行评价，也对政策方案、政策执行进行评价；政策评价并不回避政策偏失，反而通过评价确定政策是否需要调整、修正甚至终止。

对外语政策的评价应评价外语政策的目标是否实现，以及外语政策的制定、执行是否合理，是否偏离政策目标。

对于政策的绩效目标，一般包括以下不同的目标：直接目标、伴生目标、潜在目标。直接目标就是政策方案中设计的、在政策执行过程中直接形成的目标。伴生目标是政策执行过程中与直接目标的实现过程相伴而形成的非预设的目标，这些非预设目标有些可能是在政策设计中已经预计到的目标但并非直接目标，也有一些可能是完全意外达成的目标，有些伴生目标可能是功能性的，有些可能是象征性的。潜在目标则是在政策

---

① [美]詹姆斯·E·安德森：《公共决策》，北京：华夏出版社，1990，第183页。

制定与执行的当时没有实现的目标，而在之后相当长的一段时间里表现出来的绩效。

二、外语政策评价的类型

对于政策的评价，可以从其过程分别进行政策方案评价、政策执行评价、政策绩效评价以及元评价（对评价本身的评价）；也可以从评价者与政策系统的关系分为内部评价与外部评价。

对政策方案的评价是在提出与分析政策问题、形成政策备选方案之后，对备选方案进行评价，选择确定实施方案的活动。对政策执行过程进行评价则是在政策执行过程中对执行的各方面进行评价，以确保全过程指向政策的目标。对政策绩效评价是政策执行结束后对政策效果的评价，以发现政策目标是否达到。对政策绩效进行评价是最主要、最常见的政策评价类型。

政策的内部评价是由政策执行者内部对政策进行评价，这种内部评价既可以是专业政策评价人员实施的评价，也往往是非专业人员的评价。政策的外部评价则是由政策执行者之外的、通常为专业政策评价人员进行的政策评价。政策内部评价对政策相关利益、执行过程等详细清楚，但评价难以客观。政策外部评价比较客观，但评价者对政策本身的把握则可能不如内部评价者掌握准确，因此，内部评价与外部评价应有机结合，取长补短。

三、外语政策评价标准

政策评价实质上是一种价值判断，而要进行价值判断，就必须建立相应的价值尺度，即评估标准。它是政策评价者在政策评价过程中据以对政策方案和政策效果进行优劣判断的准则。

要评价政策目标是否实现，甚至对政策究竟是好是坏进行价值判断，需要科学的政策评价标准。

基于政策评价的一般标准，外语政策评价标准应包括以下内容：

1. 绩效。政策执行的绩效就是政策设定目标实现的程度，所关注的是政策的实际效果是否与预定目标相符合，是否在大多程度上实现了政策方案的预设目标，出现或存在哪些目标偏失。评价政策绩效时，政策目标要明确，绩效分析要全面。外语社会政策的绩效则在于其对于外语生活的目标是否实现，外语教育政策的绩效在于其对于外语教育的目标是否实现。

2. 利益。政策是一种利益配置，所以利益是政策评价的重要标准。政策目标如何进行利益配置，政策执行如何实现利益配置，都是政策评价的内容。评价政策的利益时要分析利益的相关性。外语政策的利益配置往往比一般政策复杂，因为有可能涉及的只是一部分人、而不是所有人的利益的政策。

3. 效率。任何政策都需要效率问题，不能用十年时间执行本应一年完成的政策目标，政策效益与政策投入之间的比率要合理。对政策效率的评价标准有两个方面，一是绩效最大化，二是成本最小化。外语政策的绩效可能比较容易评价分析，但其成本，尤其是学习者的学习成本、学习者花过多时间和精力学习外语而导致其他方面利益减少而形成的学习成本，都比较难以计算。

4. 公平。政策的利益配置要求以公平为原则，因为公平本身是社会的价值所在。任何好的政策都应努力追求公平的利益配置。当然，公平必须兼顾效率，只有公平基础上的效率才是真正的效率，只有效率基础上的公平才是有意义的公平。外语政策与无论哪一领域的公共政策一样，应该促进社会公平。

5. 发展。发展是社会的永久主题，对政策进行价值判断，关键要看政策在多大程度上促进了社会的进步发展。促进社会发展是外语政策的内在功能，显然发展是外语政策的重要内容。

第二节　外语政策评价模式

自人类有政策以来，就一直有着政策的评价，所以说，政策评价的经验非常丰富。丰富的经验为政策评价带来了丰富的政策评价模式，主要的政策评价模式有三大类：绩效模式、经济模式和职业模式。绩效模式又分为目标达成评价、附带效果评价、目标无涉评价、用户导向评价、利益相关和综合评价的模式。经济模式分为生产力模式和效率模式。职业模式采取同行评价方法。

基于外语政策的特性，可以采用的政策评价模式主要有：目标达成评价模式、利益相关评价模式和综合评价模式；可以采用的经济模式主要有：效率模式。同行评价的职业模式是一种专家模式，这里不呈现。

本节从五个案例分别说明目标达成评价模式、用户导向模式、利益相关评价模式、综合评价模式和效率评价模式。

一、目标达成评价模式：以高考英语分省命题政策评价为例

目标达成模式是政策评价的经典方法，主要分析政策目标是否达成，政策结果是否政策方案所致，前者是重点。这一模式运用非常简单，主要

有三个步骤：首先明确政策方案所预设的目标；其次分析这些预定目标是否实现；最后进行归因分析，分析导致这些目标实现或者偏失是否政策方案所致。

高考分省命题政策是国家为促进高考改革而制定的新政策，其中涉及外语高考政策，因为高考分省命题中英语是主要的分省命题学科之一。这里以此为对象，运用目标评价模式，对这一政策进行分析。

国家为了通过高考促进国家利益的实现，不断推进着国家高考政策的发展，其中包括不断进行适应社会发展需要的改革。1998—2008 年的十年间，几乎每年都有比较重大的高考政策出台，从 5 学科到 3＋1 或者 3＋X 的科目设置改革、考试时间从 7 月提前到 6 月的改革、统一命题到统一命题与分省命题相结合等，都是影响很大的政策。然而我国高考政策变革过于频繁，甚至出现一年一变的情形，如有些省的高考科目设置就出现 3＋X、3＋综合＋X、3＋综合等不断的变化。政策出现如此快速变化的一个重要原因是政策的效果没有达到预期的目的，从而不得不不断地进行变化与调整。

分省命题政策从 2004 年扩大实施范围，到现在已经扩大到 16 个省市，是十年来执行时间最长、范围最广的高考改革政策之一。该项政策的效果如何，是一个值得进行评估的问题。本节以 H 省自主命题政策以及自主命题英语试卷的效度为例进行分析，探讨外语考试政策实施的效度问题。

（一）高考分省命题政策效果评估的内涵与方法

我国的高考政策是国家面向全国公众，为了高校选拔合格新生从而为国家选拔人才的考试政策，属于公共政策领域。在公共政策视野，考试政策是考试权力机构，为了考试事业的发展或为了解决考试活动中已经存在或可能出现的问题、实现考试相关的公共利益，根据历史条件和现实情况制订的考试行动过程方案。[①] 考试政策包含考试发展政策（考试改革政策等）、考试实施政策（试题命制政策等）、考试管理政策（考生资格政策等）等。

公共政策评价是政策评价主体依据设定的政策目标，通过相关的评估程序，分析公共政策制定、实施等各个环节，对政策效果进行评价，以判断政策目标是否实现或实现程度的活动。政策效果指的是政策在多大程度上实现了预期的目标。它通过对预期政策目标与实际政策结果的差距

① 鲁子问：《国家·考试·人》，武汉：湖北人民出版社，2006，第 89 页。

来分析确定。[1] 对政策效果进行调查分析有利于促进政策的科学化，有利于合理配置政策资源，同时也是决定政策未来走向的重要依据。

政策评价是一个动态的过程，在调查分析过程中，须用多种科学的评估方法，以使评估的结果更具有准确性和科学性。从某种意义上讲，评估的成功往往取决于科学的方法。政策效果分析评估常用方法有四种：(1) 前后对比法[2]，就是将政策执行前后的有关情况进行对比，从中测度出政策效果及价值的一种定量分析法。它通过大量的参数对比，使人对政策执行前后情况的变化一目了然，不仅可以帮助人们了解政策的准确效果，还可以帮助人们认识政策的本质和误差。(2) 对象评定法，就是由政策对象通过亲身感受和了解对政策及其效果予以评定的方法。由于政策对象既是政策的承受者，又往往是政策活动的主体，他们对政策的成败得失有切身感受，因而最有评价发言权。这种方法往往需要通过抽样的形式进行，并根据具体情况确定调查的规模和程度。(3) 专家判断法，就是组织专家审定各项关于政策的记录、观察政策的执行，对政策对象和以前的政策参与者进行调查，与执行人员及其工作人员交换意见，最后撰写评估报告，鉴定政策的成效。(4) 自我评估法[3]，就是政策执行人员对政策影响和实现预期目的的进展情况进行自我评估。这四种方法各有特点，评估者可以根据某项政策的特点选择一种或多种方法进行调查研究。

我们曾采用对象评估法，在 H 省进行调查分析，对高考分省命题政策进行评估。

（二）高考分省命题政策实施现状

分省命题，古已有之。古代西周的选士制和汉代的察举制，就有按人口比例贡士的尝试。科举制诞生之后，从宋代的“逐路取人”到明、清的“分卷(南、北、中)施考、分省录取”，以及民国时期的分区考试，都可以说是“分省命题”的雏形。

1949 年以后，我国的高考制度也可看做是一部“统”(统一命题)“分”(分省命题)史。在 1952 年建立全国统一高考之前，就有了分校命题(各高校自主命题)、分区命题(六大行政区[4])等形式，只不过没有分省命题之名，但已有分省命题之实。即使在建立统一高考制度之后，1958 年也实行过分省命题，但只实施了一年。1977 年恢复高考时，因来不及准备，

---

① 张国庆：《公共政策分析》，上海：复旦大学出版社，2004，第 336 页。

② 张金马：《政策科学导论》，北京：中国人民大学出版社，1992，第 264—266 页。

③ 陈振明：《政策科学》，北京：中国人民大学出版社，1998，第 359—360 页。

④ 六大行政区是指：华北区、东北区、西北区、华东区、中南区、西南区。

只好实行分省命题，但由于存在诸多弊端，在 1978 年又恢复全国统一命题。1985 年上海开始高中毕业会考与高考科目设置改革的试验，上海高考单独命题。2002 年北京也开始实行自主命题，2004 年分省命题省市增加 11 个，到 2006 年，全国实行分省命题的省份已达 16 个，涉及的考生占全国考生的 65%左右，分省命题格局已基本形成。

2006 年以来的高考分省命题的详细情况如下：

表 1　高考分省命题情况一览表

省市名称	自主命题考试科目	全国统考科目
北　京	语文、数学、英语、文科综合、理科综合	
上　海	语文、数学、英语、综合能力测试、物理、化学、生物、政治、历史、地理	
天　津	语文、数学、英语、文科综合、理科综合	
辽　宁	语文、数学、英语	文理综合、日语、俄语等其他外语语种
江　苏	语文、数学、英语、物理、化学、生物、政治、历史、地理	
浙　江	语文、数学、英语	文科综合、理科综合
福　建	语文、数学、英语、文科综合、理科综合	
湖　北	语文、数学、英语	文科综合、理科综合
湖　南	语文、数学、英语	文科综合、理科综合
广　东	语文、数学、外语、物理、化学、政治、历史、生物、地理、英语(2)、综合能力测试	
重　庆	语文、数学、英语、文科综合、理科综合	俄语、日语
江　西	语文、数学、英语	文科综合、理科综合
山　东	语文、数学、英语	文科综合、理科综合
安　徽	语文、数学、英语	文科综合、理科综合
四　川	语文、数学、英语、文科综合、理科综合	
陕　西	数学、英语	语文、文科综合、理科综合

可以说，1949—1985 年的分省命题有不得已的原因，是偶然现象，是特殊政策；1985—2004 年的分省命题是个别现象，是改革试点，是改革政策；那么 2006 年至今的分省命题则已经成为一种常态政策。

（三）分省命题考试政策的目标

政策目标即政策制定者所期望的通过政策实施所达到的解决问题的社会效果或所要避免的消极社会影响，它是政策的灵魂，也是实施、评估政策方案的出发点。一般而言,制定政策总是为了达到一定的目标,不会有无的放矢的政策。

高考分省命题政策的出台是在2004年,而"教育部关于印发《普通高等学校招生全国统一考试分省命题工作暂行管理办法》的通知"2006年4月才正式颁行,刊登在《中华人民共和国教育部公报》2006年第10期(总第208期)上:

教育部关于印发
《普通高等学校招生全国统一考试分省命题工作暂行管理办法》的通知

为进一步加强分省命题工作的管理,规范命题工作的组织实施,现将《普通高等学校招生全国统一考试分省命题工作暂行管理办法》印发给你们,请遵照执行。

第一章 总则

第一条 为进一步加强普通高等学校招生全国统一考试(以下简称全国统考)分省命题工作的管理,规范命题工作的组织实施,依据《中华人民共和国教育法》、《中华人民共和国高等教育法》、《中华人民共和国保守国家秘密法》等法律法规和有关文件,特制订本办法。

第二条 全国统考是国家为普通高等学校录取新生而举行的选拔性考试。全国统考命题工作由教育部统筹安排,实行全国统一命题与分省命题相结合。

第三条 分省命题工作按照有助于高等学校选拔人才、有助于中等学校实施素质教育和有助于扩大高校办学自主权的原则实施,同时,要有利于考试的科学公正、安全高效与准确规范。

第四条 分省命题是在全国统考的框架内,由教育部授权,由有关省、自治区、直辖市教育行政部门,根据《普通高等学校招生全国统一考试大纲》(以下简称《考试大纲》)自行组织命题工作。《考试大纲》由教育部考试中心负责制订。

……

从以上《通知》中可知,分省命题是在全国统考的框架内,由教育部授权,由有关省、自治区、直辖市教育行政部门,根据《普通高等学校招生全国统一考试大纲》(以下简称《考试大纲》)自行组织命题工作,《考试大纲》由教育部考试中心负责制订。

《通知》第三条明确说明分省命题政策的目标:有助于高等学校选拔

人才;有助于中等学校实施素质教育;有助于扩大高校办学自主权,有利于考试的科学公正、安全高效与准确规范。这些是高考分省命题政策明确宣示的目标,是该项政策的显性目标。当然,高考分省命题考试政策也有促进社会稳定、降低政策风险等隐性目标,不过本节不作讨论。

(四)高考分省命题政策效果调查分析

政策效度指的是政策在多大程度上实现了预期的目标。它通过对预期政策目标与实际政策结果的差距来分析确定。[①] 对政策效度进行调查分析有利于促进政策的科学化,有利于合理配置政策资源,同时也是决定政策未来走向的重要依据。它是一个动态的过程,在调查分析过程中,须用多种科学的评估方法,以便使评估的结果更具有准确性和科学性。因此,在调查分析 H 省 2007 年高考命题政策效度之前,有必要探讨一下公共政策效度分析的一般方法。因为从某种意义上讲,评估的成功往往取决于科学方法。

政策效度分析方法是政策评价者在进行政策评价过程中所采用的方法的总称。从目前情况看,常见的评估方法有以下四种方法:1. 前后对比法。它是政策效度分析的基本方法,是政策效度调查分析的基本思维框架,其他一切方法都是在这种方法的指导下进行。对比法是将政策执行前后的有关情况进行对比,从中测度出政策效果及价值的一种定量分析法。它通过大量的参数对比,使人对政策执行前后情况的变化一目了然。不仅可以帮助人们了解政策的准确效果,还可以帮助人们认识政策的本质和误差。[②] 2. 对象评定法。这是由政策对象通过亲身感受和了解对政策及其效果予以评定的方法。由于政策对象既是政策的承受者,又往往是政策活动的主体,他们对政策的成败得失有切身感受,因而最有评价发言权。因此,要做好评估工作,必不可少的环节和方法之一就是争取政策对象对评估工作的积极支持,认真倾听,研究他们对政策效果的评价。[③] 这种方法往往需要通过抽样的形式进行,并根据具体情况确定调查的规模和程度。3. 专家判断法。组织专家审定各项关于政策的记录、观察政策的进行对政策对象和以前的政策参与者进行调查,与执行人员及其工作人员交换意见,最后撰写评估报告,鉴定政策的成效,这也是政策评价的有效方法之一。[④] 4. 自评法。这是由政策执行人员对政策影响

① 张国庆:《公共政策分析》,上海:复旦大学出版社,2004,第 336 页。
② 张金马:《政策科学导论》,北京:中国人民大学出版社,1992,第 264—266 页。
③ 陈振明:《政策科学》,北京:中国人民大学出版社,1998,第 359 页。
④ 陈振明:《政策科学》,北京:中国人民大学出版社,1998,第 360 页。

和实现预期目的的进展情况进行自我评估。由于执行人员亲身参与政策实施的过程，对政策的来龙去脉比较了解，对政策环境、政策对象、政策过程也比较清楚，掌握比较充分的政策信息和第一手资料，因此有可能及时而充分地评估、判断一项政策的效果。[①]

当然，各种评估方法各有特点，互有短长，评估者可以根据某项政策的特点选择一种或多种方法进行调查研究。本论文主要采用对象评定法对 H 省高考命题考试政策进行调查研究。

1. 调查背景

2004 年 2 月教育部决定扩大分省组织高考命题的范围，即在上海、北京自行组织高考命题的基础上，增加天津、辽宁、江苏、浙江、福建、湖北、湖南、广东、重庆九个省市分别自行命题。这是我国高考命题方式改革的一个重大举措，标志着中国高校招生入学考试实行统一命题这个已经延续了半个世纪的方式，迈出了实质性改革的一步，但这项考试政策从实施以来，就一直伴随着人们的质疑。因此，对高考分省命题考试政策效度进行研究有利于平息“高考分省命题是否有助于高等学校选拔人才、有助于中等学校实施素质教育和有助于扩大高校办学自主权，同时，有利于考试的科学公正、安全高效与准确规范”的争论。更进一步地，对于管理者来说，有利于引导舆论客观地评价高考改革；对于研究者来说，有利于在这一判断的基础上进行更深层次的探究；对于高考命题者来说，有利于明确下一步努力的方向；对于政策决策者来说，有利于今后提高考试政策科学化、民主化的水平。

2. 调研方法

(1) 样本选择

样本的选择要具有可行性、科学行、全面性、代表性和均衡性。因此，在选择样本时，主要从以下几个方面进行选择。

A. 年份的选择。本研究选取 H 省 2007 年的高考自主命题进行分析。因为到 2007 年为止，H 省高考自主命题已有 4 年的命题经验，有着较为完善的命题管理体制和运行机制。对此进行分析，具有较高的信度。

B. 地区的选择。结合样本的代表性与调研的可行性，本节选取了 H 省 W 市、J 市、G 县三个地区作为调研的对象，这三个地区分别代表副省级、地市级、县级三个层次，这样就具有一定的代表性。

C. 学校的选择。本研究主要选取了高中和大学。其中高中有副省

① 陈振明：《政策科学》，北京：中国人民大学出版社，1998，第 359 页。

级、地市级、县级三个不同层次；大学有国家 211 大学、地方院校、高职高专院校以及主要针对高考落榜生而举办的民办高校。(见表 2)

表 2　所选择的学校　(单位：所)

高中			大学			
W 市	J 市	G 县	211 学校	地方院校	高职高专	民办高校
1	1	1	2	2	2	2

D. 对象的选择。本研究主要采用抽样的方法，这种方法的优点在于实施便利、易于组织、省时省力，因而它适合大规模的调查研究。本研究所抽样调查对象有高中生、大学生(主要是大学新生)、中学教师、中学校长、高校教师、高校招办人员、学生家长。因为他们对高考关注较多。

E. 样本总量与样本分布。在 H 省范围内共选取 550 份有效问卷。按身份划分，学生问卷 380 份，教师问卷 110 份，校长问卷 10 份，学生家长问卷 30 份，高校招生人员 8 份；按地域划分，副省级问卷 142 份，地市级问卷 142 份，县级问卷 142 份，另外高校问卷 112 份。(详见表 3)

表 3　样本分布图　(单位：人)

学生						
高中学生			大学生			
W 市	G 市	G 县	211 学校	地方院校	高职高专	民办高校
100	100	100	20	20	20	20
教师						
高中教师			大学教师			
W 市	J 市	G 县	211 学校	地方院校	高职高专	民办高校
30	30	30	5	5	5	5
校长						
中学校长			大学校长			
W 市	J 市	G 县	211 学校	地方院校	高职高专	民办高校
2	2	2	2	2	2	2
学生家长及高校招办人员						
学生家长			高校招办人员			
W 市	J 市	G 县	211 学校	地方院校	高职高专	民办高校
10	10	10	4	4	4	4

(2) 材料

本研究采用自编问卷进行抽样调查。该问卷共 8 个问题，其中 1—7

个问题是封闭性的，1—6 个问题主要用来了解调查对象对 H 省高考自主命题是否实现了教育部考试中心所提出的 6 个目标；第 7 个问题主要用来了解人们对高考分省命题考试政策的总体评价；第 8 个问题是开放性的，主要是用来了解调查对象对高考分省命题是否还有其他的评价。

(3) 结果统计

为了保证问卷调查的有效性，在调查之前进行统一的讲解，要求每一个被调查的对象认真、坦率、真实地回答每一个问题，回答无所谓正确与错误之分。问卷回答完后当场回收。结果输入 Excel 2003 统计软件进行数据整理分析。

(五) 调查结果与分析

教育部考试中心提出：高考分省命题工作按照有助于高等学校选拔人才、有助于中等学校实施素质教育和有助于扩大高校办学自主权的原则实施，同时，要有利于考试的科学公正、安全高效与准确规范。实践是检验真理的唯一标准。下面我们将通过实证材料来分析这项考试政策效度。

1. “有助于高等学校选拔人才”目标效度分析

高考是为高校招生而设立的考试，其根本目的是为高校选拔合格的新生提供依据。也就是说，高考本质上是一种测量工具，它要求能有效地测量考生的知识、技能与能力，选择符合高校培养目标的考生。那么，究竟什么样的考生符合高校的培养目标呢？这要从大学的主要功能说起。现在大学主要由注重教学功能向教学、科研、与服务三位一体的多功能转变，也就是说，高校的主要功能是“传递知识、发展科学文化和直接为社会服务”这三大功能。[①] 稍加分析我们不难推出：只有能够选拔出有利于实现高校功能的考生才符合高校的培养目标，而这些考生应该具备的素质特征为：(1) 良好的非智力素质[②]。① 良好的品德。包括良好的社会行为习惯以及良好的合作意愿；② 完美的人格和个性，强烈的创新意识和批判精神；③ 良好的学术倾向；④ 坚强的意志。(2) 良好的智力素质[③]及其相关素质。① 良好的智商(IQ)；② 自然科学知识；③ 人文科学知识；④ 良好的智力和能力素质。其一是能够运用智力对知识进行描述、推理、认知、判断以及整合等方面的能力，即运用这些知识观察、分析以及解决问题的综合能力；其二是动手操作或实践的能力。(3) 良好的身体素

① 郑红文：“我国高考科日及内容设置的三大依据”，《北京理工大学学报》，2002 年第 2 期。

② 欧阳友权、刘泽民：《国民素质论》，长沙：湖南人民出版社，1998，第 251 页。

③ 姜晓辉：《智力全书》，北京：中国城市出版社，1997，第 504 页。

质。我们经常说“德育不好出危险品，智育不好出次品，体育不好出废品”。可见，良好的非智力素质和身体素质是多么的重要。据调查显示：大学新生在综合素质方面最欠缺的是道德素质，其次是心理素质。“马加爵事件”不就是最好的证明吗？鉴于诸多技术和社会因素的限制，目前在我国无论是H省自主命题还是全国统一命题，都是大规模的纸笔测验，无法检测考生的非智力素质和身体素质；而且其命题的内容完全是以学科体系知识为主，以适应学术性大学选拔新生为主要目的，很难以满足不同类型、不同层次的大学根据自身的培养目标、学科构成及培养方式选拔新生的需要。在这种情况下，即使命题质量非常高，恐怕也很难说高考分省命题在多大程度上实现了有利于高校选拔人才。即便有，也不是高考分省命题的功劳，全国统一命题也一样能实现这一目标。就“高考分省命题是否有助于高等学校选拔人才”这一目标效度，我们在H省随机抽样调查了2所211学校、2所地方院校、2所高职高专和2所民办学校的校长、教师和招生工作人员。调查样本分布见表2。从图1中可以看出：在受访的8位校长中，有25%的大学校长认为高考分省命题完全有助于或基本有助于高校选拔人才，而有近75%的大学校长认为高考分省命题不太有助于或完全无助于高校选拔人才；在受访的16位高校招生人员中，仅有12.5%的高校招生人员认为高考分省命题完全有助于或基本有助于高校选拔人才。在受访的20名高校教师中，有70%的高校教师认为高考分省命题不太有助于或无助于高校人才的选拔，可见，高考分省命题考试政策在“实现有助于高校选拔人才”这一政策目标上的回应度是不高的。

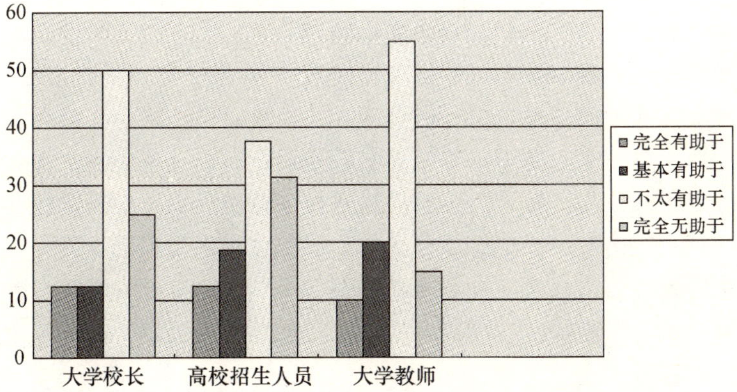

图1　关于“高考分省命题是否有助于高校选拔人才”的调查

2.“有助于中等学校实施素质教育”目标效度分析

实施素质教育既是新时期教育工作的战略目标,也是一项紧迫而艰巨的历史任务。素质教育的最终目标是使每一个受教育者的潜能都得到最充分的发展和最大限度的实现,[①]它强调受教育者的全面发展,强调受教育者可以从自己的兴趣、爱好出发,自由地从事多方面的活动,发展多方面的能力。人的全面发展则包括:(1) 人的体力和脑力同时获得充分的自由发展;(2) 人的才能和志趣获得充分的多方面的发展;(3) 人的道德精神和审美情趣的发展;(4) 人利用客观规律改造自然和社会的自觉程度,达到了高度自由的境界,人成为自身的主人。[②] 素质教育是以人——受教育者为出发点,从人自身发展的角度来规范教育的。以人的身心发展为目的,提高人的独立性、积极性、自主性、创造性等主体品质,是这种教育的基本思想。中学素质教育的目的在于提高中学生的素质,要求整个中学教育从教育的目的、目标、结构、内容、方法到模式全方位地实现三个转变:(1) 把单纯培养少数拔尖学生成才转变为提高全体学生的素质;(2) 把单纯注重智育转变为注重德、智、体全面发展;(3) 把基础教育片面地为升学服务转变为国家现代化建设服务。[③] 尽管在一定意义上,高考是引领教育发展的风向标和素质教育的助推器,教育部考试中心出台高考分省命题考试政策旨在让地方有权制定符合各自情况的教学与考试大纲,进而通过调整考试内容,使高考在本省实施素质教育方面更好地发挥“指挥棒”的作用。然而,在对“高考分省命题是否有利于中等学校实施素质教育”这一政策目标的调查分析的基础上,我们发现情况并非如此。由图 2,可以看出:在受访的 300 名高中生和 80 名大学生中,仅有 31%的高中生和 41.2%的大学生认为分省命题完全有助于或基本有助于中等学校实施素质教育;在受访的 90 名高中教师中,有高达 63.3%的高中教师认为高考分省命题不太有助于或完全无助于中等学校实施素质教育;在受访的 6 名高中校长中,也是高达 66.6%的高中校长认为高考分省命题不太有助于或完全无助于中等学校实施素质教育。这说明目前在我国中学教育中还是以应试教育为主流。高考分省命题无助于中等学校实施素质教育,或者说,有助于中等学校实施素质教育的程度很低。导致这种现象发生的原因是由高考在社会中的特殊地位所决定,与政府对高等教育的有限供给、高等教育本身的发展水平(毛入学率 20%)等多种复杂因素

---

① 孟庆茂:《素质教育与考试》,武汉:湖北人民出版社,2005,第 147 页。

② 王逢贤:“马克思的异化理论与人的全面发展”,《教育研究》,1981 年第 7 期。

③ 顾明远:《教育大词典》,上海:上海教育出版社,1998,第 1494 页。

有关。这一系列因素导致了激烈的高考竞争，而高考竞争的胜败在客观上又是一个可以量化的硬性指标，于是对高考的投入就会成为中学教学活动的中心工作，应试教育应运而生。应试教育的基本特征是一切围着考试转，以考试为唯一手段，视分数为至尊标准。受多种因素的影响，中学教育特别是基础教育仍存在片面地追求升学率的现象。这种情况集中体现在“四松四紧”上：抓紧了智育，放松了德育、体育；抓紧了毕业班，放松了非毕业班；抓紧了少数尖子学生，放松了大多数学生；抓紧了高考模拟题的解答，放松了基础知识的传授。[①] 有人认为，可以通过改革命题方式或提高高等教育的供给数量来改变这种局面。实际上，这并不能从根本上解决问题。原因是时间的有限性，即同等条件下，针对相同的高考内容，谁投入的时间和精力多，谁就可能拥有高考竞争较大的成功概率；即使供给数量等同于学生的需求数量，也存在着高校的高低层次和冷热门专业之分（意味着文凭的“含金量”不同），激烈竞争仍会存在。[②] 应试教育的种种弊端虽早已为人所知，但只要其赖以“生长”的环境条件依然存在，它就不会自行消亡，甚至还可能愈演愈烈，进而逼迫学生所能发展的素质必须与应试内容相吻合。当学生的素质发展与应试不一致时，素质就成了当然的牺牲品。[③]

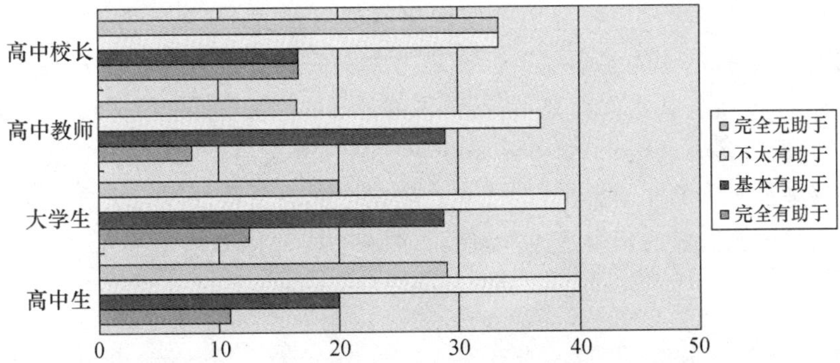

图 2　关于“高考分省命题是否有助于中等学校实施素质教育”的调查

3. “有助于扩大高校办学自主权”目标效度分析

落实高等学校办学自主权，是高等教育体制改革的重点和核心问题，是实现高等教育健康发展的重要因素之一，也是建立现代大学制度的关

① 贾非：《各国大学入学考试制度比较研究》，沈阳：辽宁教育出版社，1995，第 236—237 页。

② 郑红文：“我国高考科目及内容设置的三大依据”，《北京理工大学学报》，2002 年第 2 期。

③ 郑红文：“我国高考科目及内容设置的三大依据”，《北京理工大学学报》，2002 年第 2 期。

键所在。[①] 其最终目的在于使不同类型不同层次的高校能够根据自身培养目标的要求确定选拔学生的方式。高考分省命题，作为扩大自主权的一种积极尝试，也要肩负起“有助于扩大高校办学自主权”这一重任。然而，目前我国高考试题是由教育部考试中心或各省教育考试院（中心）统一命制，加之高校招生录取体制的核心是：全国统考，按“考生志愿＋总分”从高分到低分按照120％的比例调档，这使高校几乎无权选录自己认为有培养前途但分数稍低的考生。因此，高考分省命题谈不上有助于扩大高校办学自主权，显然也无法担当这一重任。我们在H省对“高考分省命题是否有助于扩大高校办学自主权”的调查的结果也验证了这一点。从图3中可以看出：认为完全有助于或基本有助于扩大高校办学自主权的大学校长仅占37.5％，而认为不太有助于或完全无助于扩大高校办学自主权的高校招生人员却高达87.5％。可见，高考分省自主命题在现行高考录取制度下，对扩大高校办学自主权显得无能为力。因为，现行的高考制度使得高校只能根据划定的分数线按照成绩的高低“被动地”录取学生，毫无选择的余地，国家管得太多太死。要知道，考试不是万能的，成绩并不能完全反映一个人的知识结构和能力。譬如，上海市市西中学一名学生曾经参加过美国瑞奥尔克海军上将基金会物理训练班，在美国学习期间，成绩优异，远远超过了美国各州选拔出来的20名中学生，被誉为“中国内地来的天才中学生”，但在高考中只因几分之差而未能升入重点大学，中学校长几次推荐都不行，结果这位学生被美国哈佛大学邀请免试入学，而且每月发给1700美元奖学金。高等学校是办学的主体，高等学校应享有充分的办学自主权，过多的限制必然会使得高校丧失在人才的选拔和培养方面的积极性、主动性，不能够有大的作为。

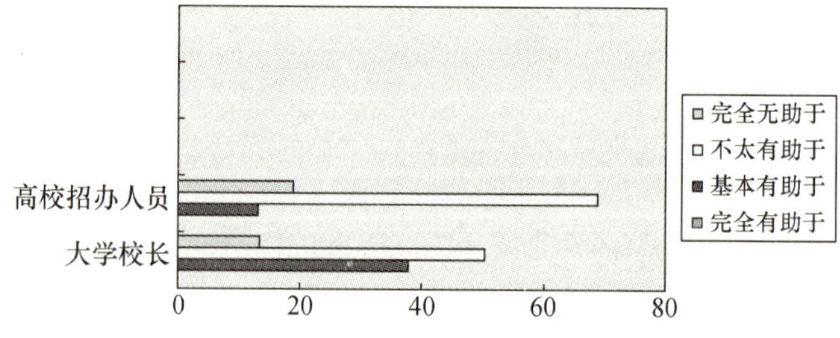

图3 关于“高考自主命题是否有助于扩大高校办学自主权”的调查

---

① 杨际军：“自为与自律：高等学校落实与扩大办学自主权的关键”，《现代教育科学》，2007年第4期。

4. "有利于考试的科学与公正"目标效度分析

科学与公正是所有考试都必须遵循的首要原则，也是高考分省命题考试政策所追求的目标之一。由于考试是一种测量，而任何测量都是存在误差的，因此，要提高考试的科学性就要尽量减小误差，提高考试的精确性与有效性，即考试的信度和效度。信度是检验考试质量的主要指标，也是各种考试必须注重的目标，特别是选拔、合格、成就和研究性考试更要追求信度，否则，考试就不能如实反映考生的水平，使应试者得不到公正的评价、准确的选拔和合理的任用，也就不能客观评价教学质量、给教育行政部门及劳动人事部门提供可靠信息，进而无法产生良好的社会效应；[①]而效度是指考试的有效性程度，也就是考试已测到的质和量与主试者预测的质和量相符合的程度。[②] 它也是检验考试质量的主要指标。下面以 H 省 2007 年高考英语试卷中的阅读理解题为例，通过分析其测试效度存在的问题，来探讨高考分省命题是否实现了这一预期的目标。

（H 省 2007 年高考英语阅读理解题略）

仔细研读 2007 年普通高等学校招生全国统一考试（H 省卷）英语试卷，我们不难发现 A 篇是记叙文，B、C、D 三篇都是说明文，E 篇是议论文。详见表 4。

表 4　2007 年高考英语阅读理解选材分析

	体裁	题材	单词数（包括题干单词）	注解
A 篇	记叙文	艾滋病	554 词	1 处
B 篇	说明文	大　象	414 词	2 处
C 篇	说明文	儿童心理	426 词	3 处
D 篇	说明文	幸福感	558 词	1 处
E 篇	议论文	高科技	599 词	2 处

我们再来看 2007 年阅读理解考点覆盖情况，见表 5。

表 5　2007 年 H 省高考英语阅读理解考点统计表

	A	B	C	D	E	总计
细节理解与推断	63	66	69、70、71	73、74、75	77、78、79	11
词（句）意义推断	62	65、68				3

① 廖平胜：《考试学》，武汉：华中师范大学出版社，1988，第 295—296 页。
② 廖平胜：《考试学》，武汉：华中师范大学出版社，1988，第 299 页。

续表

	A	B	C	D	E	总计
文章结构						
段落主旨				72	80	2
文章主旨	64				76	2
作者的意图态度	61					1
写作方式		67				1

仔细分析，我们不难发现 2007 年 H 省高考英语卷阅读理解存在以下问题：1. 文段过长。2007 年 H 省高考英语阅读理解试题的文段过长，一篇文章的词竟然接近 600 个单词，整个大题的英文词数达到 2551 个，以 2007 年高考英语考试大纲中对阅读理解规定的参考时间 35 分钟来计算，要求考生的阅读速度接近 73 w/pm，相对于全国其他自主命题的省份，这个速度要求比较高。2. 体裁、题材重复。C、D 的题材都是有关心理的，C 篇是有关儿童害怕心理的文章，D 篇是有关影响人们幸福感的文章，两篇这相同题材的文章，会使考生感到枯燥，再者，高考考生对心理方面的知识接触不是很多，一连考了两篇有关心理的文章，其效度肯定会降低。其次 B、C、D 三篇在体裁上都是说明文。说明文考得过多，其实完全可以考一篇与生活联系紧密的应用性文章。3. 表层理解的考题有余，深层理解的考题不足。考察细节理解的题目太多，考察作者的意图、态度等深层理解能力的题目少。考察对文章细节的理解的题目达到 11 个之多。2007 年高考英语考试大纲对阅读的要求是这样描述的："……阅读，要求考生读懂熟悉的有关日常生活话题的简短文字材料，例如公告、说明、广告以及书、报、杂志中关于一般性话题的简短文章。考生应能：(1) 理解主旨要义；(2) 理解文中具体信息；(3) 根据上下文推断生词的词义；(4) 作出简单判断和推理；(5) 理解文章的基本结构；(6) 理解作者的意图和态度。"可见，2007 年 H 省高考英语试题阅读理解并未涉及到对文章结构的理解，而且出题者对考生的六项阅读理解能力要求也没有分出孰轻孰重。4. 阅读材料呈现的方式、阅读理解题目的题型单一。阅读材料单纯以文字来描述来呈现，缺乏图画、图表等呈现方式。题型都是清一色的四选一多项选择题，没有判断正误、简答、综述等效度比较高的题型，而且与生活联系不太紧，对于公告、说明、广告等与生活联系紧密的材料均未涉及，实属遗憾！由此可以管窥高考分省命题的科学性。而在很大程度上，考试的科学性与公平性是统一的，因为只有科学的考试才是公

平的，考试的科学性可以在更大范围内保证考试的公平。对此，我们在H省内调查了90名高中教师，6名高中校长，80名大学新生。样本分布见表2。从图4可以看出：有近78.88%的高中教师认为高考分省命题不太有利于或完全不利于考试的科学与公正，而在高中校长和大学生中，也有近六成多受访者认为，高考分省命题不太有利于或完全不利于考试的科学与公正。

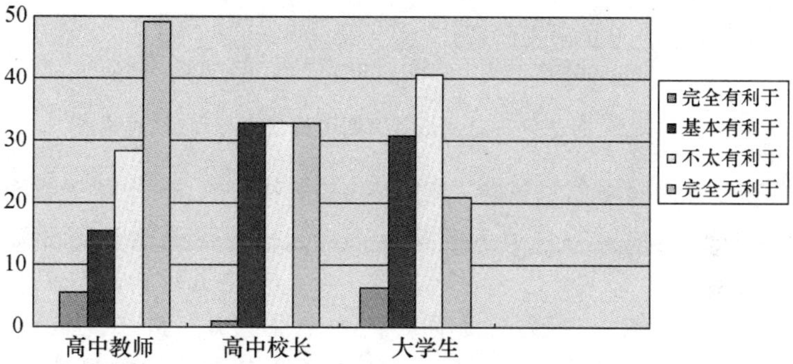

图4　关于"高考分省命题是否有利于考试科学与公正"的调查

他们认为全国统一命题，教育部考试中心在全国范围内筛选和组织命题队伍，无论是在学科专业教师还是考试理论专家的选择上都具有很大的优势，这样有利于考试的科学，进而有利于考试的公平与公正，而分省命题却很难做到这一点。有一位受访者在"你还有什么需要补充的吗?"一栏中写到："分省命题使得各省的录取分数线不具有可比性，掩盖了各地录取分数线巨大差异的事实，叫我如何说它有助于考试的科学与公正呢?"由此可见：高考分省命题考试并没有较好地实现"有助于考试的科学与公正"这一预期的目标。

5．"有利于考试的安全与高效"目标效度分析

高考不仅关系到千万考生的前途，而且还牵动着千家万户的利益。由于现代信息技术的广泛使用，高考的安全风险大大增加。在全国统一命题的模式下，一旦发生试题泄密的情况，影响范围将波及全国的考生；而在分省命题的背景下，其影响范围则缩小很多。但从调查的情况来看，无论是高中学生、教师、校长，还是大学生和学生家长，均超过半数的人认为高考分省命题不太有利于考试的安全与高效。从图5可以略见一斑。他们对考试安全表示担忧，对高额的考试费用表示愤慨。有一个受访者在"你还有什么需要补充的吗?"一栏中写到："强烈要求国家审计署对H省教育考试院高考经费进行审计，高考收费必须进行听证!"其实人们对

高考分省命题考试的安全性担忧也绝不是杞人忧天。

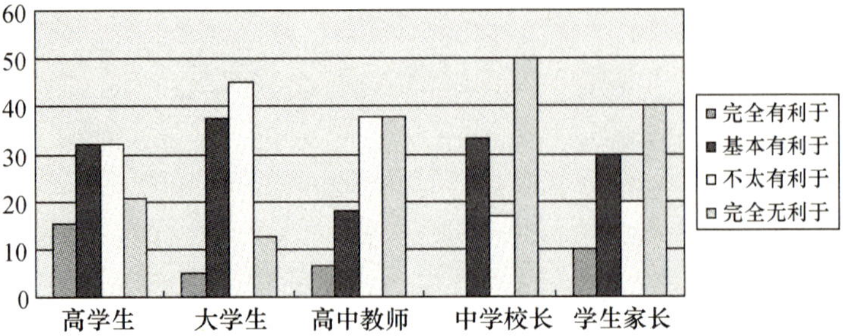

图 5 关于“高考分省命题是否有利考试安全与高效”的调查

尽管分省命题降低了风险系数，但从实际操作来讲，分省命题囿于一省之内，在保密、回避等环节上的执行难度相对于全国统一高考要大得多，风险系数非小反大成为不容回避的事实。加之分省命题流程监管的全国性规定暂时缺失，导致分省命题的安全性也大打折扣。如《南方周末》2005 年 8 月 26 日刊登了上海高考历史卷有泄题之嫌的报道，当事人本身就是一所中学的校长，这样的情况在实行高考自主命题的省市里并不鲜见，所以高考命题过程中出现“自主泄题”也绝非危言耸听[1]。从某种程度上说，分省命题有可能存在更多的安全隐患。与此同时，分省命题成本明显加大。据了解，教育部考试中心统一命制高考试题的总成本每年大约是 150 万元，而分省命题的省份的其直接开支都在 150 万元以上，有的省份甚至高达 600 万。分省命题成本加大，直接导致考生负担加重，据我们调查，2007 年该省每位高中生上交招办的高考报名费用就高达 125 元，以全省报名人数 50.33 万人[2]计算，一次高考竟用去 6291.25 万元。难怪考生呼吁国家审计署对高考经费进行审计，要求考试收费实行听证！

6.“有利于考试的准确与规范”目标效度分析

由于考试是社会关注的焦点，考试的结果与人的升学、就业、晋升、提拔等利益密切相关，而考试活动又不可能完全独立于社会，不可避免地会受到各种内外因素的干扰。[3] 而准确与规范是考试最基本的要求，因此克服命题上的主观性与随意性，增强命题的准确性与规范性，确保考试的科学性，对于规模大、影响广、要求高、时间短的高考命题来说尤为重要。

---

① 但昭彬：“高考分省自主命题之利弊分析”，《湖北招生考试》，2006 年第 2 期。

② 《楚天金报》http://www.cnhubei.com/200703/ca1311739.htm，2007-04-07。

③ 梁其健：《考试管理的理论与技术》，武汉：华中师范大学出版社，2003，第 170 页。

高考命题准确性主要体现在以下几方面[①]：1. 准确把握命题范围。严格按照考试大纲规定的考试内容和考核要求设计命题细目表、编制试题；2. 按照命题细目表中规定的题型、难度、认知层次以及考核内容的比例组卷；3. 试题应结合考试的特点和课程教育目标，注重对考生分析问题和解决问题等应用能力的考查；4. 试题内容应具有考查意义，有明确的考核目标，不应出现低效度的试题；5. 试题应体现选拔性考试的特点，考试内容覆盖面较大，试卷长度、试题分量适当；6. 试题难度适当，并且分布合理，同一种题型中的试题编排应体现由易到难的原则；7. 试题不应出现政治性（如政策性、民族、宗教事务等）、科学性和技术性的错误，试卷中不应出现偏题、怪题以及尚未有定论的试题；8. 题意应完整、明确、精炼，易于理解，不生歧义；9. 题型的选用应适合该科目的特点，各种题型的命制应符合该类题型的编制原则；10. 同一份试卷中的试题之间应相互独立，不应相互牵连或前后提示；11. 在符合国家标准的前提下，名词术语、图表格式、数据规范应与教材中的表述相一致，对教材中表述不科学或有错误的地方命题时应予以适当回避；12. 试题编写是否符合教育测量学的要求。主要包括：题型使用是否得当，各种题型编写是否符合编写原则，难中易试题的比例、内容覆盖面、题量、分量是否适当，试卷结构是否保持稳定等；13. 参考答案科学无误，评分标准合理、便于操作，避免过繁或过简。而规范性则主要体现以下方面：1. 试题命制过程是否按规范化的程序进行。主要程序包括：根据考试大纲和教材的要求编写双向细目表，根据双向细目表选题（命题），按照命题要求进行磨题、审题（自审）、校对；2. 试卷、参考答案及评分标准格式是否符合规范化要求。规范化要求主要体现在：版面布局是否合理、规范，试题序号是否一致，试卷各部分字体是否一致，相同题型的参考答案及评分标准结构是否一致等。

看看历年的全国高考英语试卷就会发现长期以来，全国卷Ⅰ模式一直使用“单项填空”作为试卷中第二部分第一节的题型名称。分省命题后，H 省高考英语命题时用“语法和词汇知识（grammar and vocabulary）”作为试卷中第二部分第一节的题型名称，时用“多项选择”作为试卷中第二部分第一节的题型名称。如 2006 年使用的是“语法和词汇知识”，而 2007 年却使用的是“多项选择”作为试卷中第二部分第一节的题型名称。我们知道，“多项填空”是以试题形式作为题名，而“语法和词汇知识”是以

---

① 梁其健：《考试管理的理论与技术》，武汉：华中师范大学出版社，2003，第 170 页。

考试内容或考试范围作为题名。这里我们不禁要问两个问题：1. 在整个高考英语试卷中，题名究竟应该表述考试内容还是表述试题形式？比如，完形填空作为题名是取其试题形式，阅读理解则是取其考试内容或考试范围。2. 在同一份试卷中何以既可能是以考试内容作为题名又可能以试题形式作为题名？这是否反映我们在命题实践上的不精细和理论上的不严谨？再来看看我们问卷调查的结果，可以看出：在大学新生中，只有40%认为高考分省命题完全有利于或基本有利于考试的准确与规范；在高中教师和校长中，有高达76.67%的高中教师和66.66%的高中校长认为高考分省命题不太有利于或完全不利于考试的准确与规范。可见，无论是从试卷本身进行分析还是群众对此的评价，高考分省命题在考试的准确性和规范性上还有很长的路要走。

通过对高考分省命题考试政策的六个目标进行分析，我们不难得出，尽管高考分省命题的理论优势十分明显，如有利于均衡中央和地方政府的权限，使地方政府在发展教育这一公共事务中发挥更为积极、充分的作用；有利于体现地方特色，便于高校有针对性的选才；有利于为基础教育改革和实施素质教育创造较为宽松的环境；等等，但其政策效度并不高，从一定程度上可以说是很低。根据我们调查显示，对分省命题仅有20.6%的认为利大于弊，而竟达71.3%的认为弊大于利，只有8.1%的认为不好评价。如图6所示。

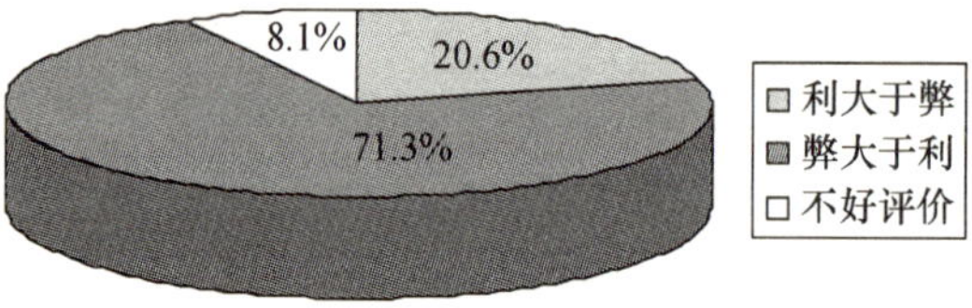

图6 关于“高考分省命题之利弊”的调查

2007年7月中央电视台开辟了一档网络辩论赛的特别节目《网辩天下》[①]，有一辩题是《全国高考应统一命题还是分省命题》，新浪网开通网络留言系统，共有5037名网友留言，其中支持全国高考应统一命题的有4645人，占92.22%；而支持全国高考应分省命题的仅有392人，只占7.78%。由此，我们很难说高考分省命题在多大程度上实现了其预期的政策目标，或许正如马克思所揭示的那样：“种下的是龙种，收获的却是跳蚤。”

① 新浪新闻中心 http://news.sina.com.cn/276/2007/0719/81.html。

（六）H省2007年高考自主命制英语试题的考试政策效度归因分析

分省命题是我国高考制度的一次重大变革，受到社会各界的普遍关注。在高考分省命题考试政策实施过程中，尽管有一些部门为之做了充分的准备，但从调查的结果来看，其政策效度不高。因此，探讨影响高考分省命题考试政策效度的因素，将有助于我们在政策的执行过程中，消除或控制这些不利因素，从而保证高考分省命题考试政策的效度。具体说来，影响高考分省命题考试政策效度的因素有政策本体、政策主体、政策客体和政策环境等几个方面，它们涵盖了高考分省命题考试政策的执行活动的基本要素。如图7所示：

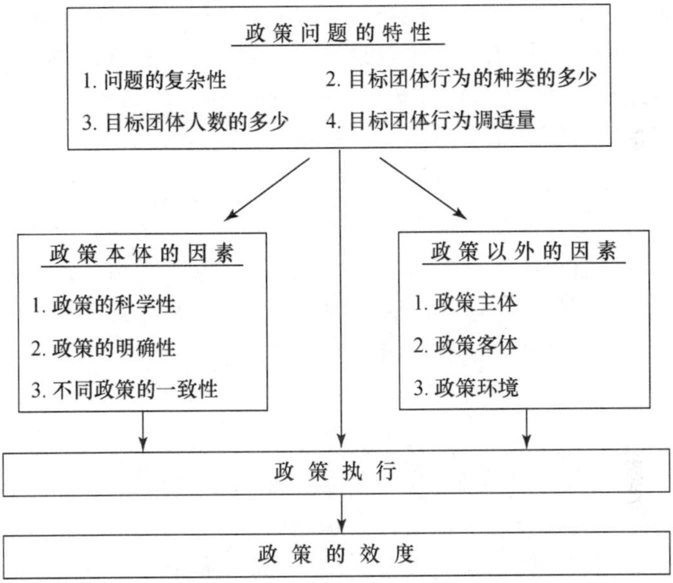

图7　影响高考分省命题考试政策的要素

1. 政策本体因素分析

在高考改革的实践中，很多考试政策不能达到预期的效果，执行中困难重重，在很大程度上与考试政策本体有关。高考分省命题考试政策问题的特性以及考试政策自身存在的缺陷都会对其政策效度产生重要影响。

（1）政策的特性

政策学研究认为，政策执行的有效与否，首先和所要解决的政策问题的类型和性质密切相关。具体包括：问题的复杂性——越复杂的问题，执行的难度越大，尤其是综合性、创造性较高的改革政策，执行难度较大；

政策所规范的目标团体行为的种类的多少——政策规范的目标团体的行为种类越多，就越难以制定清楚明确的规则，用以约束政策对象的行为，执行的成效必然会大打折扣；政策问题所涉及的目标团体人数的多少——涉及的人数越少，政策执行就会相对容易，也更为有效；政策问题需要目标团体行为调适量的大小——人们一般倾向于保持现有的，长期形成的行为习惯和模式，要想全面、深刻地改革人们的思想行为通常比较难。因此，为了实现政策目标，目标团体行为所需调适量愈小愈好，这样不至于造成人员的抵制，利于政策的有效执行。

高考分省命题是对我国高考大一统考试制度的突破，是我国高考制度的一项重大改革，是涉及高校招生考试乃至教育全局的重大制度性改革。它所涉及的目标团体不仅包括教师、学生、还包括各级教育行政部门的管理者、相关的社会团体或单位，甚至还包括学生的家长，等等。其政策目标对象的数量之多、规模之大、影响之广令人难以想象。所有这些无不昭示着高考分省命题考试政策执行的难度之大。

(2) 政策的科学性、明确性

政策科学性是有效执行的根本前提，而政策的明确性是政策执行有效的关键所在，是政策执行者行动的依据，也是对政策进行评估和控制的基础。政策的实施是在具体环境中发生的，有一点不清楚，就可能产生各种不同的政策"解读"，而导致执行中的混乱。例如，高考分省命题的一个重要目标就是要有利于扩大高校办学自主权。通过对"有利于扩大高校办学自主权"目标效度分析，我们不难发现，这一目标效度不是很理想，一个重要的原因就在于这一政策的不清晰，甚至是不科学。分省命题又不是分高校命题，各高校哪来的自主权呢？高校办学自主权也只不过是水中月、镜中花而已。再者，各省对于高校应该拥有哪些办学自主权，这些办学自主权与高考自主命题有何关系，如何在高考命题时体现扩大高校办学自主权等方面认识都不是很清楚，这势必会影响高考分省命题考试政策的效度。

(3) 不同政策的一致性

富兰(M. Fullan)认为，每一项改革都需要有一系列高质量的政策与高质量的实施过程，如果各政策措施之间不能相互作用、相互学习，每一项政策措施的影响力都将会弱化。[①] 所以在实施高考分省命题政策的过程中，无论是国家教育政策，还是地方教育行政政策；无论是和高考分省

① 赵正新："影响课程改革政策执行的因素分析"，《全球教育展望》，2005年第10期。

命题相关的政策，还是与高考分省命题无关的政策，都要力求相互间在精神实质上的一致性，至少不能相互矛盾。政策的一致性有利于政策的执行。我国现行高校招生“唯分是举”的录取制度实际上是与高考改革的相关理念、政策是脱离的，不一致的，因而极大地影响了高考分省命题考试政策的效度。

2. 政策主体因素分析

政策主体是指直接或间接参与高考分省命题政策制定、执行、评估和监控的个人、团体或组织。由于任何政策最终都要靠执行者来实施，所以政策主体的能力素质、道德素质和心理素质均对高考分省命题考试政策效度有重要影响。

(1) 能力素质

政策主体的素质是影响政策效度的首要因素。一项政策若要达到预期的目标，其政策执行主体必须具备较高的能力素质。政策执行者如果缺乏必要的知识与能力，就会对某项政策把握不透，不能正确、深刻、全面地把握政策的实质及其边界。学者盖恩把“(政策执行者)必须要达成的目标有充分的理解”①作为最优政策执行的十个前提条件之一是有一定道理的。当前一些教育部门、考试部门在传达、宣传、执行高考分省命题考试政策中出现失真、失当、失误，以致高考分省命题政策“貌合”而“神离”，一个重要原因就是一些教育和考试部门的行政领导对高考分省命题政策缺乏必要的认识，对高考分省命题考试政策理解不透，把握不准其精神实质，望文生义，使其政策效度大打折扣。如H省仅仅是自行组织命题，其他一切办法是“外甥打灯笼——照旧(舅)”，没有相应的配套改革措施。其次，政策执行者的政策水平也影响着高考分省命题考试政策效度。高考分省命题考试政策在H省匆匆上马，使得H省在考试理论和命题实践方面都未做好充分的准备。这主要表现在：有些试题不符合试题的一般测量学要求；试卷中试题难度分布、排列不合理；试卷难度过高或过低；试卷结构不合理；等等，这些都影响了高考分省命题考试政策的效度。另外，H省在执行高考分省命题考试政策时过于机械、呆板，完全依靠上级的“指令”，不敢越“雷池”半步，缺乏政策执行所必需的创造力，也降低了高考分省命题政策的效度。如目前H省就没有在完善相关制度的基础上，实行多元化的评价标准。实际上，高考分省命题为实行多元化的评价标准提供了一个非常好的契机，而H省在实施政策时一成不变，不知

---

① Younis. 1990. *Table edited Implementation in public policy*. Hanover: Dartmouth Publishing Company Ltd., pp. 6-7.

道合理地变通和创新。我们知道“在将高考分省命题政策与各省相结合的过程中,必然有情景变量”。即政策在执行过程中,必然会遇到“别的现实”,另外的情景。对于政策执行环境而引起的问题,其解决方案必须因地制宜。因为,通常情况下,政策决策者都是在大量理性原则指导下进行决策的,所以,国家出台的高考分省命题考试政策一般是针对全国的,具有普遍性和指导性,这项考试政策具体到各地,需要有一个本地化的过程,需要结合各地的具体情况进行创造性的执行,而不是机械式的反应。缺乏灵活性与创造性的政策执行将使政策落空。当然,这种创造性其前提是与国家高考分省命题考试政策的精神实质保持一致,而不是对其断章取义,肆意解释和践踏。

(2) 道德因素

当前,高考分省命题已进入深入实施之际,但一些教育行政部门却没有引起足够的重视,重要原因之一是由于地方的教育行政部门在执行这项考试政策过程中追求“利益原则”,客观上存在着“利大快执行,利小慢执行,无利不执行”的现象。他们担心实施素质教育后会在高考中败下阵来,到时是“赔了夫人又折兵”,吃亏不讨好,影响自己的仕途和钱途。利益驱动使得他们在执行高考分省命题考试政策时经常打折扣,搞“上有政策,下有对策”。再者,自主命题使得地方教育和考试部门权限增大、可支配的经费增多,一旦取消自主命题,对他们来说也是一种利益损失。因此,对于自主命题,他们大多唱赞歌,很难沉下去调研一下这项政策的执行情况,向国家有关部门建言献策,从而发挥高考分省命题考试政策的正向功能,避免其负向功能。这种不作为也在一定程度上影响着这项政策的效度。社会学认为,道德和法律是约束人行为的两个重要因素,而教育立法一直是我国教育的一个软肋。所以,如果说评价体制是当前高考分省命题进一步深入的“瓶颈”,那么,这些政策执行人员的道德良知可能是不可忽视的重要制约因素。高考自主命题考试政策执行内在地要求执行良知能成为执行者的一种内心需要,进而摈弃个人主义、单位主义的狭隘利益,树立服务高考改革的大局观。

(3) 心理因素

高考改革是个复杂的社会问题,牵一发而动全身。它涉及考试观念、科目设置、考试形式、测验方法、安全监测、考试评价等各方面,因此,各省某些政策执行者患有“高考改革的恐惧症”,不愿去“触”高考改革这根“剪不断理还乱”的“高压线”,也不愿去“趟”高考改革这片“雷区”。对于高考改革,他们是抱着一种“不求有功,但求无过”的心理,没有一种改革的主动精神、创新精神。由于高考分省命题是一种全新的尝试，没有任何经验可资参照，从决策到目标实现的过程注定不可能一帆风顺。面对困难，他们选择了退缩、回避、迎合、优柔寡断。我们知道无论是"高考改革的恐惧症"，还是"高考改革的急躁症"都会影响这项考试政策的效度。因此，高考分省命题考试政策需要各省的考试政策执行人员有足够的耐心、充分的信心、坚强的决心，扎扎实实地、有创造地执行政策，在政策执行过程不断优化高考分省命题考试政策的内外环境，从而提升高考分省命题考试政策的效度。唯有如此，才能越过"伤心坡"[①]，将高考自主命题政策进行到底，进而达到其预期的目标。

以上各因素相互作用，以一种非常隐蔽的方式对高考分省命题考试政策的效度产生着极为明显的影响。美国社会学家英格尔斯(Alex Inkeles)说过，如果一个国家的人民缺乏一种能赋予这些制度以真实生命力的广泛的现代心理基础，如果执行和运用这些现代制度的人，自身还没有在心理、思想、态度和行为方式上经历一个向现代化的转变，失败和畸形发展的悲剧结局是不可避免的。最完善的现代管理方式，最先进的技术工艺，也会在一群传统人的手中变成废纸一堆。

3. 政策客体因素分析

政策客体指的是政策所发生作用的对象，包括政策所要处理的社会问题(事)和所要发生作用的社会成员(人)两个方面。政策最基本的特征就是充当人们处理社会问题，进行社会控制以及调整人们之间关系特别是利益关系的工具和手段。[②] 从事的角度看，公共政策所要处理的是社会问题、公共问题或政策问题；从人的角度看，政策所发生作用的对象是社会成员，这些接受规范、制约的社会成员就是目标对象即政策所作用的对象。由于前面已对政策本体作了分析，这里从人的角度就目标对象进行分析。高考分省命题考试政策的目标对象很广，但其主要是学校的教师和学生。目标对象群体的数量、整体素质以及对政策的认知与支持程度，对高考分省命题考试政策的效度将产生重要影响。

目标对象对改革的阻力有个人的因素，也有群体或组织的因素。个人的因素有多种情况，哈维(Thomas Harvey)对此有过详细的分析，他认为人们抵制改革的主要原因有：缺乏主动权、缺少利益、负担增加、缺乏

---

① "伤心坡"是一运动术语。人们在突然进入运动状态的一段时间里，常有一种喘不上来气来的短暂感觉，即"伤心坡"阶段。一旦活动开了，进入正常的运动状态，就感觉到了无穷的力量。

② 陈振明：《政策科学》，北京：中国人民大学出版社，1998，第120页。

管理上的支持、孤立无援、不安全感、标准不一致、枯燥乏味、混乱、认识不同、突发的大规模改革以及一些特别的阻力等等①。高考分省命题之后，由于其评价标准未变，大学录取仍然是以分数为唯一标准，不但没有改变基础教育应试教育的现状，反而使命题成本加大，考试负担加重；加之考试题型的更换，折腾了教师，害苦了学生，一种"多歧路，今安在"的疑虑时时充斥着他们的内心，使得他们对高考自主命题考试政策的不安全感上升，认同感下降，从而影响了政策的效度。再次，影响高考分省命题考试政策效度的因素是：组织，尤其是组织中的校长，他们认为高考分省命题只不过是全国统一命题的一个翻版，换了"汤"没换"药"，担心处理不当，丢了官位，毁了仕途，从而不敢"吃螃蟹"——进行素质教育，当前改革面临的根深蒂固的"应试教育"其实就是这种情况。

4. 政策环境因素分析

何谓政策环境？美国政策科学家安德森认为，政策行动的要求产生于政策环境，并从政策环境传到政策系统。与此同时，政策环境限制和制约着决策者的行动。政策环境包括地理因素（如自然资源、气候、地形）、人口要素（如人口规模、年龄的分布和地区分布）；政治文化、社会结构经济体制。简言之，政策环境就是指影响政策产生、存在和发展的一切因素的总和。②

考试如同大千世界其他社会现象一样，是以系统的方式存在的，并以社会的子系统参与社会母系统的整体运行。考试作为一个具有特定内在结构和功能的社会子系统，既有一般社会系统的普遍性，又有其自身的结构要素、内外联系和运行机制。它通过输入和输出，一方面受到相关系统或环境的诱导乃至支配；另一方面又主动积极地施加影响于相关系统或环境。③ 可见，考试政策内在地容含于特殊复杂母系统——社会系统之中，不可避免地要受一些外部因素的影响即政策环境。影响考试政策效度的环境我们可分为微观环境和宏观环境。宏观环境，主要有政治经济状况、社区文化传统、大众的心态、媒体舆论、相关部门单位以及地方政府部门对考试改革的态度等等；微观环境主要有执行过程中人力、物力、财力和信息等资源的投入和拥有情况。环境对考试政策的实施，特别是高考这样的大规模国家教育考试政策的影响一直表现为一种强大的制掣力量，很多关于高考的政策并非其本身不科学而难以实施，而是缺乏实施的

① 赵正新："影响课程改革政策执行的因素分析"，《全球教育展望》，2005年第10期。
② 陈振明：《政策科学》，北京：中国人民大学出版社，1998，第149页。
③ 廖平胜：《考试学原理》，武汉：华中师范大学出版社，2003，第100页。

有效环境。

高考自主命题政策是在特定的环境中运行的，其政策目标的实现受到特定环境的制约。从H省的实际情况来看，由于经济社会发展水平、历史传统、教育理念、人才标准等的制约，使得高考自主命题考试政策难以实现其预期的目标。改革开放后，随着该省人们生活水平、社会地位的提高，人民群众对接受高等教育的期望空前高涨，高考出现万人挤独木桥的激烈竞争，使得"应试教育"愈演愈烈，"素质教育"难有立足之地，高考自主命题考试政策要想实现其"有利于中等学校实施素质教育"的目标也就没有适宜的气候。由于高等教育具有一定的公共性，而高考自主命题考试又是对特定公共资源进行分配的政策，对资源的配置必然要考虑效益的问题，这就使得高考自主命题考试政策面临如何处理公平与效率的现实问题：既要保证广大考生平等接受选拔的机会，又要考虑高校发展对生源的实际需要，在我国经济社会发展还无法普及高等教育的情况下，这是很难同时实现的①，这使得高考自主命题考试政策难以实现其预期的目标。由于高考自主命题考试政策是在一种复杂的环境中进行的，因而呈现出对外界诸多因素和条件的高度敏感性和高度依赖性。根据复杂性理论的观点，任何一个小的因素都可能对政策目标产生重要影响。所以，政策预期目标的实现离不开一个良好的外部环境的支持。

通过以上归因分析，我们不难得出：H省分省自主考试政策难以实现其预期目标是由多种因素导致的。由于当今之高考已成为举国之大考，牵涉社会的方方面面，所以要实现高考分省命题考试政策预期目标，必须多管齐下，方能"妙手回春，祛病除疾"。也就是说，高考改革不仅仅是一场教育改革内部的改革，它是宏大的社会改革系统中的一个不可或缺的子系统；高考改革也绝不是一个单纯的教育问题，它是一个需要综合治理的社会问题。高考改革要想取得突破，必须跳出教育改革的小圈子，立足社会，放眼世界，顺应潮流，推陈出新，综合治理。那种寄希望于考试科目的调整、命题权限的下放来达到其目标的考试政策是注定不会有较高效度的。

（七）高考分省英语命题考试政策调整对策建议

H省的调查分析清楚说明，高考分省命题政策没有实现其预设目标。影响高考分省命题考试政策效果的因素有政策本体、政策主体、政策客体和政策环境等几个方面，其主要原因则是：高考改革过于复杂，分省

① 陈丽影、尹小平："当前我国高考政策改革的重要价值诉求——论科学选才"，《湖南社会科学》，2005年第4期。

命题政策目标设置过高，单靠分省命题政策不可能实现如此复杂的目的。

分省命题只是高考改革政策中的一项，解决的只是命题权的分配问题，不可能解决高考所有的困难。但是，高考分省命题政策的目标却是整个高考改革的目标。

我们知道，政策越复杂，执行的难度越大，尤其是综合性、创造性较高的改革政策，执行难度较大。高考分省命题是对我国高考大一统考试制度的突破，是我国高考制度的一项重大改革，是涉及高校招生考试乃至教育全局的重大制度性改革。它所涉及的目标团体不仅包括教师、学生、还包括各级教育行政部门的管理者、相关的社会团体或单位，甚至还包括学生的家长等等。其政策目标对象的数量之多、规模之大、影响之广令人难以想象。所有这些无不昭示着高考分省命题考试政策执行的难度之大。

以扩大高校办学自主权为例，通过对“有利于扩大高校办学自主权”目标效果分析，我们知道，这一目标效果不是很理想，一个重要的原因就在于这一政策目标不是简单的命题改革可以实现的。分省命题不是分高校命题，各高校哪来的办学自主权呢？可见所谓的通过分省自主命题扩大高校办学自主权也只不过是水中月、镜中花而已。再者，各省对于高校在分省命题考试政策实施过程中应该拥有哪些办学自主权，这些办学自主权与高考自主命题有何关系，如何在高考命题时体现扩大高校办学自主权等方面认识都不是很清楚，这势必会影响高考分省命题考试政策的效果。

从有利于中等学校实施素质教育目标来看，高考分省命题之后，由于高等学校招生以高考分数为主要评价标准的政策并无任何变化，大学录取仍然是以分数为主要、甚至唯一标准，不但不可能改变中学教育的现状，反而使命题成本加大，考试负担加重，加之考试题型、内容等年年更换，使中学对高考自主命题考试政策的不安全感上升、认同感下降，从而影响了此项考试政策的效果。

由于当今之高考已成为举国之大考，牵涉社会的方方面面，所以要实现高考分省命题考试政策预期目标，必须多管齐下，方能“妙手回春，祛病除疾”。也就是说，高考改革不仅仅是一场教育改革内部的改革，它是宏大的社会改革系统中的一个不可或缺的子系统；高考改革也绝不是一个单纯的教育问题，它是一个需要综合治理的社会问题。高考改革要想取得突破，必须跳出教育改革的小圈子，立足社会，放眼世界，顺应潮流，推陈出新，综合治理。那种寄希望于考试科目的调整、命题权限的下放来达到其目标的考试政策是注定不会有较好效果的。

所以,高考分省命题政策需要调整,才可能维持其发展。我们认为,调整分省命题政策的对策有三:

1. 强化政策执行

这一对策就是进一步强化分省命题政策的执行,强化政策目标,加强政策执行的措施,比如增加分省命题经费和人员,提高分省命题的试题质量。

2. 调整政策目标

这一对策要求合理调整政策目标,使分省命题政策只承担其能够承载的目标。

高考改革政策事关国家选才用人,涉及社会发展,关乎家族命运和个人前程,是一项涉及国家和社会各个层面的大事,不可能通过分省命题这一小小的命题主体的变化进行如此宏大目标的改革,分省命题政策目标的“三个有利于,三个有助于”中的任何一项目标都是牵一发而动全身的目标,必须有整体改革的思路,从国家的高度,以全社会公共利益最大化为指向,进行系统的政策改革设计。分省命题政策即使有效,也只可能是在高考改革这个政策体系有效的内部,实现其政策效度。指望高考分省命题政策单枪匹马地促进素质教育,那就像指望堂吉诃德一个人打败所有妖魔鬼怪一样,是一种妄想。所以高考政策应该集中国家和社会、机关和企业、学校和教师、家长和学生各相关政策主体,在公共利益最大化的前提下,实现尽可能的利益平衡,制定出长远的改革路线图和当下的改革措施,而不是像分省命题政策这样由教育考试部门在自身职权范围内进行宏大理想的改革。

其实,分省命题政策要科学地设置目标的话,倒也是非常可行的政策,也就是把目标设定在教育考试行政部门职权可以实现的范围之内。如:通过分省命题政策,使试题更适合本省学生,尤其是文化、社会、历史环境,从而降低考试的社会文化认知负荷,更为准确地考查学生的能力,进而使高等学校在本省市能选拔其所需的人才。比如,让广东学生写“我的地坛”那肯定考查不出学生真实的写作能力,但若让他们写“荔枝蜜”,则是更能合理地考查他们的写作能力的,这样高等学校就能选择更具有写作能力的学生。

3. 终止政策实施

这一对策就是结束分省命题政策的实施,重新回到统一命题的政策,或者制定新的命题政策。

我们认为,对策1、3的政策风险都很大。对策1强化分省命题政策执行，只会加大政策执行成本，而政策目标仍然无法实现；对策 3 肯定会因为既行政策终止而带来政治、社会、教育风险。

所以，理性的选择是实施对策 2，我们没有必要终止分省命题政策，而是调整分省命题政策目标，促进分省命题政策的科学性，使其承担可以承担的目标，而不是用一个过于宏大的目标来束缚其发展。因此，高考分省命题政策的目标应以本省市教育发展为核心目标，即：分省命题工作应有助于设计本省市考生在高考中能充分展现其能力的试题，从而使高等学校可以从本省市选拔其所需的人才。这一对策既不会加大政策实施的成本，也不会导致政策实施的风险。

高考政策作为是一项重要的公共政策，事关国家、教育、社会、学生、民众的利益。高考分省命题作为高考改革的一项重要内容，应有助于高考整体目标的实现。当然，考试政策研究是一项理论性和实践性都很强的课题，不仅需要有考试学、政策学、社会学、经济学、历史学、心理学、人类学、法律和行政等学科的理论与方法，而且还需要有丰富的实践经验，需要从制定、执行、监控、评价到终结等各个环节进一步的深入研究，本节只是抛砖引玉，就此展开一个案例的探讨，以促进考试政策的研究，促进高考的改革，乃至我国整个教育的改革和发展。

二、用户导向评价模式：以我国硕士研究生招生外语考试政策为例

政策总有主体与客体，外语考试政策的客体通常是考试结果的使用者，也就是用户。那么，用户对于外语考试成绩是否满意，则是评价外语考试政策的一种形式。此小节以硕士生外语考试政策为例，用这一分析方法展开分析，从硕士生招生机构（即硕士生招生英语考试分数的用户）的需求入手，对硕士生招生英语考试政策展开剖析。

硕士研究生教育是我国高等教育中的研究生教育的主要组成部分，高等教育承担着培养高级专门人才、发展科学技术文化、促进现代化建设的重大任务，发展研究生教育更是我国经济社会发展对高层次应用型专门人才的迫切需要。然而，我国目前的硕士研究生教育还不能满足国家社会经济发展的需要，我国高层次人才、尤其是高层次创新人才存在严重不足。为此，《国家中长期教育改革和发展规划纲要》明确要求“大力推进研究生培养机制改革……实施研究生教育创新计划”，“深入推进研究生入学考试制度改革，加强创新能力考查，发挥和规范导师在选拔录取中的作用”。

当前硕士生招生英语统考存在诸多乱象：一方面大学英语教学不断发展和进步，另一方面全国硕士生招生复试国家线的英语分数却长期下降，甚至低到 30 分；如此低的国家线仍然招致一些学校和硕士生导师的

不满，因为这一考试根本无法为硕士研究生培养机构选拔合格新生起到参考作用。此处分析如此诸多困境的原因，从硕士生的能力模型入手，探讨重构硕士生招生外语考试的改革路径。

（一）我国硕士研究生招生外语考试政策

外语是我国目前硕士研究生招生考试中的国家统一考试学科，也是国家明确划出硕士生招生复试的分数线的学科。

1. 学科设置规定

教育部“2010年招收攻读硕士学位研究生管理规定”第十条规定：“确定硕士生招生全国统一入学考试科目，审定统考科目考试大纲。”第三十条规定：“硕士研究生招生全国统考科目为……英语一、英语二……”“全国统考和联考科目的命题工作由教育部考试中心统一组织；统考科目考试大纲由教育部考试中心统一编制，联考科目考试大纲由教育部考试中心或教育部指定相关机构组织编制。”第四十四条规定：“教育部制定并公布考生进入复试的基本分数要求（经教育部批准的自行确定复试分数线的高校另行规定）。”①

全国硕士研究生入学统一考试为全国几乎所有（只有极少数自主招生机构例外）高等学校和科研机构招收硕士研究生而设计，对考生的外语能力进行国家统考的目的是为了评价考生的外语能力是否达到的合格或合格以上水平，以保证被录取者达到一定的外语水平，从而具有硕士研究生所要求的外语能力。所以教育部对于外语考试的内容也作出了相应的规定。教育部“2010年招收攻读硕士学位研究生管理规定”第二十九条规定：“专业学位研究生招生初试科目一般为……外国语……满分分别为……100分……”

2. 学科能力规定

教育部考试中心发布的《全国硕士研究生入学统一考试英语（一）考试大纲》明确规定了全国硕士研究生入学统一考试英语（一）的题型和具体要求。②

这一考试所评价的内容为：

1. 语言知识

该部分不仅考查考生对不同语境中规范的语言要素（包括词汇、表达

① 引自教育部高校学生司主管的“中国研究生招生信息网”http://yz.chsi.com.cn/kyzx/，2010年5月20日。

② 教育部考试中心：《全国硕士研究生入学统一考试英语（一）考试大纲》，北京：高等教育出版社，2009。本小节的试卷文献均引自此书，页码不一一注明。

方式和结构)的掌握程度,而且还考查考生对语段特征(如连贯性和一致性等)的辨识能力等。

考试题型一般是完形填空,即在一篇240～280词的文章中留出20个空白,要求考生从每题给出的4个选项中选出最佳答案,使补全后的文章意思通顺、前后连贯、结构完整。

2. 语言技能

(1) 阅读:要求考生能读懂选自各类书籍和报刊的不同类型的文字材料(生词量不超过所读材料总词汇量的3%),能读懂与本人学习或工作有关的文献、技术说明和产品介绍等。对所读材料,考生应能:理解主旨要义;理解文中的具体信息;理解文中的概念性含义;进行有关的判断、推理和引申;根据上下文推测生词的词义;理解文章的总体结构以及单句之间、段落之间的关系;理解作者的意图、观点或态度;区分论点和论据。该部分由A、B、C三节组成,考查考生理解书面英语的能力。

A节主要考查考生理解主旨要义、具体信息、概念性含义,进行有关的判断、推理和引申,根据上下文推测生词的词义等能力。要求考生根据所提供的四篇(总长度约为1600词)文章的内容,从每题所给出的4个选项中选出最佳答案,共20小题。

B节主要考查考生对诸如连贯性、一致性等语段特征以及文章结构的理解。本部分有3种备选题型。每次考试从这3种备选题型中选择一种进行考查。三种备选题型为:(一)本部分的内容是一篇总长度为500～600词的文章,其中有5段空白,文章后有6～7段文字,要求考生根据文章内容从这6～7段文字中选择能分别放进文章中5个空白处的5段。(二)在一篇长度约500～600词的文章中,各段落的原有顺序已经被打乱,要求考生根据文章内容和结构将所列段落(7～8个)重新排序。其中有2～3个段落在文章中的位置已经给出。(三)在一篇长度为500词的文章的前或后有6～7段文字或6～7个概括句或小标题,这些文字或标题分别是对文章中某一部分的概括、阐述或举例。要求考生根据文章内容,从这6～7个选项中选出最恰当的5段文字或5个标题填入文章的空白处。

C节主要考察考生准确理解概念或结构较复杂的英语文字材料的能力。要求考生阅读一篇约400词的文章,并将其中5个画线部分(约150词)译成汉语,要求疑问准确、完整、通顺。

(2) 写作:要求考生能写不同类型的应用文,包括私人和公务信函、备忘录、摘要、报告等,以及一般描述性、叙述性、说明性或议论性的文章。

该部分由A、B两节组成，考查考生的书面表达能力。A节：考生根据所给情景写出一篇约100词(标点符号不计算在内)的应用性短文，包括私人和公务信函、备忘录、摘要、报告等。B节：考生根据提示信息写出一篇160～200词的短文。提示信息的形式有主题句、写作提纲、规定情景、图、表等。

分值分配为：语法词汇知识10分，阅读60分，写作30分，听说均无分值。

3. 录取分数规定

教育部每年根据招生计划规定硕士研究生招生复试分数线，其中包括政治和外语作为100分的单科的分数线。

以下是2003—2010硕士招生复试A类地区的政治与外语单科线。

表6　2003—2010全国硕士生招生考试A类地区复试国家划定的政治与英语单科线对照表①

考学科门类(专业)	2003	2004	2005	2006	2007	2008	2009	2010
哲学[01]	44	44	47	46	46	41	37	36
经济学[02]	53	51	53	56	53	54	47	46
法学[03](不含法律硕士专业[030180])	54	54	55	55	53	53	46	43
教育学[04](不含体育学[0403])	51	51	53	53	50	49	42	41
文学[05](不含艺术学[0504])	56	54	55	57	55	57	51	50
历史学[06]	48	46	48	48	41	39	40	36
理学[07]	46	45	47	46	49	47	38	37
工学[08](不含照顾专业)	41	41	44	45	41	44	37	36
农学[09]	41	40	40	39	40	39	32	32
医学[10](不含中医学[1005])	47	45	49	48	44	44	39	37
军事学[11]	41	44	43	46	46	49	48	42
管理学[12](不含MBA专业[120280])	52	52	53	54	54	54	47	46
体育学[0403]	42	43	47	47	45	42	39	36
艺术学[0504]	44	43	47	47	45	45	42	32
中医学[1005]	40	43	46	46	43	39	37	36

① 根据中国研究生招生信息网 http://yz.chsi.com.cn/材料综合整理。

由此可知，我国有着非常系统、全面的硕士研究生招生外语考试政策，这一政策的特征为：

A. 统一：这一考试政策规定了全国统一进行外语考试。

B. 全面：这一考试政策从最微观的每一小题的分数到改革发展方向都有全面的规定。

C. 刚性：这一政策所规定的内容、所划定的分数线都是刚性的，不可改变的。

D. 偏低：从以上分数可以看出，我国硕士研究生招生统考的外语分数是偏低的，几乎很少有科目所要求的分数在一般意义的分数线 60 分以上。

（二）我国硕士研究生招生外语考试政策批判

基于以上分析可知，我国硕士生招生外语考试政策存在一些不足，主要表现在以下三方面：

1. 能力模型不清晰

我们迄今没有看到我国硕士生招生外语考试政策制定的科学基础和过程。理论上而言，制定我国硕士生招生外语考试政策，必须首先调查硕士生招生机构对硕士生外语能力的需求，建立相应的能力模型，然后设计能科学评价这些能力的题型，再组织试题设计，最后施测并报告分数。然而，在前述的教育部相关政策中没有任何对于现行硕士生招生外语考试政策的科学依据的说明。或许现行试题的能力结构是合理的，或许是不合理的，这些都没有科学的能力模型加以说明。

我国现在招收硕士研究生的机构和专业很多，招收同一专业的不同机构的研究重点方向也会对考生的外语能力有不同的要求。比如在现行招生专业中，中国哲学、中国古典文献学、历史文献学（如敦煌学、古文字学）、中医医史文献等都是很少需要外语能力的专业，而与之非常接近的（在有些学校甚至只是方向上的差异）外国哲学、比较文学与世界文学、世界史、流行病与卫生统计学却是非常需要外语的专业。

不同地区的招生单位同一专业的不同招生方向也可能对于外语能力的要求有很大不同，如同样是中国古代史专业，在北京大学招收中国先秦史等需要英语不多的方向，但也招收中西交通史这一需要较扎实外语能力的专业，而宁夏大学的中国古代史专业招收的西夏历史与文献研究、宋元历史与文献研究、西北历史与文献研究则可能对外语能力没有那么明确的要求。通常很多人认为不需要外语能力的考古学专业，在北京大学的招生目录中却也赫然列着需要较强外语能力的“中外考古交流”方向。[①]

显然，我国硕士生招生中，究竟哪些专业、哪些地区的硕士生需要外语能力，需要外语水平达到怎样的能力标准，迄今尚缺乏明确的能力模型研究。

2. 试题结构不合理

正由于没有清晰的能力模型，现在的硕士生招生外语考试试题的结构也就不可能清晰地评价硕士生招生单位所需要的外语能力。所以，即使是需要外语（以英语为例）的专业，现行试题的能力结构（见下图）也无法评价不同专业对于英语能力的需求：

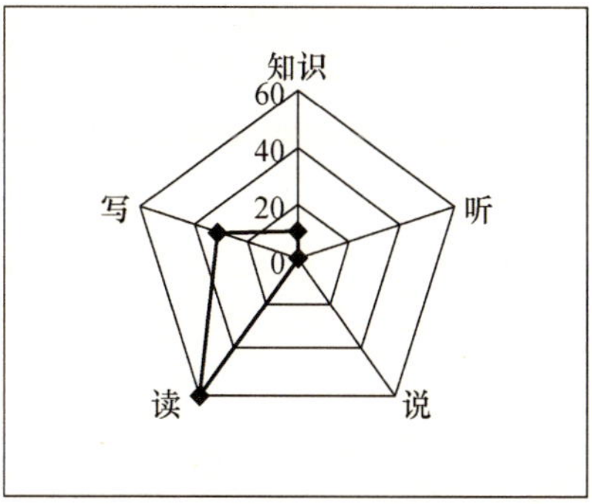

图 8　硕士生英语统考能力试卷结构图

在这一能力结构图中，我们可以清楚地看到，现行试题主要评价的是考生的阅读理解能力，而对于听说能力则由招生机构在复试中进行评价。这样的评价对于“中外考古交流”这类需要很强的听说能力的专业而言，显然是无法进行有效评价的。尽管复试仍然可以评价考生的听说能力，但复试只是在初试基础上很小范围的选择（一般参加复试人数是计划录取人数的 120%），已经很难有真正意义上的选拔，而且失去了从更大范围选拔的可能性。

根据我们正在进行的“中国外语能力需求调查”[②]，这一阅读能力绝对主导（60%）、写作能力相对较高（30%）、听说能力完全不评价的结构，几乎无法满足我国现在任何需要外语运用能力的领域的需要。以上调查发现，在阅读能力为 60%时，写作能力的要求低于 10%，听说能力要求占到 30%；而阅读能力需求占到 80%时，听说占 15%，写作只占 5%。当

① 材料来自北京大学、宁夏大学官方网站 http://www.pku.edu.cn，http://www.nxu.edu.cn，2010 年 5 月 20 日提取。

② 有关调查分析报告将在近期完成。

然，评价不是要完全基于这一比例，但现行能力结构却完全不考虑招生机构对学生的能力需求，只是依据外语能力内在的结构或者经济与试题命制的实力。这显然是必须变革的。

3. 分数线不能评价学生的外语能力

本来教育部考试中心发布的《全国硕士研究生入学统一考试英语（一）考试大纲》明确规定了全国硕士研究生入学统一考试英语（一）的“评价标准是高等学校非英语专业优秀毕业生能达到的及格或及格以上水平，以保证录取者具有一定的英语水平，有利于各高等学校和科研机构在专业上择优选拔”。而实际上，我们在表 6 中可以清楚地看到，2003—2010 年各专业硕士生复试的单科（外语是单科之一）的国家线全部都在一般意义的及格线以下。2010 年最低 32 分，最高仅为 50 分。如此低的分数线，主要说明两点：一是我国现在大学生英语水平很低（而这一论断与大学英语四六级的考试分数不一致），二是我国硕士生招生英语试题难度偏高，超过了大学英语的现实水平。更为重要的是，如此低的分数线没有区分度，无法有效评价考生的英语能力，招生单位也无法基于此判断考生的英语能力。

以上分析清楚表明，现行的硕士生招生外语考试政策无法满足硕士生招生的需要，也没有为硕士研究生招生机构遴选出真正具有所需外语能力的合格新生。

（三）我国硕士研究生招生外语考试政策重构

为了实现高等教育、尤其是研究生教育的功能，我们必须改革当前的硕士生招生考试制度，包括其中的外语考试政策。

基于以上问题，我们认为，我国硕士生招生外语考试政策的改革路径应该为：

1. 分析

我们应该开展科学的调查分析，弄清我国硕士研究生能力结构，明确哪些专业需要硕士生具有外语能力，哪些专业不需要外语能力，对于需要外语能力的专业，弄清需要何种结构、何种程度的外语能力。

我们还应该分析高等教育发达国家的硕士生招生考试的能力模型。以世界很多国家认可的 Graduate Record Examination (GRE)的能力模型为例。[①]

GRE 分为综合性测试、专业测试，GRE 的综合性测试的目的是用于

---

① 材料均来自 GRE 官方网站 http://www.ets.org/gre/，2010 年 5 月 20 日提取。

测量本科生已经达到的言语与数量的抽象思维能力，所以其测量内容包括：研究生学习必需的批判性思维与分析性写作能力、理解书面材料基于言语进行归因的能力、基于数理与数据分析的问题解决能力，在商学院的企业管理硕士考试中，还对批判性思维能力单独进行测量。

对于 GRE 综合性测试的各版块，招生学校可以根据需要选择，比如文科专业可能主要看考生的言语能力，而数学专业则可能更看重数理能力等等。所以各专业可以确定自己的 GRE 分数要求。

GRE 不仅仅有综合性测试，更有不同专业的测试，因为不同专业所要求的能力结构存在较大差异。当然，这些专业差异不影响 GRE 综合性测试作为所有研究生专业必需的基本能力的要求。

所以，我们认为，我们必须通过调查分析，建立中国硕士研究生的能力模型，包括专业能力模型，更应弄清楚的是基本能力模型。

2. 改革

在以上调查研究的基础上，改革我国硕士生招生外语考试政策。当然，我国硕士生招生的外语政策一直在进行一定程度的改革。2010 年外国语科目增加一套统考英语试题（即英语二）供部分专业学位研究生招生时选用，就是一例。但是，仅仅这样微调式的改革是不够的，而且这一改革本身也没有经过广泛地基于能力模型调查分析的科学论证。

基于能力模型调查，国家应该允许招生单位决定其录取标准中是否包含外语学科成绩，应该允许一些对于那些完全不需要外语能力的专业选择不考查考生的外语能力。

对于需要外语能力的专业，也应该允许其选择所需能力结构、所需外语能力程度的外语能力，而不是某一统一结构、统一程度的外语能力。

所以，基于调查研究所建构的明确的硕士生外语能力结构，改革现行硕士生招生外语统考题型，就势在必行了。我们认为，整个硕士生招生考试都需要进行能力结构重新设计，比如思维能力（尤其是归因分析能力）应该成为其重要内容。外语考试必然基于整个硕士生招生能力模型进行改革。基于基本能力进行必要的统考也应该是必需的，但是更加需要的则可能是不同专业的能力需求，包括不同专业对于外语能力的需求。

3. 转轨

我国硕士招生专业如此繁多，各专业对英语需求差异很大，而且各地各校情况差异如此大，各地各校需求不尽相同，招生政策、尤其是鼓励学生报考的政策可能有很大不同。目前的统一考试无法满足各种需求。

为此，我们建议，经过一段时间的改革，各种条件基本成熟后，硕士生招生考试全面转轨，全面采用国家认可的考试机构组织的专门性能力考试，如分析问题能力考试、解决问题能力考试、数理能力考试、言语能力考试等，由招生机构决定要求考生提交哪些能力的相关成绩。

至于外语考试，我们认为，不仅应该取消硕士生招生外语统考，把外语能力评价这一专业工作交给专业机构，而且取消成绩的统一要求，把是否需要外语成绩、认可何种外语考试的成绩、要求考生达到怎样的外语能力等决策权交给招生机构，允许招生机构不要求考生的外语成绩，允许招生机构选择不同的专业化的外语考试成绩（如大学英语六级、PETS4 级、托福 100 分、雅思 6.5 分或者学校考试等）作为录取条件。这样的外语考试政策才能真正满足专业迥异、条件径庭的招生机构对考生外语能力的不同要求。

在这样的多元化的评价体系中，基本能力仍然应该成为各种评价的基础。至于这种评价是否采取统考，则需根据组织统考的机构的语言评价能力而定。在美国 GRE 在相当程度上具有统考的特征，但不是政策强行设计的统考，而是用户认可形成的"统考"，这样的统考会以评价质量（效度与信度和区分度等），而不是以政策稳定为价值取向。所以，我们认为，是否统考不是关键，关键在于是否能有效评价硕士研究生招生机构这些考试分数的用户所需要的能力，这才是转向社会评价的意义所在。因此，我们应该从用户入手，由硕士研究生招生机构来决定需要设计怎样的英语考试形式与能力模型，基于此来设计考试。

三、利益相关评价模式：以高考政策的国家利益分析为例

公共政策都涉及公共利益的配置，所以政策有着复杂的利益相关性，对政策的评价自然应该包括对其利益相关性的评价。利益相关评价模式关心的是所有利益相关对象，其分析方法是：明确政策的相关利益各方，明确政策的利益配置，分析政策方案预设的利益配置目标是否实现，政策执行过程是否导致利益目标偏失，甚至某些利益方的利益受损。从这里可以看出，利益分析与目标分析有共同之处，但也有不同。

这里从国家利益视角评价分析高考政策，尤其是一些地方的高考政策导致的国家利益受损。

（一）高考政策的国家利益

高考是国家举办的、面向全体国民的考试，高考政策显然属于公共政策。作为公共政策，通常涉及社会不同利益体的利益。

作为国家举办的、面向全体国民的、主要为公立高等院校选拔合格新生的考试，高考涉及以下利益体的利益：代表最广大公众的国家利益，高

校能否招收合格新生的高等教育领域的国家利益，为高校输送合格新生的基础教育领域的国家利益，地方政府与教育行政管理部门取得政绩还是造成过失的利益，教育管理者取得政绩还是造成过失的利益，考生能否被公正评价的考生个人及其家长利益，中小学教师与管理者能否获得相应的经济利益和社会成就感的利益，以及其他相关利益体的利益。

从公共政策的形成过程分析，公共政策是与政策相关的各种利益体之间的利益互动的结果。在互动的过程中，通常会因为各种不同的利益博弈，出现某一利益体的利益或某些利益体的利益表现出之于其他利益体的优先性，这种公共政策中某一或某些利益体对于其他利益体的优先性称之为公共政策的利益优先性。

公共政策的研究表明，对于公共政策，公共利益具有第一优先性，部门利益其次，个人利益后之，因为"谋求和增进公共利益是一些政策的出发点，也是公共政策的灵魂和归宿"[①]。因此，任何一项公共政策的制定都是以公共利益的最大化为基本追求目标，因为实现尽可能大多数公众的利益，是制定公共政策的社会基础，也是决定公共政策是否可以延续存在的唯一标准。因而，合理的利益优先性序列是公共政策能否促进社会均衡发展这一公共政策的终极目标的关键。

由此可知，高考政策应坚持公共政策的利益优先性。高考作为国家公共政策，应该充分体现国家利益，保证国家利益的优先性。公立学校的招生考试首先应考虑公共利益，然后才是部门利益和个人利益(包括家长和考生的个人利益)。

有鉴于当前国家利益的根本要素是社会发展，所以，高考政策应该首先保证社会发展这一国家利益的优先性。当然，我们应该努力在高考政策中坚持国家的社会发展利益优先性的同时，谋求高等教育领域和基础教育领域的国家利益的有机结合，以及国家利益与个人利益的有机结合。

当然，公共政策设计的功能并不一定能在政策实施中实现，因为政策实施中肯定存在政策变迁或弱化的可能，导致政策无法百分之百地按照设计功能实现政策目标。高考政策也是如此。高考政策的设计功能是为高校选拔新生，但高考所实现的政策功能却包括：为高校选拔合格新生、引导基础教育发展、促进社会对知识和教育的追求等风气、促进社会的向上流动、促进社会稳定、带动高考经济发展以及其他相关功能。

这些复杂的现实功能使高考政策面对着非常复杂的利益博弈，尤其

① 宁骚：《公共政策学》，北京：高等教育出版社，2003，第258页。

是高等教育领域的国家利益与基础教育领域的国家利益之间的关系平衡问题。

高考是高校招生的考试，理应以高等教育的国家利益优先，而不应为了基础教育领域的国家利益牺牲高等教育领域的国家利益，如此则当建立与社会发展相适应的高校招生考试制度。理想的高考政策是将功能定位为单纯的高校招生，使之与基础教育的学业考试分开，使高考与基础教育终结性评价分离，即把基础教育的终结性评价交给基础教育；教育行政部门应加强对基础教育的形成性评价和终结性评价的组织和监督，同时把高校招生考试交给高校，教育行政部门加强对公立高校招生工作的组织与监督。

但是，现实的问题是，在当前社会经济发展阶段，我们还无力开展与美国的国家教育进步评价（National Assessment of Educational Progress，NAEP）类似的基础教育的全面评价。所以，我们认为，在国家没有举办全面的基础教育评价之前，高考作为高校招生考试，还必须保证、至少是不损害基础教育领域的国家利益。由于基础教育领域的国家利益涉及的公众多、影响广而且久，所以高考与基础教育领域的国家利益的相关性远远大于与高等教育领域的国家利益的相关性，为此，在基础教育和高等教育的国家利益之间，高考改革应该优先实现基础教育领域的国家利益，同时谋求基础教育领域与高等教育领域国家利益的有机结合。

由此可知，高考政策最重要的国家利益首先应该是引导基础教育的健康发展，所以高考政策应该在引导基础教育健康发展的前提下实现为高校选拔新生的功能。这就是说，高考应该实现高校招生功能，但实现这一功能的政策应促进、至少是不损害基础教育领域的国家利益。

（二）高考政策中的国家利益优先性体现不充分的现象

基于以上理论，分析当前的高考政策，我们发现，现实令人担忧，因为当前高考政策中存在一些基础教育领域国家利益优先性体现不充分的现象。

1. 发达地区放弃高考英语听力试题的政策导致国家利益优先性体现不充分

由于多种原因，2005 年教育部考试中心规定各省市自治区可以自行决定是否在高考外语试卷中包含听力试题。随即，我国东部一个经济发达省份决定，在高考外语试题中取消听力考试。该省教育厅招生考试的网站解释说，“外语听力测试对设备、环境以及监考人员的要求比较高，突发因素多，一旦在测试过程中出现问题，造成的后果无法估量和弥补。同时，鉴于我省暂不具备独立命制听力试卷的条件，我省今年高考不组织外语听力测试。省招办向招生院校提供考生的高中会考成绩，其中外语听力成绩单列，供录取时参考。这是为了更好地维护普通高校入学统一考试的安全、有效、公平、公正，确保全体考生的利益。教育厅将密切关注暂停外语听力考试对中学外语教学的影响，并采取相应措施保证基础教育外语教学的质量。”[①]据该中心官员介绍，该省到目前还没有在外语高考试题中恢复听力试题的计划。

这一政策的制定者是省教育行政管理部门。深入分析这一政策的利益取向可以看出，“一旦在测试过程中出现问题，造成的后果无法估量和弥补”所涉及的利益体看似是考生，其实是组织考试的教育行政主管部门，因为需要为“造成的直接后果”承担责任的不是考生，而是组织考试的教育行政主管部门。

其实，在很多经济发展远不如这个省的省市自治区都在高考英语中进行听力考试，这些地方的“外语听力测试对设备、环境以及监考人员(的监考能力)”都不可能比这个省更好。这个省的教育行政管理部门不是从如何改进外语听力测试的设备、环境，以及提高监考人员的素质入手去解决高考听力中的问题，而是试图通过停止听力考试来解决这个问题。这就好像因为一些人食物中毒而禁止所有人吃食物一样，是非常典型的因噎废食之举。其实这个省是我国经济最发达的省份之一，有足够的能力为所有考场提供最先进的录音设备，但这个省却制定了停止听力考试的这一政策。

取消高考英语听力试题这一政策导致该省很多学校放弃高三英语听力教学，甚至一些学校在整个高中都减少了英语听力教学。这显然会导致高中英语教学的混乱，而且导致高中英语教学质量的下降，同时也会导致高校无法通过高考评价学生的英语听力能力，也使一些具有高校需要的英语听力能力的学生无法通过高考来展示自己的英语听力能力，以至有老师说“一天退到十年前”。不过，这一政策的最主要影响还是其对基础教育阶段高中英语听力教学的影响，很可能导致高中英语教学重新回到不重视社会急需的英语听说能力的状态。

所以，该省在高考英语中取消听力试题，实际上是为了地区教育行政部门和领导者的个人利益而导致基础教育领域的国家利益优先性体现不充分。

---

① 引自 http://www.zjzs.net/main.asp? id=519。

2. 分省命题部分试题质量偏低导致国家利益优先性体现不充分

从2004年开始，高考分省命题从上海、北京扩大到10多个省市自治区。教育部部长周济在回答有关高考分省命题的问题时解释说，“高考是一个很好的制度，但是高考制度还需要不断加强和改进，高考分省命题就是改进高考制度当中的一个重要组成部分。我国的基础教育由各省直接负责，高考分省命题可以进一步推进基础教育的改革，推进素质教育。”“高考分省命题的工作只会有利于基础教育，有利于高等教育，使更多的孩子得到更加公平的机会进入高等教育，用更好的方式接受素质教育。”“事实证明，各省获得更多的主动权后，现在的考试题目出得是不错的。”①

然而，现实却没有这么乐观。高考分省命题之后，很多省市的部分试题质量难以达到、或接近全国统一高考试题的质量。部分试题质量偏低，一方面可能导致高校无法选拔真正优秀的新生，导致高等教育领域的国家利益优先性体现不充分，更为重要的另一方面是可能导致基础教育质量的下降，从而导致基础教育领域的国家利益优先性体现不充分。

将全国卷作文试题与部分省市高考英语作文试题进行比较，可以看出部分试题存在着严重的质量偏低问题。

A. 2005年高考英语全国卷作文试题分析

第二节　书面表达(满分25分)

假定你是李华，正在英国牛津参加短期语言培训，计划星期天去伦敦旅游。互联网上一则广告引起了你的注意，但一些具体信息不明确(箭头所指内容)。请给该旅行社发一封电子邮件，询问有关情况。

注意：1. 词数100左右，信的格式已为你写好。

2. 可根据内容要点适当增加细节，以使行文连贯。

3. 参考词汇：牛津——Oxford　　费用——fee

① 周济：“共同努力把教育事业发展得更好”，《中国教育报》，2004年3月25日。

Dear Sir/Madame,

____

____

____

Yours,

Li Hua

这一作文试题给出了非常真实的语境(在英国旅游)、非常真实的语用目的(向英国旅行社询问旅行的自己不清楚的信息),要求学生进行真实的语义表达(询问有关具体问题)。同时,试题所给的信息比较充分,对学生表达可能运用的语言的控制也非常合理,利于试题评阅。试题所给材料阅读理解难度不大,作为写作试题,可以比较好地考查学生的英语书面表达能力,而不至于因为材料理解的难度而影响学生进行书面表达。

B. 2005 年高考英语 A 省卷作文试题分析

第二节　书面表达(满分 25 分)

假设你是李晓平,是“江苏中学”的学生。请你围绕“建设和谐社会”的主题,根据下面所给出的要点提示,用英语给全省中学生写一封倡议书。

要点提示:1. 人与社会:祖国、家乡、学校,热爱关心

2. 人与人:家人、师长、同学,诚信互助

3. 人与自然:能源、环境、动植物,爱惜保护

4. 你的态度:(内容由考生自己拟定)

注意:1. 词数:100 左右。倡议书的开头、结尾以及提示句已为你写好,不计入词数。

2. 内容可适当发挥,注意行文连贯。

A Letter to High School Students in Jiangsu

Dear fellow students,

Our government is aiming to build a “harmonious society” (和谐社会). I think it is every citizen’s duty to work hard to achieve this goal.

As high school students, what should we do?

As for myself,

Dear fellow students, let’s start fight now and spare no effort to do a little bit every day, every hour, and every minute!

Li Xiaoping

From Jiangsu High School

这一作文试题的语境地点是在江苏省，对象是省内中学生，语用目的是给省内同学写倡议书，建议大家共建“和谐社会”，语义表达是从人与人、人与社会、人与自然方面表达自己对建设“和谐社会”的倡议。

显然，与全国卷相比，这一书面表达试题对考生书面表达能力的测试的效度要低得多。

首先，在国内向同学发出倡议，真实语境下不会选择英语，而会选择更能准确表达自己思想观点、倡议意见的汉语。即使我们偶尔可能会在与同学交往中使用英语，但对于讨论“和谐社会”这样非常中国化的主题，我们不会选择用英语表达。而且，这在某种意义上存在与《语言文字法》不很符合的问题。

另外，这一试题提供的材料很长，学生理解这些材料本身都有一定的困难，因为存在一些中学生使用频率不是很高的表达方式（如 fellow students, aiming to, harmonious society, every citizen's duty, achieve this goal, start fight, spare no effort），学生需要花一定的时间进行阅读理解，而这势必影响本题对学生书面表达能力测试试题的效度。

同时，这一试题本身的材料可能引导学生在用英语进行国际交往中使用外国人不大清楚的中文表达方式。比如对于不大清楚江苏省所在位置的外国人，直接使用 Jiangsu 表达江苏省可能并不合适，因此，在 China Daily（《中国日报》）这样以外国人为主要读者对象的报纸上，对于江苏省的表达通常采用 East China's Jiangsu Province 这样的方式，例如：

Preparing for a family reunion

Updated: 2005-12-14 09: 16

People make reservations for the family reunion dinner on Lunar New Year's Eve at a restaurant in Nanjing, capital of East China's Jiangsu Province, on Monday. Despite the fact that there is still one month to go, many restaurants in the city are promoting the dinner to grab a bigger share of the market for the special Spring Festival meal. [①]

除此之外，high school 的表达方式也值得商榷，因为 high school 与

① 引自 http://www.chinadaily.com.cn/english/doc/2005-12/14/content_503305.htm。

国内的中学并无直接对等的关系。

这样质量的试题显然一方面可能无法准确评价考生的英语书面表达能力,另一方面可能导致基础教育中书面表达质量的下降,因为这样的试题会使很多高中英语教师采用类似的试题对学生进行英语书面表达训练。

C. 2004 年高考英语 B 省卷作文试题

第二节　书面表达(满分 25 分)

假设你是一位生活在某城市的中学生,暑假打算去乡村度假。请根据下面两幅图提供的信息,写一篇短文,简要说明城市生活环境的不充分,重点说明你去乡村度假的原因。

注意:1. 短文应包括图中所提供的主要信息,并做适当发挥,使短文内容连贯、完整;

2. 词数:100 左右

这一试题更是特别,整个试题没有任何要求学生用英语进行书面表达的说明,这一试题可以不改一字地用在汉语试卷中。

同时,这一试题的语境只能理解为国内,语用目的(写短文的目的)没有说明,语义表达倒是比较清晰,因为图的内容很丰富。

但是,这一试题存在明显的非城市化的价值取向,内容说明"城市生活环境的不充分",而这与农村的城市化、城镇化的社会发展取向(当然是城市、城镇的良性发展)是不一致的。这样的试题可能与学生学习政治、社会、地理等学科获得的知识不同。这势必对学生进行英语书面表达有一定的干扰,从而可能导致试题对学生英语书面表达能力评价效度的偏差。试题的这种观点对于农村学生可能不完全接受,从而可能给考生带来英语能力之外的考试焦虑。

所以这一试题考查学生的英语书面表达能力的效度显然偏低,无法与全国卷的效度相比。

分省命题的高考政策有很多的因素(比如推动高考改革,推动基础教育改革，推进素质教育的实施等），但由于各种原因，目前分省命题的试题中的确存在部分试题质量偏低的现象，这导致考试的效度下降。

实际上，高考英语全国卷和很多省市卷还存在不直接评价语言运用能力的问题。①

同时，高考分省命题政策还可能导致考试命题成本数十倍地增加、考试安全与社会稳定风险加剧的可能。这也必然导致国家利益优先性体现不充分。

宏观地说，分省命题的高考政策应该是利大于弊，不过分省命题试题质量的确还亟待提高。本节只是说明这一政策存在导致国家利益优先性体现不充分的现象，并无否定分省命题政策之意。

3. 保证国家利益优先性的高考改革路径

很多人提出应该废除高考，甚至提出“高考不死、教育难兴”这样的过激说法。高考真的应该打倒吗？真的应该被废止吗？

我们认为，在相当长一个阶段内，我国不具有打倒或废止高考的条件。历史上曾经多次出现过废止高等教育招生考试、废止通过考试选拔人才的时期，但经验告诉我们，中国社会还没有发展到可以废止高考的时代。

在可以预见的中国社会发展阶段，为社会发展和个人发展提供高层次服务的高等教育应该会一直存在。若高等教育存在，即使知识可以通过芯片存储于大脑，但熟练的高等技能仍然也是需要教育的，这样高校也就应该会存在。若高校存在，高校就必然要招生。若高校招生，就必然有招生标准，自然也就需要检测学生是否达到这样的标准。所以，高等院校在招生时需要把考试作为评价手段。在目前中国的社会文化发展阶段，在社会还没有建立起全面的诚信制度之前，在高等教育资源（尤其是优质高等教育资源）还是稀缺资源的阶段，我们可能还无法找到比考试更合理、更公平的评价手段，因为我们无法避免其他评价中的主观因素可能导致的更大的不公平和不合理。

所以，我们认为，高考在相当一段时间之内都不会消失，且不论是统一考试还是学校单独举行考试，也不论考试科目是统一规定，还是统一规定部分科目、学生自己选择部分科目，或者再有什么新的形式的高考。

而且，“在中国这个金字塔形态的社会中，庞大的社会大众阶层必然地要寻求提升个人和家庭的生存境遇的任何机遇。既然存在考试这种国

① 鲁子问：“我国当前外语考试政策偏失与改革建议”，《湖北招生考试》（理论版），2004年第12期，第66—70页。

家机制，那么社会各层次的人们就有权尽可能充分地利用这一机制，提升个人及其家庭的生存境遇。”[①]高考不仅有着强大的社会需求，而且这种高度竞争性的高考有利于为高校选拔优秀的新生。

当然，社会需要高考并不意味着高考就必然存在，实际上高考的存续是需要以其自身的改革为前提的，因为众多的批判所指出的高考的这些问题的的确确是存在的。

所以，我们认为，高考要存续，就必须改革。

那么，当前的高考应该朝着什么方向改革呢？很多人从不同角度对高考改革指出了很多解决之道。我们特从高考政策的利益相关性角度提出以下可能：

我们认为，在当前社会发展阶段，在高考政策中坚持国家的社会发展利益的优先性，同时谋求高等教育领域和基础教育领域的国家利益的有机结合，以及国家利益与个人利益的有机结合。

依此原则，即当强化教育部门的考试监督职能，弱化教育部门的考试行政职能，使政府不参与具体的考试活动，而只是组织和监督考试，因为政府组织考试很容易导致政府部门和管理者个人利益的优先性，而不是国家的社会发展利益优先。

高考是高校招生的考试，自然应该以高等教育的国家利益优先，而不应该为了基础教育领域的国家利益牺牲高等教育领域的国家利益。如此则当建立与社会发展相适应的高校招生考试制度，把高考与基础教育终结性评价分离，使上帝的归上帝，恺撒的归恺撒，即把基础教育的终结性评价交给基础教育，教育行政部门应加强对基础教育的形成性评价和终结性评价的组织和监督，把高校招生考试交给高校自己决定，教育行政部门加强对公立高校招生工作的组织与监督。

但是，现实的问题是，在当前社会经济发展阶段，我们还无力开展与美国的国家教育进步评价(National Assessment of Educational Progress, NAEP)类似的全面的基础教育评价。所以，我们认为，在国家没有举办全面的基础教育评价之前，高考作为高校招生考试，还必须兼顾基础教育领域的国家利益。由于基础教育领域的国家利益涉及的公众多、影响广而且久，所以高考与基础教育领域的国家利益的相关性远远大于与高等教育领域的国家利益的相关性，为此，在基础教育和高等教育的国家利益之间，高考改革应该优先实现基础教育领域的国家利益，同时谋求

---

① 鲁子问：“我国当前外语考试政策偏失与改革建议”，《湖北招生考试》(理论版)，2004年第12期，第66—70页。

基础教育领域与高等教育领域国家利益的有机结合。

高考如何在坚持国家的社会发展利益和基础教育领域的国家利益的优先性的前提下，实现国家的社会发展与考生的个人发展利益、基础教育与高等教育领域的国家利益的有机结合呢？我们认为，高考应该逐步走向如下的形态：

1. 走向1＋n，谋求统一与自主并行，实现高等教育领域国家利益的最大化

高考本质上是高校招生考试，所以应该首先保证高等教育领域的国家利益的优先性，也就是为了培养社会发展需要的人才，应该选拔符合高校要求的新生。

现在的高考采取的是国家统一组织考试、相当部分省市自主命题、部分公立高校一定比例的自主招生等复合性的高考政策，不过国家统一高考仍然是主流。统一招生考试实际上无法真正甄别和发现学生的特长，因为高考是按照评价学生的基础知识和能力设计的，而不是按照学生的特长设计的。特别是一些优秀高校更希望选拔自己需要的具有天赋和特长的学生，这就要求能对学生自主进行评价考试。

现在少部分公立院校在国家政策允许下按照一定比例进行自主招生考试，但组织自主招生考试的经费并非一个小数目，而且若全国高等院校全部自主组织招生考试，则可能导致招生考试的成本数百倍的增加，同时也可能导致新形式的招生不公平和招生考试中的行贿受贿行为。

为此，在相当长一段时间内，我们只能鼓励有经济条件、有制度条件的高校逐步完全实行自主组织招生考试，一般高校仍然应该依据国家统一招生考试成绩录取新生，但也应该允许这些院校自主决定需要学生报送的 X_2 科目。

同时鉴于国外社会化考试的成功经验，我们应该鼓励更多的社会考试机构组织社会化考试，同时鼓励高校逐步认可社会化考试的成绩，比如可能先认同一部分有条件的科目的社会化考试成绩，比如英语和计算机，再逐步认可其他条件成熟的社会化考试成绩。

这样的模式可能有利于选拔高校最需要的人才，形成高等教育经费尽可能大的教育效益，从而实现高等教育领域的国家利益的最大化。

2. 走向 X_1+X_2，谋求基础教育利益与高等教育利益、国家利益与个人利益并行

我们认为，高考应该在现行的 3＋X 科目设置基础上，保证基本质量，改革 3 试题的内容，逐步过渡到 X_1+X_2 的科目设置。

这里 X_1 是基础教育的学科，学生可以从所有基础教育学科中选择最代表自己能力水平、学习潜能、专业兴趣的学科作为 X_1，报送到自己报考的高等院校，作为自己基础教育水平评价的成绩。这可以解决所有选修课问题，有利于保证基础教育的全面性，保证基础教育尊重学生的个性，学生也可以根据自己的特长和个性来选择重点学习的科目。这可能有利于实现基础教育领域的国家利益最大化。

这里 X_2 是学生根据高校招生指南参加国家统一考试或社会化考试的自选科目，因为高校可以依据客观的、独立的社会化考试成绩录取新生。鉴于面试的重要作用以及在当前中国社会发展阶段无法由招生学校单方面进行面试，国家应该培养职业的面试人员，鼓励专业的社会化面试机构对考生进行专业化的面试，尤其是学习潜能面试、综合素养面试、实践能力面试。

再由大学自主决定采用哪些社会化考试成绩，需要学生报送哪些科目的基础教育综合评价成绩，考生根据大学要求和自己的志愿从基础教育综合评价科目成绩中自主选择，并自主选择参加哪些社会化考试。

高校在 X_2 的选择上应该尽可能全面，鼓励学生接受全面的知识、能力、素养评价。同时，无论是 X_1 还是 X_2，都应该为考生提供尽可能多、尽可能便利的考试机会。

这样的高考可能有利于实现基础教育领域和高等教育领域的国家利益的一致，也有利于实现国家利益和考生个人利益的一致，从而达到国家利益的最大化。

四、系统分析评价模式：以我国当前外语考试政策的偏失为例

对政策系统进行分析，主要分析政策系统各个部分的协调性。对我国外语考试政策进行系统分析，就主要分析外语考试政策的利益主体（考生、考试分数的使用者、考生的培养者等）、外语考试政策制定的合法性与对各方利益的兼顾，以及外语考试政策的反拨作用。

外语是我国当前国民教育体系中的一门重要学科，然而，外语也是我国当前受到批评最猛烈的学科。

山西理工大学谢克昌教授对我国现行外语教育体系提出了尖锐批评。他指出："在现行的高考中，英语是必考科目；大学英语没过级就毕不了业；研究生的录取，英语在多数情况下具有一票否决权……现行英语教育……的负面影响，已经凸显。"南开大学哲学系的朱鲁子教授更为猛烈地批判英语考试，他认为，"学生在学习英语的过程中深受其害，浪费大量的时间，荒废正常的学业，使整个中国的教育质量遭受毁灭性的打击，

同时也使国家每年数以百亿的巨大财富打水漂，真是祸国殃民。”中国人民大学的顾海兵教授更加理性地、一针见血地明确指出，“目前的外语一票否决首先是没有法律依据”，网民对我国当前外语考试政策的批评更是犀利，甚至出现“打倒英语帝国主义”的说法。[①]

我国当前的外语教育和外语考试的症结何在？显然，这是一个不可回避、也不应回避的问题。我们曾专文分析了我国当前的外语教育政策问题[②]，特以此为基础，简要分析我国当前外语考试政策，尝试从学术的角度理性地探讨我国当前的外语考试政策存在的诸多问题，以抛砖引玉，促进我国外语考试全面改革，使其与我国社会经济发展和人的发展相适应。

（一）当前外语考试政策的偏失分析

我们认为，外语考试政策出现执行偏失的原因很多，主要原因是我国的考试文化作为社会文化环境的影响。

本节分析的外语考试政策是指我国当前主要的外语考试政策，这包括国家教育行政部门直接在全国统一举行的外语考试，如高考外语考试、硕士生招生外语考试、专业职称外语考试、公共英语等级考试等；还包括经国家教育行政部门批准组织的全国统一举行的外语考试，如大学英语四、六级考试等；也包括地方教育行政部门按照国家规定举行的地方高考外语考试，以及地方教育行政部门组织的中考外语考试等。

1. 当前外语考试政策的制定机制及其偏失

前述的外语考试都属于公共性质的考试，因此这些考试的政策都属于公共政策。公共政策应该代表公共意志，由公众或公众代议制机构、公共行政机构制定，在经过合法化程序之后，由行政机构按照法律授权组织实施。

我国目前的外语考试政策的制定采用的是自上而下的理性模式[③]，由国家教育行政机构制定，几乎不经过法律程序。如大学四、六级英语考试是对大学英语课程进行的教学督导考试，而且是收费考试。这一收费的教育督导考试与《教育法》、《高等教育法》、《教师法》、《行政许可法》

---

① “谢克昌委员质疑现行英语教育”，《中国教育报》，http://www.edu.cn/20040308/3100644.shtml；新华网：《炮轰大学英语考试制度：英语考试“祸国殃民”?》，http://news.xinhuanet.com/edu/2003-10/29/content_1148309.htm；顾海兵：“中国公共外语教育反思”，《南方周末》，2004年9月23日，http://www.nanfangdaily.com.cn/zm/20040923/xw/sd/200409230019.asp；《打倒英语帝国主义?》，http://www.sina.com.cn_英语学习_新浪网.htm。

② 鲁子问：“中国外语教育政策的实然分析与应然设想”，《基础英语教育研究》，2003年第1期，第7—13页。

③ 袁振国：《教育政策学》，南京：江苏教育出版社，2000，第119页。

等的法律规定并不完全一致，也没有经过大学英语教师代表为考试主体、学生作为收费对象的听证会，显然存在法理性不足的问题，也就是说，每年上亿元的大学英语四、六级考试的收费并没有经过法定的程序获得其收费的合法性(后来才在社会批评下，获得合法性)。显然，教育部在制定大学英语考试政策时，其制定程序在一定程度上还存在法理性不足的问题。

我国的职称外语考试、公共英语考试、被社会化的说明大学毕业生英语水平的大学英语四、六级考试的政策都是教育行政部门委托考试专家研制的，而用人部门没有参与这些外语考试政策的制定，这样的考试政策的制定机制还不够科学。依据荷兰制定其国家外语教育政策 National Action Programme of Modern Foreign Languages 的经验[①]，在外语教育与外语能力评价政策制定中，社会各方面用人机构的代表的参与是非常必要的，而且是非常具有建设性的，更是外语教育与考试政策合法化、科学化的重要保障。

我国当前的中小学英语课程改革正在如火如荼地推进，但是，这个改革的纲领性文件《国家英语课程标准》中并没有考试标准，这导致当前的中小学英语课程改革中广泛存在"新课程、旧考试"的现象。而按照国际通行的做法，制定课程标准的时候应同时制定课程的考试标准。[②] 这说明我国当前这份英语课程标准本身也存在研制的科学性不足，在一定意义上这也属于外语考试政策所存在的问题，当然，出现这一问题的原因也源于课程标准的研制机制本身存在的不足。

由此可知，我国当前的外语考试政策的制定机制的偏失主要表现在：法理性不足、科学性不足。

导致这一偏失的原因则主要在于我国行政管理部门长期以政代法，不需要获得合法性许可，就可以直接行政。可以说，这些外语考试政策的合法性缺失或者合法性不全，不是外语考试政策本身的问题，而是我国长期存在的法律与行政关系不清晰这一社会文化环境因素所致。

2. 当前外语考试目标的偏失

政策的核心是其目标，而当前我国外语考试目标与国家外语教育目

---

① Bongaerts, T. and K. Bot. 1997. *Perspectives on Foreign-Language Policy*. Amsterdam: John Benjamins Publishing, pp. 1-78.

② Language Policy Division, Council of Europe. 2002. *Common European Framework of Reference for Languages: Learning, Teaching, Assessment*. Strasbourg: Language examining and test development, (10); The Education Department. 1996. *Syllabuses for English Language* (*Primary* 1-6). Hong Kong.

标并不一致。

我国义务教育英语课程的目标是“激发和培养学生学习英语的兴趣，使学生树立自信心，养成良好的学习习惯，形成有效的学习策略，发展自主学习的能力和合作精神；使学生掌握一定的英语基础知识和听说读写技能，形成一定的综合语言运用能力；培养学生观察、记忆、思维、想象能力和创新精神；帮助学生了解世界和中西方文化的差异，拓展视野，培养爱国主义精神，形成健康的人生观，为他们终身学习和发展打下良好的基础”①。

但是，我国当前外语考试的目标却与教育目标存在诸多偏离，且不说考试目标中没有语言素质之外的综合素质，就是语言素质的考试也存在诸多偏离。以听力考试为例，应该说听力考试应该评价学生的听力理解能力，但绝大多数的听力试题考查的都是听力辨析能力，就是听出所交谈内容的能力，如听了一段对话之后回答 Who is Chris Paine? What are the four speakers talking about? Where is the woman? When is the man checking in? 而不是要求学生听到对话之后根据自己听这一对话可能的真实目的做出选择。英语教育学家 David Nunan 说过，听完天气预报决定上学是否要带雨伞，这才是真实的语言运用，而听完天气预报之后选择哪个词是刚才描述的天气，那只是评价听力辨义的技能，而不是运用语言能力。②

尽管我们说，外语考试政策的这些偏失主要是外语政策内部的缺失，但导致这一缺失的并非外语，而是我国的考试文化。我国自古至今的考试都强调知识、强调知识的体系性和完备性与准确性，并不强调知识的运用性，也就是说，强调考查学生对陈述性知识的掌握，而不考查学生对于程序性知识、策略性知识等的掌握。所以导致这一偏失的主要原因仍是我国考试政策的社会文化因素。

3. 当前外语考试功能的偏失

作为人的社会实践活动，考试具有自身的功能，“考试功能是指考试系统对外部环境所产生的功效、作用等”③，考试的社会功能包括文化功能、行政功能、经济功能、调节功能、督导功能等。但是，我国当前的考试政策所规定的考试功能存在着与考试类型、考试内容的背离。

---

① 中华人民共和国教育部：《英语课程标准》（实验稿），北京：北京师范大学出版社，2001，第 1—2 页。

② Nunan, D. 1989. *Design Tasks for Communicative Classroom*. Cambridge: Cambridge University Press, p. 40.

③ 廖平胜：《考试学原理》，武汉：华中师范大学出版社，2003，第 139 页。

（1）当前外语考试的功能与类型相悖

我国当前的外语考试分为两大类型：评价被试外语运用能力的能力考试、检测被试学习规定的外语课程的学习内容掌握程度的学业考试。能力考试又可分为以选拔为目的的能力考试、以评价为目的的能力考试。

中考、高考、硕士生招生等的英语考试都属于选拔性的能力考试，这些考试不以分数决定是否录取，而以被试的在整个考生中的排名为录取依据。当前的中考、高考的英语考试中，英语没有最低分数线，也就是说，英语分数不是录取的决定性条件。但在硕士生招生考试中，英语却有最低分数线，英语被规定为决定是否录取的决定性条件。英语是否应该成为录取硕士生的决定性条件，这对于不同专业、不同学术取向的考生、不同学术取向的导师，都是不同的。显然，英语考试的类型与功能在硕士生的英语考试上出现背离。

学业考试则是指学生学习外语课程之后进行的考试，主要检测学生是否掌握课程所学内容，达到课程的目标。这类考试应该是教师自己组织的考试，或教学单位组织的考试，而且应该不收费，因为学生所交学费中已经包括参加学业考试的费用。但是，当前的大学英语四、六级考试却是与教学内容没有直接关联的能力评价性的收费考试，这与学业考试类型的功能并不相符。

（2）当前外语考试的功能与内容相悖

如前所述，当前的外语考试分为选拔性的能力考试、评价性的能力考试与学业考试，而现实却是，能力考试没有真正评价能力，学业考试没有检测课程内容。

当前的中考、高考、硕士生招生考试等以检测评价被试的外语运用能力为目的的外语考试，其内容却过分偏重对语法知识的检测，而不是评价语言运用能力，其实这一现象几乎表现在我国当前的所有外语考试中，只是程度不同而已。

英语作文应该是检测被试的英语写作能力的最合理形式，我国当前的很多考试中都有写作考试，但是其考试内容却并不能真正检测被试的英语写作能力。

在高考中，我们看到的大多是看图、读表格作文，而这一试题的重要评分标准却是作文是否全面描述图片或表格中的内容，而不是被试根据图表自我表达的能力，这显然检测的不是被试的英语写作能力，而是看图表获得信息的能力。读图表获得信息的能力固然重要，但却与英语写作能力风马牛不相及。

大学英语四、六级考试中的写作则总是三段论式的100多词的论说文，而所论说的问题几乎都是有明确的倾向答案的，比如环境保护问题、公共交通问题等，被试根本不需要、也不大可能发表自己的论点，所要做的不过是为一个给定的论点寻找支撑性的论据，这根本不可能检测被试的论说文的写作能力，而是检测被试为给定论点寻找论据的能力。

这些考试都是以客观性、标准性评价为主，几乎不进行特长性评价，被试的英语运用能力根本无法全面的展示出来，导致这样的考试根本无法全面评价被试的综合运用英语的能力。

作为学业考试的大学英语四、六级考试更是背离其考试功能，因为大学英语四、六级考试根本不是被试所学习的英语课程的学习内容检测，而是独立于学习内容之外的能力考试，而这一能力考试本身又存在着上述问题。

如同外语考试目标偏失的原因一样，导致我国外语考试功能偏失的主要原因仍然是我国的考试文化，当然也有一些是社会因素所致，比如四、六级考试的证书被社会强行认定为外语水平考试政策，这导致了四、六级考试功能的偏失。

（二）外语考试政策的改革建议

显然，当前外语考试政策存在以上问题，这也是我国广泛存在的政策问题的一个缩影。为此我们不能因此而因噎废食，否定甚至取消外语考试，而应理性地分析问题，探寻解决这些问题的可能途径。

为此，我们特提出以下建议，以引起广大外语教育与考试工作者和专家学者对改革我国当前外语考试政策的重视。

1. 全面改革外语考试政策制定机制

在我国，考试政策往往有着非常巨大的作用，特别是在我国全面推进中小学外语课程改革与大学外语教学改革的今天，我们尤其要重视考试改革对于教育改革的巨大作用。

从当前考试与教育的现实关系来看，在中国是考试制约教育，而不是教育规范考试。也就是说，在当前的教育这个系统中，考试是纲，课程与教学是目。因此，在当前中国，要真正进行外语课程与教学改革，就得抓住考试这个纲，因为“纲举才能目张”。因为考试与教学分属不同的权力部门，所以，在当前中国，课程与教学改革了，考试未必改；但只要考试一改革，课程与教学自然就会跟着改。那么，在外语教育政策的系统性上，应该从考试改革作为外语教育政策改革的突破口。这也是目前的外语教育改革必须攻克的“腊子口”。

我们认为，我们首先必须建构基于国家相关教育法律（如《教育法》、《义务教育法》、《高等教育法》等）与行政政策制定法律（如《行政许可法》等）来制定考试政策的合法化机制，甚至可以考虑制定《公共考试法》、《教育考试法》等专门的法律，因为考试在我国是一个关涉千家万户的社会活动。

我们还必须全面深入研究经验丰富的美国外语考试政策，全面深入研究最全面的来自欧洲的区域性外语教育与考试政策，全面深入研究最全面的来自荷兰的国家外语教育与考试政策，全面深入研究外语教育规划与实践最成功的卢森堡的外语教育与考试政策①，当然更要深入彻底地研究我国当前的外语教育与考试政策。

在深入研究的基础上，我们还应该组织社会各相关层面的代表，在正确的外语教育考试理念的指导下，制定出科学的、合理的、合法的外语考试政策，从而使外语考试真正成为评价被试的外语运用能力的有效工具。

2. 科学设计外语考试目标

如前所述，我国当前外语考试政策的重大偏失之一就是考试内容与能力要求相悖。我们由此认为，要实现当前我国外语教育的全面改革，就必须首先制定外语教育考试内容改革的相关政策，或者在目前正在制定的外语教育政策中尽快体现出考试内容改革的要求。

我们必须使国家外语考试目标与国家外语教育目标一致，这可以使学习者的学习目标与国家外语教育目标一致，使学生和教师成为国家外语教育政策的忠实执行者，使应试教育成为应“国家教育目标”之试的教育，从而把应试教育转变成为符合国家教育目标的教育。

依据国内外外语测试的理论与实践，我们认为，我们的外语考试必须真正指向真实的语言运用能力，尤其是中考、高考、硕士生招生英语考试、大学四、六级考试等关系重大的考试，要彻底改变只重视知识与技能取向，真正实现指向运用外语的真实能力的考试，不仅考察语言结构能力，更要考察语用能力、策略能力、社会文化能力。②

3. 合理定位外语考试功能

如前所述，当前外语考试的类型与功能存在背离。

---

① 参见 National Foreign Language Center: *Policy Issues*, 1995, 1999a, 1999b, 2000; Council of Europe: *Common European Framework of Reference for Languages: Learning, Teaching, Assessment*, Cambridge University Press, 2001; T. Bongaerts and K. Bot: *Perspectives on Foreign-Language Policy*, John Benjamins Publishing, 1997; 胡文仲：“我国外语教育规划的得与失”，《外语教学与研究》，2001 年第 4 期。

② Bachman, L. 1990. *Fundamental Consideration in Language Testing*. Oxford: Oxford University Press.

为此，我们必须合理定位外语考试的功能，特别是大学英语四、六级考试，因为这一考试目前与其功能的背离最为严重。

大学英语四、六级考试应该彻底改革，明确其作为大学英语学业考试、或者作为大学英语教育督导考试的功能，按照法律规定经过合法化程序，成为不收费的大学内部考试。

职称外语考试、公共外语考试也存在功能背离问题，应该由社会用人机构与外语考试专家共同组织考试，因为职称外语考试、公共外语考试的标准本来就应该属于用人单位，而不是教育行政部门。

当前外语考试政策存在诸多不足，我们可能一时无法解决所有的问题，况且这些不足也不是一时形成的，而且考试和考试政策总会存在这样那样的不足，但只要我们从现在开始进行改革，科学、合法的外语考试政策就指日可待了，外语考试就可以在促进社会与人的发展方面起到应有的作用。

五、综合评价模式：以外语教育政策综合评价为例

政策总是涉及方方面面，所以对政策的评价也需要采用综合评价的模式。根据德国公共政策学家韦当的研究，系统的公共政策包括对于政策投入、政策实施和政策结果三个阶段的系统分析，每个阶段中可分描述和判断两个范畴，描述范畴又细分为意图和观察；判断则分成标准和判断。整个干预过程被分成了12个单元，如表1所示：[①]

表7 综合评估模式框架

投入阶段	描述： ① 意图(目标是什么样的，希望得到什么样的效果) ② 观察(发生在这一阶段的活动的相关数据；对现状的描述)
	判断： 标准(作为比较基础而使用的价值准则) 判断(比较意图、观察和标准的过程)
实施阶段	描述： ① 意图(项目如它所计划的那样执行吗) ② 观察(实际的执行和项目交付)
	判断： ① 标准(作为比较基础而使用的价值准则) ② 判断(比较意图、观察和标准的过程)

① Evert Vedung. 2000. *Public Policy and Program Evaluation*. New Branswick: Transaction, p. 64.

续表

结果阶段	描述： 意图（项目所预期的结果） 观察（项目结束后所收集的与实际结果相关的数据） 判断： ① 标准（作为比较基础而使用的价值准则） ② 判断（比较意图、观察和标准的过程）

在常规的政策评价中，一般较少从 12 个要素一一分析，而是分析一些影响最大的要素。以下以我国外语教育政策的综合分析为例，展开说明。

2001 年是我国英语教育的一个历史标志性年份，因为我国外语教育在这一年进入了一个新的历史时期：小学英语首次作为国家课程在全国逐步开设，外语（英语）成为最普及的国民教育课程之一；基础教育阶段《英语课程标准》（实验稿）以及日语、俄语课程标准以教育部名义颁布执行，这是历史上第一部以"中华人民共和国教育部"的名义颁布实行的外语学科教育标准（以前的教学大纲都是以"教育部基础教育司"的名义颁布实行）。现在，大学英语教学改革也已经开始，新的《大学英语教学大纲》也于 2008 年出台。[①]

同时，我国加入 WTO，北京举办 2008 年奥运会，上海举办 2010 年世界博览会，等等，都在我国社会掀起了新一轮的外语学习热潮。

显然，我国的外语教育正在走向蓬勃发展的新时期。但是，冷静思考我国的外语教育，我们可以看到，我国外语教育仍然存在诸多问题，尤其是我国外语教育政策，还存在诸多尚需进一步完善之处。这些问题导致我国社会对外语教育质量有诸多批评。

为此，本节将尝试简要分析当前我国外语教育政策的实然形态，并探讨其应有的形态。

（一）当前我国的主要外语教育政策

迄今为止，我国还没有制定国家的外语教育政策体系。我国已有具体的中观、微观的外语教育政策，但我国的宏观外语教育政策，还只是体现在一系列的文件与讲话中，而没有系统的宏观的外语教育政策。

在宏观政策层面，以下教育宏观政策中包含了我国目前的外语教育

① 引自笔者记录整理的胡文仲、胡壮麟、吴一安等于 2002 年 10 月 15 日在"中国外语教育效率研讨会"上的发言。

宏观政策：

《中共中央国务院关于深化教育改革全面推进素质教育的决定》以及国家第三次全国教育工作会议的其他文件；

《国务院关于基础教育改革与发展的决定》以及全国基础教育工作会议的其他文件；

教育部《面向21世纪教育振兴行动计划》、《基础教育课程改革纲要（试行）》、《“十五”教育发展规划》等文件。

这些文件是我国当前最重要的宏观教育政策，但这些文件都不直接涉及外语教育政策，而只是在宏观层面上指导着中观、微观外语教育政策的制定。

我国外语教育政策主要表现为中观政策，这包括一系列的新的外语教育政策：

以教育部名义颁布的国家《英语课程标准》（实验稿）、国家《俄语课程标准》（实验稿）、国家《日语课程标准》（实验稿）、新的《大学英语教学大纲》、国家领导人关于外语教育的多次讲话、教育部《关于促进小学开设英语课程的指导意见》的文件、教育部以及基础教育司有关领导关于英语教育的讲话等等。

在中观政策中，新的国家《英语课程标准》（实验稿）非常系统、具体，而且充分体现了当前先进的外语教育思想，扩展了外语的工具性特征，重新承认了外语教育的人文性特征，确立了合理的外语教育与外语学习目的，充分体现了对学习者的个性的尊重，包含了社会建构主义学习思想、多元智能教育思想等新的教育理念。可以说，以国家《英语课程标准》（实验稿）为代表的中观层面的外语教育政策是科学、系统、全面的（尽管尚待进一步完善）。

在微观政策层面，我们可以看到非常具体的外语教育政策：

教育部直接领导的国家《英语课程标准》研制专家有关外语教育的思想、原则、指导方针等的官方性的讲话，地方教育行政部门、教研部门关于外语教育的政策文件，学校的外语课程设置计划、课时安排、教师配置等微观教育政策，等等。

微观层面的政策非常丰富、具体，但也存在不能完全体现中观政策要求的问题，比如课时安排，现在全国存在很大的地方性、学校性差异，小学英语每周从7课时到1课时不等。

（二）当前我国外语教育政策实然形态分析

应该说，我国当前的外语教育政策在层次上比较完备，中观政策比较科学、系统、全面。但从外语教育政策分析的视角看，我国当前的外语教育政策还存在以下主要问题：

1. 外语教育政策不够系统，制定程序不够科学

从以上对于我国当前外语教育政策层面的描述我们可以看到，我国当前的外语政策在层面上重中观、微观层面政策的制定，而轻宏观层面政策的制定。总体上看，我国当前还没有系统的外语教育政策，特别是缺乏从宏观层面指导外语教育的政策。

我们再分析政策制定的程序。在政策制定模式上，我国目前的外语教育政策的制定采用的基本上都是自上而下的理性模式，也就是国家及其利益代表者制定出充分体现国家意志的政策，由国家以法律形式颁布实施的政策制定模式。[①] 而且是国家（或者是代表国家利益的专家组等）直接制定政策，社会其他层面（特别是直接使用劳动力外语能力的企业与社会机构等）不参与政策制定。在政策制定者方面，主要是国家成立专门的研究机构，或者选择专家组，代表国家制定政策，其专家队伍主要由我国优秀的外语教育专家组成。

显然，我国当前的外语教育政策还不够系统，缺乏系统的宏观政策，而且政策制定程序仍存在一些不足，还需要进一步科学化。

2. 学习者的学习目标与国家外语教育目标相背离

在当前的政策中，国家《英语课程标准》（实验稿）是最新的系统性的官方文件，对国家外语教育目标的规定具有一定的代表性。

这一文件规定的国家外语教育目标是：（编号为我们所加）

1）激发和培养学生学习英语的兴趣，使学生树立自信心，养成良好的学习习惯，形成有效的学习策略，发展自主学习的能力和合作精神；

2）使学生掌握一定的英语基础知识和听说读写技能，形成一定的综合语言运用能力；

3）培养学生观察、记忆、思维、想象能力和创新精神；

4）帮助学生了解世界和中西方文化的差异，拓展视野，培养爱国主义精神，形成健康的人生观，为他们终身学习和发展打下良好的基础。[②]

显然，这一目标是宏大的，也是宏观的，具有明确的教育性。

而实际上，我国广大的外语学习者的直接学习目标与国家《英语课程标准》所规定的国家外语教育目标是相背离的。

我们随机调查就可以发现，我国外语学习者学习的最根本目标不是

---

① 袁振国：《教育政策学》，南京：江苏教育出版社，2000，第119页。
② 中华人民共和国教育部：《英语课程标准》（实验稿），北京师范大学出版社，2001年。

培养兴趣，不是树立自信心，不是培养创新精神，不是形成健全的人生观，等等，而是参加考试（中考、高考、四六级考试、研究生考试、出国考试等等），从而提升个人乃至家庭的生存境遇。

严格意义上说，学习者的这一目的是非常可贵的个人动机，因为提升个人与家庭的生存境遇是来自个人的促进整个社会进步的根本动力。

中国自魏晋风度之起，世袭的士族制度走向终结；而从隋唐科举之兴，广大社会寒门庶族子弟皆获得了提升个人与家族社会阶层地位与生存境遇的阳关道：考试。毋庸置疑，考试制度为社会各阶层的子弟提升生存境遇打开了一扇公平竞争之门，从而为社会进步增加了新的可能。

毫无疑问，考试是当前唯一的社会利益的平衡器，是社会大众提升地位与生存境遇的正常通道。这是考试的社会学本质所在。

因此，我们没有任何理由指责学生和家长为了应试而学习英语，我们也没有足够的理由指责学校和教师围绕高考和各种考试的指挥棒转，因为我们没有理由指责考试制度本身。

那么，在这里，我们能够清楚看到的是：学习者的外语学习目标严重背离于国家外语教育目标。这一背离导致学习者不愿意按照国家外语教育目标学习，教师不愿意按照国家外语教育目标进行教学，使国家外语教育目标有成为一纸空文的可能。

3. 国家外语考试目标与国家外语教育目标现状的背离

出现前面所言的学习者的学习目标与国家外语教育目标相背离的根本原因在于：我国的国家外语考试目标与国家外语教育目标的严重背离。

理论上说，若学习者的外语学习目标是通过考试，那么，国家外语教育目标与学习者的外语学习目标，就应该在考试目标上实现统一。也就是说，只要国家外语考试目标就是国家外语教育目标，那么，应试教育也可以成为应《英语课程标准》的教育、应教学大纲的教育，从而也就是应国家外语教育目标的教育。

但目前的问题是：我们的高考、四、六级考试在考试能力目标（也就是试图通过考试检测出的考生的外语能力）上都与国家外语教育目标有很大的距离。

此处以高考为例，来简要分析一下这种背离。

当前，高考也正在加快改革，可是这些改革根本还只是形式上的，而不是能力目标上的。比如，为了改变“聋子英语”的现状，高考增加了听力考试。但是现有的听力考试基本上都是停留听力技能的考试，而不是语言运用的考试。听力试题只是要求学生听到具体的文字，比如 2002 年高考英语试题的 1—5 题分别是：Who is Chris Paine? What are the four speakers talking about? Why did the woman buy a heavy coat for Jimmy? Where is the woman? When is the man checking in? 而不是要求学生听到对话之后根据自己听这一对话可能的真实目的做出选择。英语教育学家 David Nunan 说过，听完天气预报决定上学是否要带雨伞，这才是真实的语言运用，而听完天气预报之后选择哪个词是刚才描述的天气，那只是学习听力技能，而不是运用语言。[①]

显然，这种形式上的改革不是本质上的改革，若不从考试内容所体现的能力要求上进行改革，则不可能通过考试改革来实现国家外语教育目标与学习者学习目标的统一。

那么，我们可以清楚地看到，当前的国家外语考试目标与国家外语教育目标相背离。这一背离很容易导致教师、学生从国家外语教育政策的同盟军变成其对立面。

4. 国家外语教育政策与区域教育资源的背离

中国人口之多，各地区社会经济文化发展很不平衡，教育资源存在严重差距。

但是，目前国家外语政策并没有体现区域性差距，也没有制定区域性的外语教育政策，而是承认当前的这种差距，允许有差距的发展，如小学英语课程设置允许没有条件的区域暂时不开设。

事实上，尊重当前外语教育资源的差距，实际上等同于接受这种差距，容忍这种差距，而不是通过政策缩小这种差距。而这恰恰与国家西部大开发的思想是不一致的。

我们在看到我国教育存在区域差距之时，应该非常明确地提出缩小这种差距的方略。当前的国家外语教育政策没有任何明确的“西部计划”或其他的区域性计划。

目前的农村小学英语教育政策是有条件就开，没条件就不开，而不是没有条件就由政府资助开设。这实际上会导致新的教育不公平，形成新的城乡教育差距。

从教育的公平性来看，越是贫困地区、边远地区、少数民族地区，越是需要更多的教育资源，特别是来自外界的具有原生功能的资源，从而帮助这些地区获得自身的造血机能。

---

① Nunan, D. 1996. *Designing Tasks for Communicative Classrooms*. Cambridge: Cambridge University Press, p. 40.

我国西部地区的外语教育理论研究资源非常丰富，西部已经成为全国外语教育的学术重镇之一，这将是我国西部的外语教育形成新的突破的重要资源。

但我们知道，西部内部也存在区域性的不平衡，因此，西部内部的外语教育也需要为缩小内部差距而努力。

显然，我们可以看到，国家外语教育政策对不发达地区、老少边穷地区支持与倾斜的力度还需要进一步加强，当前对农村小学英语教学采取的自我发展的政策也需要调整。

5. 外语课程性质的整体性与阶段性的矛盾

我国外语学科的性质是工具性、人文性学科。实际上，工具性与人文性是统一体，当我们运用外语作为工具学习外来文化、向世界介绍中华文化、与外国人进行跨文化交往的时候，外语既是工具性的，也是人文性的。

当然，外语的工具性与人文性也是不相同的。外语的人文性主要表现为通过外语学习引导受教育者养成积极的跨文化心态（开放、尊重、平等、宽容等），培养学习者的跨文化意识、国际意识、世界意识等，同时也可以包括学习外国文化知识，形成跨文化交往的能力等。

外语的工具性也具有不同的层次，外语作为日常交往的工具和外交交往的工具是不同的，作为商贩的商务工具和超大型跨国公司的商务工具是不同的，作为跟着旅行团到国外旅行的工具和背包族到国外独自一人旅行的工具也是不同的。

那么，显然，外语的人文性和工具性的性质是应该存在层次性的。

我们分析一下我国的外语学习者对外语的工具性与人文性的需求可以看出更多的问题。

据概算，到 2010 年，我国在校学习过外语的学习者可能超过 6 亿人。那么，我国需要多少外语过关的专业人才？估计不超过 1 亿人。我国需要多少能初步使用外语的人（如需要阅读外语说明书的技术工人、从事边贸和对外商业活动的商贩等），估计不超过 3 亿。那么，对于其他人来说，外语教育的主要功能就是其人文性了。

实际上，在小学和初中教育阶段，外语教育的性质更多是人文性的，其工具性只是初步的；而在高中和大学教育阶段，外语教育的性质则是工具性更加突出，人文性依然并存。但目前外语教育政策对课程性质的阶段性并没有明确规定。这一现象实际上对我国的小学和初中阶段的外语产生了严重影响。我们现在的小学和初中英语教学实际上强调的是外语课程的工具性，而不是人文性。这导致工具性并没有得到加强，而人文性受到很多制约。

2002 年 9 月底到 10 月初，新浪网上开展关于英语学习的专题讨论，数十万条发言提出了“打倒英语帝国主义”等说法①。尽管这些言论全然忽略外语作为人文性学科对于全面提升我国国民的跨文化素养和跨文化意识的不可估量的重要作用，但这些言论透视出我国当前外语教育过于强调其工具性的问题，可谓是一语中的。

可以肯定地说，我们并不需要将所有的受教育者都培养成精通外语的专业人才，但我们有必要将所有的受教育者培养成具有丰厚的跨文化素养和敏锐的跨文化意识的中国公民，这对于我们面对世界格局具有不可估量的意义。如果全体中国国民对美国文化都洞若观火，那将比多少联合公报都更有战略力量。鸦片战争的悲剧已经给了我们刻骨铭心的历史教训。

那么，我们可以清楚地看到，我国外语课程的性质存在着整体性与阶段性的矛盾。

（三）当前我国外语教育政策应然形态的设想

毫无疑问，我国当前的外语教育政策的实然形态存在这样那样的问题，这些问题已经成为制约当前我国外语教育快速发展的瓶颈。

因此，我国外语教育发展要走上健康快速发展的轨道，必须突破这一瓶颈，尽快制定科学的、合理的全国外语教育政策规划及其实施纲要，并在此基础上制定区域性的外语教育政策规划及其实施纲要。

我们认为，从我国与国外外语教育政策制定的经验教训看，我们必须从以下方面制定我国外语教育政策：

1. 外语教育政策目的应实现个人取向与社会取向的统一

教育目的总是有个人取向和社会取向的，我国的教育是社会取向为主、兼顾个人取向的。

我们认为，我国外语教育的个人取向目的和社会取向目的应该是：

1）个人取向目的：

A. 语言工具性目的：培养学生综合运用英语的能力，即：把语言作为交际工具而运用的能力、与把语言作为非交际工具（思维、游戏、能力呈现、养育等的工具）而运用的能力。

B. 语言人文性目的：培养学生的英语语言文化素养，并同时培养学生的多元智能素养。

① http://www.sina.com.cn_英语学习_新浪网.htm。

2）社会取向目的：

A. 语言工具性目的：培养学生为社会发展与国家安全而综合运用英语的能力，提升社会与国家的语言水平（national language capacity）[①]。

B. 语言人文性目的：培养学生积极的跨文化意识、跨文化交往能力，提升社会的跨文化水平。

在外语教育政策规划中，个人取向的教育目的与社会取向的教育目的的统一是非常重要的。我国当前的外语教育目的主要是从个人发展的层面来陈述外语教育的目的。

在911之后，外语教育对国家社会安全的重大影响已经成为全球问题，美国多次召开各种会议、听证会等探讨这一问题[②]，而我国迄今没有重视这一问题。

国家与社会的发展（包括可持续发展）与外语教育也是密切相关的，比如中国—东盟自由贸易区的方案就昭示着更多的相关语言人才的需求。这一问题在迄今的外语教育政策中也没有得到足够的重视。

我国的教育是兼顾个人取向的。那么，外语教育政策规划就必须适当兼顾学习者的个人发展的取向，尊重差异性的选择，也尊重共同的选择。

要实现个人取向的外语教育目的与社会取向的外语教育目的的统一，外语教育政策就必须有明确的外语语言选择与设置、学习某些语言的鼓励性政策（如奖学金等）。

2. 外语教育政策特性要体现教育性与语言性的统一

外语教育政策规划涉及语言学、教育学、社会学、政策学等诸多学科，而外语教育的核心就是外语和教育，也就是，外语教育政策的核心是其教育性与语言性。

外语教育首先是一种教育，因此外语教育政策规划首先必须考虑其教育性的本质规定。教育对社会发展具有一定的前导性，因此教育规划又要有一定的前瞻性，在规划中体现教育的特性。

外语教育又必然地是相关于外语的，因此外语性也是外语教育政策规划的学科本质规定。外语的学习机制、语言教育规律、原则、方法等都应该在外语教育政策规划中得到体现。

这在目前的中观外语教育政策中得到了比较好的体现。

---

① T. Bongaerts and K. Bot. 1997. *Perspectives on Foreign-Language Policy*. Amsterdam: John Benjamins Publishing.

② *National Briefing on Language and National Security*, http://www.nflc.org.

3. 外语教育政策规划要做到长期规划与中近期规划相结合

在长期规划上，要从社会和教育发展的长远目标制定总体的长远规划。在长远规划中，语种选择要合理，不能过于集中；规划要体现“低年段起点、一条龙教学、多层次出口”的公平性、系统性、开放性的思路。

在中近期规划中，要符合社会和教育发展的中近期目标，用长期的、发展的眼光解决近期的问题、规划中期的发展。

目前的外语教育政策是中期的，我们缺少明确的近期和远期的外语教育政策。

我们认为，我们应该制定至 2050 年(或 2040 年，纪念鸦片战争 200 年)的远期规划，还必须有 2005 年以前的近期规划。

4. 外语教育政策的规划要坚持系统性与阶段性相结合

外语教育政策规划必须使国家外语考试政策与国家外语教育目标一致。这将使学习者的学习目标与国家外语教育目标一致，使学生和教材成为国家外语教育政策的忠实执行者。

在中国这个金字塔形态的社会中，庞大的社会大众阶层必然地要寻求提升个人和家庭的生存境遇的任何机遇。既然存在考试这种国家机制，那么社会各层次的人们必然努力抓住这一机制。因此在相当长一个阶段之内，中国的这种“为考试而学习”的外语学习心理不可能出现大的变化。

因此，从考试与教育的关系来看，在中国是考试制约教育，而不是教育规范考试。也就是说，在当前的教育这个系统中，考试是纲，课程与教学是目。因此，在当前中国，要真正进行外语课程与教学改革，就得抓住考试这个纲，因为“纲举才能目张”。

那么，在外语教育政策的系统性上，应该从考试改革作为外语教育政策改革的突破口。这也是目前的外语教育改革的“腊子口”。

在阶段性上，外语教育的规划要在课程的系统性与阶段性要求上进行更明确的、更科学的细化分析，从系统与阶段把握外语课程的性质。

当前这个阶段的外语教育政策改革的重点就是考试政策的改革，这也是中国外语教育系统中最关键的一链。可以毫不夸张地说，在当前中国，考试一改，课程与教学自然就会跟着改。

因此，在当前阶段，系统性与阶段性的结合点就在于考试改革。

5. 外语教育政策规划要做到整体性与层次性相协调

外语教育政策规划要从外语教育的整体入手，但也要考虑到社会不同层次的教育资源、教育需求，因此整体性必须兼顾层次性。

我们要制定国家层面、地方层面、学校层面的外语教育政策规划，并赋予不同层面的外语教育政策的决策权。

国家规划应该对全国外语教育进行整体性规划设计，从国家利益、国家需要入手，多方面整体选择外语语种，制定奖励性学习政策。特别是对于社会急需特殊外语能力的规划，要非常重视，比如按照反恐需要对北京(2008 奥运会举办地)、上海(2010 世博会举办地)等地的警察进行相关基本语言能力的教育，就应该是国家层面的外语政策规划的重要内容。

地方规划则应从当地社会发展需要进行规划。学校规划可以依据学校的特点、社会定位等进行规划。国家也可以鼓励国民进行自我层面的外语学习规划。

6. 外语教育政策要做到全局性与区域性相结合

全局性的规划实际上是全面的布局规划。应该说，中国的区域特征是明显的，特别是区域性的外语教育资源是各有千秋的。比如，在边境贸易、国际旅游等资源上，东西南北各有其优势，外语教育研究也是东西南北各有成就。

不过，总体来说，西部在总体教育资源上还是存在诸多不足，国家应该给予更多的政策支持，应向西部倾斜，以符合西部大开发的总体思想。

比如，国家运用财政资源支持建立外语教育的志愿者队伍，甚至是享受国家公务员待遇的教师应该服“义务教育役”的制度，提供义务教育教席资助可获得一定免税的制度等。在面向西部的科研项目上，可以给予更多支持，鼓励东部研究人员到西部开展研究，鼓励东部优秀教师对西部教师进行传帮带，鼓励东部大学为西部培训更多教师，鼓励东部出版社为西部提供更多教学资源，甚至是专门为西部出版课程资源，等等。

7. 外语教育政策规划要做到人文性与工具性有机统一

外语是人文性与工具性兼而有之的课程，那么外语教育的规划也就必须做到课程两个性质的有机统一，特别是在不同阶段各有侧重，工具性、人文性内涵本身的丰富的层次也应该做到有机统一。此一问题前面已经涉及，此处不再赘述。

(四) 当前我国外语教育政策规划的当务之急

依据以上对我国外语教育政策实然形态的分析与其应然形态的设想，当前我国外语教育政策尚不能满足与适应我国社会发展和个人发展的需求，为此我们必须依据外语教育政策规划的各相关因素，按照我国社会发展与个人发展的需求，制定出系统、科学、全面的外语教育政策，真正从根本上实现我国外语教育的改革。

我们认为，制定我国当前外语教育政策规划的当务之急在于：

1. 尽快制定外语教育政策规划方案

在我国还没有规划出系统的外语教育政策之前，当务之急当然是尽快制定外语教育政策规划方案，确立我国外语教育政策研制的基本思路、基本模式，开展广泛的外语需求调查与预测，研究中国人学习外语的基本机制，总结我国外语教育政策的历史经验与教训，借鉴外国外语教育政策研制的经验教育。比如研究与借鉴迄今最全面的国家外语教育政策"荷兰的外语教育政策"（National Action Programme of Modern Foreign Languages）的经验教训；研究与借鉴外语教育规划最成功的案例"卢森堡的外语教育政策"的经验教训等[①]。

我们还要真正研究 China English (English used in China, for China, to China)，这样才能确定符合我国社会发展要求的外语教育内涵，这些不是我们借鉴国外可以确定的，比如在 British Corpus 中，dragon, quality-oriented education, reform and open to the outside world 的使用频率肯定是很低的，但在 China English 中，这肯定是使用频率很高的词。我们要研制中国的外语教育政策，当然需要基于中国社会的外语运用的研究。

在研究分析的基础上，制定出外语教育政策的规划方案，来指导我国的外语教育政策规划。然后依据这一方案，尽快研制我国系统、科学、全面的外语教育政策。

制定宏观外语教育政策不仅仅需要外语教育专家的主导，还需要政策学专家、教育政策学专家、社会学专家、人力资源经济学专家、教育社会学与教育经济学专家等的参与，也需要对国家外语能力有明确需求的国家与社会安全领域的专家的一定程度的参与，需要国家学术机构、社会独立学术机构、劳动力需求机构、国家涉外权力机构的共同参与。至于中观、微观政策则应该是以外语教育专家主导来制定。

2. 尽快改革外语考试内容

如前所述，我国当前外语教育政策的焦点在于外语考试内容的能力要求的改革。

我们由此认为，要实现当前我国外语教育的全面改革，就必须首先制定外语教育考试要求改革的相关政策，或者在目前正在制定的外语教育

---

① T. Ricento and B. Burnaby. 1998. *Language and Politics in the United States and Canada*. NJ: Lawrence Erlbaum Associates；胡文仲："我国外语教育规划的得与失"，《外语教学与研究》，2001 年第 4 期。

政策中尽快体现出考试要求改革的要求。

依据国内外外语测试的理论与实践，我们认为，当前我国外语考试的要求最大的问题在于：很多考试内容的能力要求不符合真实的语言运用形态，也就是说，很多考试内容不能考察出考生真实的语言运用能力。我们的外语考试必须真正指向语言运用能力，否则我们的外语教育政策肯定会因为考试方向的反拨作用而弱化，甚至失效。

我们认为，我们的外语考试，尤其是中考、高考、四、六级考试等关系重大的考试，要彻底改变考试要求取向，真正实现指向运用能力的考试，可以参考采用以下一些形式：

1）增加口头表达能力的考试。现在中考、高考中几乎没有真正意义的口试，这使语言运用能力无法得到全面考察，而口头表达能力是我国当前社会发展所要求的语言运用的基本能力，这是今天的中国社会发展对外语教育提出的新要求。从我国外语教育的现状来说，在当前的外语考试改革中，对于口头表达能力考试怎么强调都不过分，因为这是一种矫枉措施。

2）改革听能考试。我国当前的听力理解能力的考试主要是技能层面的考试，考察的重点是“听辨”（辨析所听到的语言是什么）的能力，而不是“听做”（听到相关语言然后决定去做某事）的能力。实际上，后者才是绝大多数语境下的真正的语言运用。比如“听真实的语音材料（如有人问路、警察询问、机场广播、学生提问等），然后选择合适的行为决定（通过听问选答来测试）”，“听真实的语音材料（如讲课、讲座、电视节目、新闻等）做记录、写摘要、填表格、选择合适行为等”等都是真实的听。真实语境的听说通常是听别人问，自己答或者续问。而现在的听力考试中的语音材料总是有问有答，好像是“偷听”他人的谈话似的。

当然“听语音材料选择适当的词完成文字记录（listening cloze）”也是真实的听，尽管这样语境的听（偷听、监听等）是真实生活中比较少出现的听。

3）增加读写的真实度。读写的考试是当前外语考试中最主要的形式，对读写能力的要求也比较符合我国社会的要求。但当前读的考试，在材料选择上与真实要求的阅读材料还有一定距离，比如信函阅读（特别是e-mail）、介绍性文字材料（公司简介、产品介绍、合作意向介绍等）的阅读能力，都是当前我国社会要求的基本的阅读能力。但在各类考试中，往往这类阅读材料不多，大量的都是故事，似乎我国社会对学生阅读外语能力的要求主要在于阅读故事的能力。写的能力要求也与真实的写作能力要求有差距。高考的写是不厌其烦的 100 词的信函，四、六级的写是不厌其烦的 200～300 词的论说文。在真实生活中，中国的英语系教授使用英文写真正意义上的论说文都不多，更何况非英语专业的大学毕业生。我们应该真正按照我国社会的要求来考查学生读写的能力。

显然，外语教育政策规划还有更多需要考量的层面。现在，作为国家宏观外语政策的国家《英语课程标准》(实验稿)已经完成，新的《大学英语教学大纲》也已出台。我们期待着国家能借此东风，研制出系统、科学、全面的国家外语教育规划。

六、效率评价模式：高考英语写作试题的政策效率分析

效率是政策的核心要素，一项政策的绩效是否达成，要看政策目标是否达成，而效率是政策目标的基本要素。

高考是我国重要的考试政策，高考英语考试大纲与试题是外语政策在高考中的具体体现。在我国 1949 年以来的高考英语考试大纲中，写作一直是这一政策要求的基本能力，现在甚至发展到出现两个写作试题。此节对写作试题作为外语政策在高考英语试题的呈现形式进行效率分析，主要从效率角度进行分析，分析写作能力的评价方式是否达到政策预设的目标。

高考是为高校选拔合格新生的考试，高考的目标预设即是为高校选拔合格新生。高校新生需要怎样的英语写作能力，是高考英语试题应该评价的，而高校新生的英语写作能力又应该是与社会发展需求相适应的。因此可以说，高考英语写作试题能否高效率地评价社会对高校新生的写作能力要求，是外语考试政策在高考层面的效率评价对象。外语考试政策的效率为试题的成本与能力需求之比，试题成本包括时间、分值、难度、与全卷其他能力比值等。本小节基于此进行分析。

(一) 高考英语写作测试的历史分析

“人类正是通过持续不断的考试实践，才使考试活动的运动规律展现在人们的面前，并使人们对有关考试活动规律认识的科学性得以确证。”[①]所以，考察高考英语写作考试的历史，有助于我们提高社会发展对高考英语写作测试影响的认识，能够揭示高考英语写作测试在社会变迁下的发展规律，从而为高考英语写作测试的实践提供历史借鉴和理论依据。

高考英语写作测试的历史，可以追溯到新中国的成立初期 1949 年高

① 廖平胜：《考试学原理》，武汉：华中师范大学出版社，2003 年 9 月，第 1 页。

校单独招生考试。但是从 1949 年到 1951 年，高考或者采取单独考试制度、或者采取联考制度、或者联考和单独考试并行，这三年的高考英语试题要么是各大学自主命题，要么是几所大学联合名题，作为高考科目之一的英语试题自然是形式多样，各有特色，所以，为了研究的方便，拟从 1952 年全国实行统一招生考试中的英语考试题谈起。

（一）写作测试的盛行：1952 年—1984 年

这个时期可以分为两个阶段，第一阶段自 1952 年全国实施高等学校招生统一考试起，至 1965 年，即“文革”前夕止。第二阶段自 1977 年恢复高考起到高考英语实行标准化改革之前的 1984 年为止。

在第一阶段，高考英语考试主要有三种题型，即阅读题、英译汉、汉译英。英译汉题型有两种形式：一种是句子英译汉，一般是给七八个英文句子，要求译成汉语，另一种是短文英译汉，文章长短不一。1959—1964 年都是采取短文英译汉的题型。汉译英题型一般 6～8 题，其中 2/3 为简单句翻译，1/3 为复合句翻译。此外，1962 年和 1963 年还出现过英语问答题，1964 年出现过阅读理解与英译汉混合题型，即在英语短文中有四句话加有括号，要译成中文，另外还要用英语回答 6 个问题。

在第二阶段，文革结束，百废待兴，英语高考试题仍然继承文革前的传统，以写作考查为主，根据统计，从分值上看，除 1982 年高考英语试卷中写作试题占总分的 54%，其余年份的写作性试题在整个英语试卷中的比例大都在 60%以上。

在有的年份的高考英语试卷中，写作的比例更高达总分的 80%。与文革前不同的是，这个时期的题型呈现了更加多样化的趋势，如句型转换、连词成句、完成句子、汉译英、句子改错、短文动词填空、阅读回答问题等。

之所以把这个时期看做是写作能力考查的盛行时期，是因为从内容上，这个时期的英语试卷中写作考查几乎贯穿了整份高考英语试卷的始终，从形式上来说，考查写作的题型多种多样，不拘一格，从分数比重上来看，这个时期的写作考查分数比例大都占当年英语科目总分的 60%以上。在这种以写作为主体考查内容的高考英语影响下，高中英语教师十分重视写作能力的培养，并通过短文写作、英汉互译等题型对学生进行训练，使其写作水平大为提高。学生的写和译的水平得到了充分的发展。但是这个时期的第二个阶段的写作测试存在一个致命的缺陷，那就是没有短文写作等直接测试性写作项目，写作能力考查大多数是对初级写作能力的考查，以句子写作考查为主，这与当时较低的英语教学目标有直接关系。从效度方面看，文章写作，无论是控制性文章写作还是自由性文章写作，是测量考生写作能力最为有效的方式。缺乏段落写作的写作能力考查，其效度必然难以保证。

语言测试界把这个时期称作前科学语言测试时期，高考英语命题的随意性很大，英语高考还谈不上科学化、规范化，命题大多凭主观经验。之所以如此，是与当时中国的社会发展状况有很大关系的。1952 年到 1984 年期间，正是计划经济占主导地位的时代，生产力还没有得到完全解放。对外交流，特别是民间的对外交流很少。对外语人才的需求量不是很大，对外语人才的素质要求也不是很高。在这种情况下，对外语的测试研究很少，国外的外语测试理论也没有得到介绍，所以经验性的命题倾向的出现也就是必然的了。这些经验性试题也难以谈得上有效率，其对考生英语写作能力的评价与考试大纲的目标设定都还存在一定的距离，有效评价就更是无从谈起。

（二）写作测试的沉暮：1985 年—1995 年

80 年代中期，受国外标准化考试理论的影响，我国开始高考英语标准化的研究，并且在广东省进行试验。这一考试定名为 MET(Matriculation English Test)。其后，部分省(自治区)参与了这一经验。从 1988 年起，全国各地均实现了高考英语标准化考试(MET)。从 1990 年起，当时的国家教委又推出了 NMET(National Matriculation English Test)，供国家教委规定的实施新科目组高考的省、市、自治区使用。随后，NMET 被推广到全国。在这个时期，写作测试在英语高考试卷中呈急剧萎缩的趋势。

首先，是写作测试分数比例快速下降，在 1985 年和 1986 年的高考英语试题中，写作考查的分数比例尚有 50%，从 1987 年到 1995 年，写作考查比例都在 30%以下，1989 年到 1993 年的 MET 试题中写作比例更是降低至 15%。在 1986—1988 年三年的高考英语卷中，对写作能力的考查更是萎缩到只占全卷分值 10%的第七题补全对话。其次，是写作能力考查的形式单一，前期主要是以补全对话为主，从 1989 年起的后期主要以控制性写作和短文改错为主。舍弃了许多有价值的题型，如从 1980 年起，不考英译汉；从 1982 年起，汉译英题型也消失了。从 1987 年起，短文填空改为四选一的完形填空。

这个时期高考英语中写作能力测试的式微，高考英语标准化改革是主因。在 1985 年到 1995 年的十年间，正值中国的改革开放从发轫走向深入。伴随着各种国外的技术思想的涌入，标准化考试也被介绍到国内，但是对标准化的研究和认识尚不够深入，人们似乎认为客观性的四选一的试题就是标准化的考试。在这种模糊的认识下，标准化考试被滥用了。具体表现就是四选一试题大行其道，主观性的写作测试题彻底退到边缘地带甚至被废除。造成的后果就是中学英语教学中英语写作能力不再受到重视，学生写作能力急剧下降，在学生偶尔的习作中，单词拼写错误随处可见，句法错误俯拾皆是，更不用说语篇层次上的问题了。上海外国语大学英语学院主持的大中小学英语教学现状调查的结果显示，整个中学阶段英语测试中，高中阶段的英语测试，尤其是高考，存在较为明显的问题，其中写作测试就是比较大的问题之一。这个项目通过问卷、访谈发现，中学教师认为高考英语试题中选择题所占比例太大，对中学的语言写作产生了很大的负面作用，高考的题型和要求直接影响着整个中小学阶段的教法和教学，学生被大量的各种标准化习题所包围，既失去了学习、使用英语的乐趣，也达不到提高英语水平的目的。在中学英语大约2000词汇的情况下，学生无论做多少套标准化的高考模拟题、仿真题，也照样在生活中遇到听不懂、说不出、读不了、写不好、译不来的情况。① 他们认为，最能考查学生真实的语言水平的就是写作，他们建议在高考中提高写作的比例，增加写作的考查形式。

这一时期的试题过于强调标准化，写作能力的考查急速萎缩，从而使社会对考生写作能力的需求无法测量。

（三）写作测试的开新：1996年—2006年

根据英语写作能力考查改革的不同特点，这个时期可以分为两个阶段，第一个阶段从1996年到2000年为止，第二个阶段从2001年到现在。

如上所述，受标准化考试改革的影响，从1985年到1995年的十余年间，高考试卷中对写作能力的考查比例急剧萎缩，导致中学英语教学中对写作教学的忽视，从而使学生的写作能力大幅下降。针对这种现象，教育界、考试界的有识之士呼吁在高考中加大对写作能力的考查力度。在这样的背景下，在1996年—2000年的英语试卷中，对写作测试进行了改革，改革的内容主要有两点：第一，增加了写作测试比例，从原来的大约26%提高到大约36%，整整提高了10个百分点；第二，针对学生拼写错误严重，增加了单词拼写测试题，丰富了写作能力测试的层次，在一定程度上改变了学生不重视写作基础的现象。

单词拼写这种题型采用了5年，考试界认为这种题型不能有效地考

① 梅德明主编：《大中小学英语教学现状调查》，上海：上海教育出版社，2004年7月。

查写作能力，还有观点认为，因为在写作能力考查中的短文改错题型对单词拼写已经进行了考查，再对单词进行考查有重复之嫌，所以不少人建议废除这种题型，因此，从 2001 年到 2006 年的全国英语试卷中，都废除了单词拼写能力考查，写作能力的考查主要以短文改错和书面表达为主，分值为短文改错 10 分，书面表达 25 分，写作能力考查的总分占整个试卷比例的约 23％。

2002 年，北京市开始高考单独命题，英语试题题型与全国卷一致，初步形成了全国卷、上海卷、北京卷三足鼎立的局面。从 2004 年开始分省命题，统一考试的改革措施开始全面推行，在分省命题的政策下，对书面表达的考查出现了一些新的改革尝试。2003 年高考，北京卷在题型设置上大胆创新，摒弃了写作部分一直存在争议的短文改错题型，采用两篇作文（情景作文与开放式作文相结合）的考查方式，旨在考查考生的创新能力。上海试卷也不采用短文改错，而代之以翻译，把写作能力考查的分数提高到 45 分，占整个高考试卷分数的近 30％。2005 年浙江卷重新采用了单词拼写题型，并把整个写作能力考查的比例重新提高到 50 分，占高考英语试题总分的约 30％，湖南卷使用短文填空代替短文改错，但是写作测试的总分值不变。

这一时期，随着改革开放的深入，人们对外来的东西已经习以为常，对外来的技术和思想，人们再也不是不假思索地全盘接受。对外语人才的素质要求，也从原来的重记忆转向重应用。因此，对英语标准化考试的模式，中国许多的学者进行了冷静的反思，并提出了质疑，他们对标准化考试导致学生只重阅读轻视写和说的现象十分忧虑。就连标准化改革的倡导者桂诗春教授也认为，标准化考试并不是四选一性的考试，那种认为标准化考试就是以选择试题为主的观点是对标准化考试的误解。还有许多其他的学者和测试专家提出了改进意见，教育部考试中心吸纳众长，也对写作测试进行了改革。这一时期，高考英语中写作测试改革具有如下特点：

其一、写作测试重要性重新得到认识。在标准化改革的影响下，写作能力测试经过从 1978 年到 1988 年的萎缩和甚至几近废止，对高中的英语教学产生了巨大的负面影响。其实，最能考查学生真实的语言水平的形式就是写作，因此，许多学者、专家建议在高考中提高写作的比例，增加写作的考查形式。在这种情况下，写作能力测试的重要性重新得到认识，从 1996 年起，扩大了写作能力考查的比例，丰富了写作能力考查的形式。在高考英语中开始重新设立书面表达、短文改错、句子翻译等形式的写作测试题。

其二、写作能力测试的题型比较固定。这一时期的写作能力测试在前期以书面表达形式为主,即根据要求和所给的材料写一篇 80～120 词的短文。中期以短文改错和书面表达为主,短文改错即给出一个 100 词左右的文段,在其中的 10 行设错,要求考生指出错误的地方并改正过来,并把改正后的答案写在每行的末尾。后期的写作能力测试呈现比较多样化的趋势,在分省命题的政策下,有的省市,如湖南、浙江、北京等,对写作考查部分从形式和分值上都进行了改革。

其三、写作能力测试在整个英语高考试卷中仍居次要地位。在这个时期的绝大部分年份里,写作能力测试在整个试卷中的分值大约在 23%左右。

其四、写作能力测试的改革不彻底。这个时期写作测试从形式上来说,还是书面表达和短文改错为主,翻译、单词拼写、短文填空为辅。虽然改革一直在进行,但是没有对测试形式、测试内容、试题比例作较大的改动。

这一试题的写作试题有了很大的变化,不仅分值更加合理,而且形式更加多样,能够较好地评价社会对学生写作能力的不同需求。

这几个阶段的变化,清楚地告诉我们,写作测试在内的考试都受到社会发展非常深刻的影响,并且高考英语写作测试的发展总是滞后于社会的发展,要想使高考英语写作测试适应社会的发展,对人才的外语的素质培养起正向的导向作用,就必须具备超前意识和国际视野,预测社会发展的趋势,及时改革高考英语写作测试,以应对未来的社会需要。之所以前面两个阶段的写作试题的效率都很低,是因为这两个阶段的写作试题对于社会需求考虑甚少。到了更广泛的社会需求受到关注之时,写作题型的变化也随之而来,写作题型的效率也就随之提高。

（二）高考英语写作测试的现实分析

现实的高考英语写作测试,既是基于数十年的高考英语实践经验,又吸收了当代考试学、语言学、语言测试学、心理学等多方面的研究成果,还考量了现实的生产力水平和各种社会条件的制约,其积极因素是主要的。所以,从现实维度对当代分省命题政策下的英语能力写作加以分析、解剖,目的不是蓄意寻找其中的诟痂,也不是为其大唱赞歌,因为这两方面都容易流于极端,不利于写作测试的健康发展,而是以客观的眼光、多维的视角、审慎的态度,分析高考写作试题的政策效率,以使英语写作测试能更进一步适应社会发展的需要。

（一）理论研究偏轨：高考英语写作测试之惘

高考写作试题的理论研究尚存在以下问题：对写作本体研究多，对于社会发展对高校新生的写作能力有怎样的要求、高考写作试题如何评价考生是否具有未来能够达到社会要求的写作能力则研究甚少，甚至尚未真正涉及社会需求；对语言的测试整体研究比较多，对高考英语写作的专门研究比较少；对外国考试的理论的介绍比较多，本土化的测试理论比较少；在对英语高考的有限研究中，对考试主体和中介的研究比较多，从考试客体的角度进行研究的比较少。并且大部分对高考英语写作测试研究欠深入和具体，不够系统化。更少有人对高考英语写作测试提出具体的、富有中国特色的理论依据。

受高考竞争的影响，也受利益的驱动，各界对英语写作测试应试策略和方法的关注最为密切，所以在这方面的研究也最多。从事这方面研究的既有一线的中学教师，又有大学教师和相关的科研人员。研究的范围主要涉及考生在进行英语写作考试时应该采取的步骤、时间的掌握、在进行英语写作时应该注意的词法、句法及谋篇布局等方面的问题。随便翻开以中学生和中学教师为读者对象的报刊和杂志上，这方面的论文随处可见。而且，关于写作测试应试技巧的专著也不可胜数，充塞着书店和图书馆的书架。研究应试的技巧，本来无可厚非，但是为之倾尽全力的考试首先应该具备合理性和科学性，这种备考应试的付出才有意义。

对于高考英语写作测试命题的研究包括理论研究和实践研究，这方面的专门研究比较少，对其研究主要是放在对英语测试的整体研究中进行的，在中外学者撰写的语言测试学的专著和论文中对英语写作测试的研究皆有涉及。但因为写作能力考查是高考英语中的一个组成部分，并且外国语言测试方面的学者对高考尚不熟悉，所以对高考写作能力测试的研究比较粗浅，没有形成系统。如，就我们所涉猎的范围，还没有专家或学者以及权威文献对高考英语写作能力作一个明确的定义。论述高考英语写作的，主要是一些局部或者现象性的描述，如考纲和教纲中提到的写作的速度、写作的字数、写作考查的形式、写作考查的赋分比例等。对于高考英语写作能力考查的层次，考查的形式，考查的内容，赋分的比例在怎样的程度上才是合理和科学等根本性的问题上，缺乏深入的探讨。诚然，社会在不断发展，对高中生写作能力的要求也在不断地变化，要给写作能力下一个明确的定义十分困难。但是，在绝对的变化中，也有相对的静止，所以，以高中英语教学内容为依据，结合社会的实际需要，给某一时期的高考英语写作能力作一个清晰的界定，既是可能的也是必要的。

高考英语写作能力内涵的模糊，暴露了我们对社会对英语能力需要的认识不清，对写作这一重要语言技能的轻视。在实践上，导致了高考英语写作能力命题在题型和考查内容上的随意性和盲目性。如在分省命题制度下的高考试题，关于写作能力的部分的名称就有“写”、“写作”（大部分省市试卷都是如此命名）、“书面表达”（如湖南卷）等几种，有的省市试卷对写作能力考查部分干脆不予命名，模糊地冠之以第二卷。在写作测试的题型选取上，所谓短文改错和书面表达独霸高考英语试卷长达二十余年。在考查内容上，有的试题不顾语言测试学的规律，命制一些不符合实际的写作任务。在写作能力的考查比例上，行之多年，不曾更改。这样的写作试题，很难考查出学生的真实写作水平，更难对中学的教学起到积极的反拨作用。

可喜的是，上述理论研究偏向已经有所改变，目前已经有学者开始关注到高考英语写作测试，并对其开始进行专门的研究。有的学者为高考英语写作测试的质量保证提出了很有价值的理论模式，要保证高考英语写作测试的质量，应该建立作文试题涉及的语用意识，建立试题质量专业标准和监督机制，选拔和培养有足够专业水准的试题命制者，建立审题专家委员会[①]，等等。更需要从运用能力需求调查入手，建构起英语写作的能力需求，基于此进行写作评价。

（二）鲜能体现思维张力：高考英语写作测试之缺

外语测试界有的观点认为，写作测试，不能过分强调作者的观点新颖性和思维独特性。其实不然，思维与写作紧密联系，即使是在类似句子等类型的简单写作任务中，思维都积极参与其间。在篇章的创制中，思想更有驰骋的空间，思维更有用武之地。在各省市的高考英语写作能力考查中，体现思维水平的写作任务并不多见。

如果写作这种实践活动要通过文章来实现，那么这种实践活动就包括写作的主体以及主体在文章中要表达的观点、为说明观点所要采用的材料、为了更好地表情达意所使用的语言表达方式、文体结构等诸多要素，而且阅读者对主体的写作活动也有引导、制约和反馈作用，他们也间接地参与了写作这一社会实践活动，这些都是写作链中的重要环节。运用书面语言进行信息交流包含了作者的创造性思维，也包含了读者的参与，最后通过文章加以体现。由此可见，语言与思维的联系甚为紧密，写作是一种高强度的思维活动。无论从哪个层面上来说，文章都是思维的

---

① 鲁子问：“2005 年分省高考英语作文试题问题分析与对策建议”，《中小学英语教学研究》，2006 年第 4 期，第 19 页。

花朵，思维的水平就是文章的水平。作为考查学生写作能力的高考英语作文（书面表达），虽然相对于母语写作能力的要求要低，但是考查学生思维水平的意义不言自明。如：议论文对作者的逻辑思维能力要求较高，叙事文需要作者具有形象思维能力，应用文要求作者考虑语言与体裁的适切性。

然而，通观各省市的高考英语写作命题，对思维的约束处处可见，首先是对文体的限制，写书信、写报告、还是写便条，写作要求中已经先有约法三章。更有甚者，开头句和结尾句都已经写好。这就为思维的驰骋设下了重重的羁绊。类似这样的写作任务比较普遍：假如你们学校"英语爱好者俱乐部"将对"良好饮食习惯"这一话题进行讨论。请根据下列提示，用英语写一篇发言稿。内容要点应包括：

部分同学的饮食习惯	良好的饮食习惯	个人看法
不吃早餐 爱吃零食 偏食 饮食过量	饮食多样化 饮食定时定量	重要性：有助于身体健康

注意：1. 发言稿必须包括所有内容要点，可适当发挥；

2. 发言稿开头与结尾已为你写好，不计入总词数；

3. 词数：100 左右.

4. 参考词汇：偏食 be particular about food　零食　snack

Dear friends,

As we all know, we are what we eat. Therefore, it's very important for us to form healthy cating habits.

____

____

____

That's all. Thank you!

其次是在写作内容上，处处是命题人的价值预设，完全不管考生自己的思想，具体表现如下：

其一，政治价值的预设，如：

假设你是李晓平，是"江苏中学"的学生。请你围绕"建设和谐社会"的主题，根据下面所给出的要点提示，用英语给全省中学生写一封倡议书。

要点提示：1. 人与社会：祖国、家乡、学校，热爱关心

2. 人与人：家人、师长、同学，诚信互助

3. 人与自然：能源、环境、动植物，爱惜保护

4. 你的态度：（内容由考生自己拟定）

该题虽然在要点提示的第四条中说考生的态度可以由考生自己拟定，但是一、二、三条的内容早已向考生暗示了该写什么、不该写什么了，实在有此地无银三百两之嫌。

其二，社会价值的预设，如：

目前，学校存在少数学生考试作弊现象。某英文杂志社拟对此现象向中学生征文，标题是“My Opinion on Cheating in Examinations”。请根据下列提示用英语写一篇征文稿。

内容要点如下：

主要原因	考试偏多、偏难
	不用功、懒惰
	取悦父母、老师
个人看法	作弊不对，违反校规
	要诚实，努力学习
	……（其他看法）

考生对考试作弊的原因的看法和态度果如表格中所言？不敢肯定。又叫学生说其他看法，其实多此一举，把表中列举的要点翻译过来，稍加整理、延伸，就能够满足120字左右的写作要求了，作为考生，在有限的时间里不太可能再谈其他的看法。又如：

据报道，2008年北京奥运会将选拔约十万志愿者为之服务。请你以“Dos and Don’t s for the 2008 Olympic Volunteers”为题，用英语写一篇短文，讨论志愿者应该做什么，不应该做什么。短文应包括下表中的内容：

Dos	Don’ts
1. 待人礼貌、友好	1. 避免不得体的言行
2. 坚守岗位	2. 不忘履行自己的职责
3. 介绍中国历史和文化	3. 不损害祖国的形象
如果你成为志愿者，你还应该做什么，不应该做什么。 （内容由考生自己拟定）	

这道写作考试题的社会价值预设比前一道有过之而无不及。

其三，文化价值的预设，如：

假设你是李华，你的美国老师 Miss Morgan 要求你们明天下午去听一个美国历史的讲座。你因故不能参加。请你根据以下要点，写一封短信向 Miss Morgan 请假。内容要点：表示歉意 理由：去机场接人 询问：是否有录音，以便补听讲座。

请假不仅是学生的权利，也是全国公民的权利，表示歉意只是礼节性问题，可依据师生关系而定，不必硬性规定。

其四，生活价值的预设，如：你堂兄建华在国外学习，你们经常用英文通信。他即将完成学业，不久前来信就是否回国工作征求你的意见。请根据下列提示回信：1. 建议他回国；2. 你的理由是：1）学有所用，就业容易；2）照顾父母。

考生对堂兄的是否归国的建议不见得就像命题人所设想的那样，再说，在国外就业的难易程度也得看什么专业。

无疑，篇章的生成是写作考查的主体，所以对篇章写作的命题特别要讲求科学性，要符合个体的写作心理。价值预设过多，这就使考生在进行篇章写作时，不能真正我手写我心。“书面表达”命题不能够从学生的思想发展实际出发，从对生活的切身体验出发，引导考生书写真情，倾诉感受，表达自我。脱离学生思想实际和情感实际，话题陷于概念化、政治化、程式化、单一化，让人望而生畏，敬而远之，虽然考场作文不能不做，但紧闭心灵之门，说些无关痛痒千篇一律的废话。这样的作文其实并不能完全检查出学生的思想和作文水平，因而也就不能算是最好的题目。

所以，要拓展书面表达的思维张力，可以从拓宽题目的思维广度和加强题目的思维力度来落实。所谓拓宽题目的思维广度，就是要使题目具有更大的开放空间，给作者的发挥留下较大的余地。所谓加强题目的思维力度，就是使题目具有较大的思维含量。过分浅易的话题，不利于区分学生的语言写作能力水平。

作为高考考生的高中毕业生虽然在整体上属于中等英语水平，但是不乏写作能力出众者，在人生中具有决定意义的高考中，如果不给他们展示自己能力的机会，他们会感到抱憾终生，从公平的角度来看，如果他们技高一筹的写作能力没有得到展现，对于他们来说也是一种不公。所以，在高考英语写作能力考查中以选作题或者其他合适的形式，命制一些思辨能力要求较强、英语水平要求较高、开放空间比较大的题目，让有实力的考生脱颖而出，使英语试题更具有区分性，就显得十分必要。

只有拓展思维的张力，写作试题才能形成其政策内含的效率，否则，只是评价学生基于汉语进行英文表达的能力，而不是社会有着更高要求的创造性写作。

（三）题型题量固化：高考英语写作测试之累

虽然在分省命题的政策下，有的省份在高考英语写作测试中加进了翻译（如上海）、自由式写作（如北京），但是大部分省市对高考英语中写作测试仍采用短文改错和书面表达两种形式。在分数比例上，一般都是写作能力考查为35分，占整个英语高考试卷比例的约23%。写作这一重要语言运用形式，在高考英语考查中已经被排斥到边缘地带了。这两种题型和分数比例，从1991年采用至今已经差不多17年了，不曾有大的改动。这种固化的题型和题量，已经成为英语写作测试的严重束缚。

“凡法虽美，经久必弊”，教材在变化，中学生的英语知识结构在变化，社会对人才的外语素质要求也在变化，高考英语写作测试的形式也应该应时而变，因为变则通，通则久。包括我国在内的世界各国教育都强调要尊重学生个性，全日制义务教育普通高级中学英语课程标准（实验稿）的基本理念之一就是“突出学生主体，尊重个体差异”。虽然高考写作测试是终结性评价，但是仍然可以贯彻这个理念，遗憾的是，在写作测试中，因为题型的固化和题量的偏少，命题空间有限，体现学生个性的元素很少，能够引导出学生各种写作能力的题型也很难得到采用。

写作能力本来是一种综合运用语言的能力，构成写作能力的各种因素不是壁垒分明，轮廓清晰，但是还是可以大致划分其层次。第一层次是语言形式系统层次或广义的语法层次（遵守广义的语法规则）。第二层次是语境层次（遵守上下文或语篇的规则，譬如上下文前后如何呼应如何连贯等等）。第三层次是情景层次（遵守时、地、人及社会文化背景等的交际情景的规则，譬如向老师请假，向朋友道别，向警察报案分别应该说什么话、如何说话等等）。英语写作行为作为一种语言运用行为，是这三个层次能力的综合运用，测试写作能力的最有效的方法就是直接测试法，就是让考生写一篇文章。但是考虑到我国学生的英语实际水平、考虑到英语写作考查是一种外语写作考查，单以一篇文章来考查学生的写作能力并不是最有效的方法。根据高中英语新课程标准的要求，我国的高中生只掌握大约3000个单词和400～500个短语和固定搭配。而“就英语国家的儿童来说，八足岁的年龄，平均能使用字汇约18000（Miller，1977)个”[1]，所以要求高考考生在高考英语中写出像高考语文作文那样的作品，显然不现实。但是在这样有限的词汇下，仍然可以把写作的能力作出不同的区分，并对不同的能力采取不同的形式来考查，以使学生的写作个性得以展现。

教育部考试中心“高考内容、形式与能力考查”课题组的报告中，对英语写作能力的区分可以说是比较具体。该报告把高考写作能力描述为十项微技能，它们分别是：1. 英语书面表达的书写、拼写、正字技能；2. 服务于特定目的的书写速度；3. 在一定限度内的用词技能；4. 应用语法系统、结构与规则的技能（不仅仅是“知”，重要的是“行”）；5. 运用不同的语法形式来表达意义的技能；6. 语篇的整合技能；7. 使用语篇惯例的技能；8. 根据不同交际目的得体地发挥语段的交际功能；9. 运用逻辑关联手段清楚地传达主旨、论据、未知信息、概括和例证；10. 使用写作策略（根据读者对象调整文字表述、发挥构思技巧、力求表述一次到位、检索并利用已存信息、修改、校正等）[2]。应该说，这种描述包括了从最简单的拼写、书写速度、到比较高级的写作策略，是比较适合我国高中生的写作能力实际的。对应这十项微技能，我们也可以设计不同层次的试题来进行考查。但是，因为考试大纲对考试的题型、分数比例和题量有明确的规定，在如此狭窄的空间中，要想对应学生不同层次写作能力层次进行命题，实难有所作为。这样固定的题型很容易导致备考对学生能力的遮蔽，无法真正评价学生的写作能力，也就无法达到政策本身的效率要求。

（四）学生写作能力低下：高考英语写作测试之痛

对英语写作测试缺乏深入的研究、高考英语写作测试在高考中的边缘地位，使整个英语高考产生了比较严重的负向反拨作用。这主要表现在考生的高考英语写作成绩、考生进入大学之后的英语写作能力、学生进入社会后的英语写作能力等方面所暴露的问题上。

高考英语写作测试作为高考英语试卷中的第二卷，与第一卷一起构成了整个英语高考英语试卷的整体，在高考英语试卷中占有重要的地位。那么考生在现有高考英语模式的影响下，其写作水平又是怎样的呢？根据调查统计，其状况令人担忧。1999 年，西南师范大学外语教育研究中心对全国高中英语教学进行了调查，结果表明，虽然我国基础教育的英语有了明显的进步，英语教学质量有了普遍的提高，但学生写作水平偏低

---

① 张春兴：《现代心理学》，上海：上海人民出版社，1994 年 5 月，第 311 页。

② 教育部考试中心“高考内容、形式与能力考查”课题组：《英语——历年高考试题精选解析》，北京：中国人民大学出版社，2003 年 3 月，第 285 页。

(见表1、表2)。

表8 全国高中英语教学调查数据(重点中学英语水平测试成绩统计)

参加统计的学校为31所	单项填空题20分	单词拼写题5分	补全对话5分	完形填空15分	阅读理解30分	短文改错10分	书面表达15分
平均分	17.12	4.35	4.86	12.50	25.89	5.49	11.21
百分率	85.5	87	97.2	80.3	86.3	54.9	74.9

(张正东主编:《全国高中英语教学调查研究》结题报告专著,人民教育出版社,2001年)

表9 全国高中英语教学调查数据(非重点中学英语水平测试成绩统计)

参加统计的学校31所	单项填空题20分	单词拼写题5分	补全对话5分	完形填空15分	阅读理解30分	短文改错10分	书面表达15分
平均分	13.93	3.33	4.44	8.65	18.93	3.16	7.73
百分率	68.1	66.5	88.8	57.6	63.1	31.6	51.3

(张正东主编:《全国高中英语教学调查研究》结题报告专著,人民教育出版社,2001年)

表8和表9显示,包括短文改错和书面表达在内的写作测试成绩远远低于其他各题的成绩,高考英语写作测试也是高考中的一部分,应该说对于考生在高考中胜出亦具有很大的价值,那么为什么考生的写作成绩与其他题目的成绩相差如此之大,这显然是考生平时对写作训练的忽视造成的,那么考生为什么对写作不重视、而对同是高考试题的其他题目却很重视?原因是高考写作能力考查试题题型缺乏变化,分数比例偏少,中学师生认为只要背几篇范文,写上几笔,凑足字数,就可应付,不必因小失大,花大力气去训练写作。

经过高考竞争之后进入大学的学生写作能力怎么样呢?就中国著名的高等学府清华大学来说,"各系教师普遍反映:学生们四、六级考试倒是过了,可是英文文献读不了,英文论文写得错误百出。"可以这样推测,连清华大学的学生在通过了四、六级考试之后写作水准尚且如此低下,其他高校学生的写作水平也不会很高的。究其原因,清华大学72岁的英文老教授孙复初的观点或许能给我们一些启示,他说"我从内心反感标准化考试,完全违背了语言学习规律。""那是对青年的摧残","标准化考试和语言学习完全成了两条道上跑的车,标准化考试不仅不能提高学生的英语应用能力,反而约束了学生的思维能力、表达能力和创造能力。""学生不会说自己的话，只会写与标准答案相同的话。”①

那么经过中学至少六年、大学至少四年的英语学习，我们的学生在进入社会后的英语写作能力又怎么样呢？我国著名翻译专家、学者王振国告诉中国青年报的记者，他们曾想招聘两名翻译老师，但来自诸多外语专业机构的300多名应聘者中却没有一个人真正合格，“一边是全民高度重视外语教育，一边是中国翻译人才高达95%的缺口，快速发展的外语教育难以满足翻译人才的需要。”对此，王振国无奈又担忧。而2004年全国首届翻译大赛的情形，似乎也再次印证了王振国的担忧。② 据《新闻晨报》报道，2004年“以发现翻译新人”为宗旨的首届翻译大赛爆出冷门：由于缺乏最好的译文，大赛不仅一等奖空缺，还把二等奖颁给了一位土生土长的新加坡人姚登南。这一评选结果让所有的评委大跌眼镜，同时也让翻译界人士忧心不已。上海翻译家协会副会长黄源深认为，国内的翻译人才已经呈现老龄化，被戏称为“银发工程”。而中国翻译选手不敌新加坡人的大赛结果，就是国内翻译人才出现断层的一个证明。③

造成这种现象，虽然有教育、社会等诸多的原因，但是包括高考英语在内的各种英语考试中写作能力的考查的不重视、对写作能力考查标准的误设，也是一个重要的因素之一。

写作能力偏低的一个重要问题是，无法满足社会对英文写作能力的要求。随着中国的国际地位的不断提升，用英文进行写作，介绍中国的理念、观点、态度、做法等等，是必然出现的新要求，这样的要求对写作能力当然也提出更高的要求，这也就要求更具有效率的高考英语写作试题（这里需要特别说的是，从政策效率而言，是否需要对所有高考考生进行高层次的英文写作能力评价，则同样是一个非常值得探讨的问题。这一问题要通过高考本身的多样化来解决，此处只是就高考写作试题本身的政策效率展开讨论）。

（三）高考英语写作测试的优化发展之径

要提高高考英语写作试题的政策效率，这里借鉴历史上的经验和依据其他相关的理论，对高考英语写作能力考查的主要导向、试题设计原则、比例、形式等方面进行深入探讨，并提出改进意见和思路。

1. 测试导向：社会需要

当前高考英语写作试题效率没有达到预设的一个重要原因在于：对

① 包丽敏：“应试狂拽教育跑”，《中国青年报》，2006年5月24日。

② 刘芳：“高校英语专业教育遭遇滑铁卢”，《中国青年报》，2006年5月29日。

③ “外文译中文老外赢国人”，《新闻晨报》，2004年12月27日。

于社会需求不明确,这就导致写作试题设计的目的不明确。在分省命题制度下,大部分省市还是继承了全国统一命题时期的传统,以短文改错和书面表达两种题型来考查学生的写作能力,但是也有不少省市进行了改革,采用了一些新题型,以 2005 年和 2006 年的高考试题为例,上海卷的写作能力考查中有翻译,浙江卷的写作能力考查中有单词拼写,湖南卷的写作能力考查中有短文填空,北京卷的写作能力考查分为情景作文和开放作文。那么,究竟怎样的试题形式和考试内容比较适合高考写作能力考查呢?标准只有一个,那就是社会对人才外语能力的需要。因为,考试标准"应及时准确地反映社会的价值观和人才观,并给后继人才成长和各类从业人员的在职提高,以及人才的合理流动导以正确方向"。[①]

写作的功能非常丰富。写作可以是思维训练、素质教育的手段,也可以是学习的手段,艺术和休闲的写作行为则是为了产生、表现情感。而作为外语写作的英语写作的最重要的功能则是为了有效地对外交流。因为英语学习者对于目标语的知识有限,除了少数专业外语人才外,大多数学外语的人不可能成为目标语的语法学家或者文学家,大多数外语学习者的目的更是为了获得对外交流的能力,而不是成为语法学家或者目标语的文学家。所以社会对外语能力的基本需要就是能够有效的交流,英语写作能力的考查应该以运用书面语言进行交际为主要导向。从社会需要的角度考虑,英语写作能力考查的形式应该主要是英译汉,汉译英,短文写作等,因为在实际生活中,这是英语写作的最主要的形式。在考察内容上,要重视写作任务的真实性,尽量避免用英语向自己的父母等亲人写信、修改英文篇章中的错误,更不是向自己国内的警察写交通事故报告等不真实的写作任务。

当然,主张以社会需要作为英语写作能力考查的主要导向,并不能绝对不考虑其他因素。比如,针对现在外语教育中学生的拼写能力差、写作规范意识不强等问题,我们不妨有针对性地设计一些这方面的试题,以期对这些问题进行纠正。待考生这些问题得到纠正之后,即可废止这些题型。

2. 测试比例:大幅增加

如前所述,我国的改革开放要求国民具有更高的外语能力,尤其是写作能力。大部分省市目前的高考试卷是以多项选择题(MC)为中心,NMET 试题中客观性试题分值仍占很高的比例。例如,1996—2000 年的

① 廖平胜:《考试学原理》,武汉:华中师范大学出版社,2003 年 9 月,第 212 页。

NMET 客观性试题计分 95 分，占 63.3%，而写作性试题为 55 分，占 36.7%。2001 年后的 NMET 则将写作试题与客观试题的比例拉得更大，前者为 115 分，占 76.7%，后者仅占 23.3%。写作题与多项选择题二者的比例为 3∶1。这种比例，导致考查语言产出能力的试题分量严重不足，无法全面测评考生的语言综合运用能力。不利于提高教师和学生写作训练的积极性，不利于学生在英语学习中合理安排时间，不利于学生英语能力的全面提高，也不利于学生写作能力的提高，最终导致语言学习最根本目标的遗弃。要扭转这种局面，使高中师生重视写作能力的提高，就必须加大书写题在高考英语中的分量，以便发挥其调节功能。再者，扩大写作能力的考查比例，也有利于设计多层次的题目，多层次考查考生的写作能力，在目前如此有限的考查比例中，写作能力改革空间大受限制。

目前的高考英语标准化试题中，四选一形式的多项选择题在其中占据了绝对的主导地位，多项选择题题型的作答只需受试者在答案纸上书写或涂抹选择项代号即可，比自行书写答案耗费时间少，因而在相同的时间限制内，多项选择题试卷可以容纳数量更多的试题，不管对于语言、词汇、句法等语言点，还是对于阅读等，它的抽样量大、覆盖面较广。从而提高了信度。但无论抽样多大，覆盖面多广，一套试题也不可能包含所有应考的考点。而且这种题型的教学后效差、很可能对语言学习和教学产生负面影响。由于多项选择题型题量大，为了提高高考成绩，大部分学校便针对这种题型广泛使用了“题海战术”，大量训练多项选择题。另外，由于 MC 题型不是真实语言使用活动，从而造成学生只热衷于做多项题，缺少真实的语言交际活动，不利于提高学生的语言交际能力，只做多项选择题必然造成学生语言接受能力较高而语言表达能力低的情况。因此，大量操练多项选择题，把大量的注意力集中在应试技巧上，容易忽视语言学习的根本目的。

一份好的试卷应该是各种试题的完美结合。我们应该在高考英语中加大写作试题的比重，使不同题型的比例更合理，更科学，更好地发挥导向作用。

那么，高考英语试题中的题量和分值应该为多大才算科学呢？有人提出，高考写作能力测试题应占整个试卷的 40%。受目前的考试条件限制，在语言的听说读写四个方面，还无法进行大规模“说”的考查，只能进行听读写三个方面的考查，这三个方面的技能对于语言学习来说同等重要，无孰重孰轻之分，所以，高考英语写作能力考查至少应占整份试卷的 1/3，即现行 150 分制试卷的 50 分，才能引导高中师生真正重视写作能力的提高。如果考虑学生在将来的真实性语言运用，还可以将写作试题的比例提高到整份试卷的 40%～50%，因为，在真实的语言运用中，进行多项选择的情况几乎不存在，多项选择是为了解决大规模考试的人力物力财力问题的无奈之举，其效度非常低，这已经是考试界的共识。在“文革”前后，写作能力考查在高考试卷中占有合理的比例，对今天的高考试卷的命制，具有借鉴价值。在今天的分省命题的改革实践中，不少省市意识到了写作能力考查的重要性，正在逐步提高高考英语中写作能力考查的比例，如浙江高考英语试题中的写作部分分为单词拼写（10 分）、短文改错（10 分）、书面表达（30 分）三节，总分达到了 50 分；上海高考英语试题中对写作的考查分为翻译（translation）和控制性写作（guided writing）共两节，总分达到了 45 分；山东省 2007 年课改高考外语考试说明规定：2007 年的高考试题中书面表达分为阅读表达和写作两节，第一节为 15 分，第二节为 30 分，整个写作能力的考查已经增加到 45 分，看得出，高考试卷中写作能力考查的比例正在逐步提高。

也许，扩大写作能力考查的比例，在命题研究、评卷等方面的投入必须增加更多。但是，当我们觉得改革写作测试有助于提高正面反拨效应，而其高昂的成本又使我们望而却步时，我们须思考：旧的写作测试造成的负面反拨效应的代价有多大？如果把测试的成本与教师、学生浪费的时间及精力相比较，我们可能会觉得我们在改革写作测试上所增加的投入是微不足道的，也是很有价值的。

3. 测试形式：亟待丰富

由于能力需求的不同，政策效率要求高考英语写作试题具有不同的题型。无论是从高考考生语言素质结构来看，还是从目前大学新生的写作能力缺陷来看，写作测试形式都亟需丰富。

“测度、甄别、评价人的身心素质的个别差异，是考试活动区别于人类其他活动的特殊本质；能否客观准确地鉴别人的身心素质的个别差异，是决定考试活动有无存在价值的基本前提。”[①]考生的写作能力也是有很大差别的，只有丰富写作题型，才能有效地测出其不同的写作能力。根据心理测量理论，实际的中学生写作能力水平是服从正态分布的，大部分人可以写出简短的语段，但是有少数学生只具备句子层面甚至短语方面的写作能力，还有少数学生写作能力特别强，他们的写作能力超出了简短的实用性写作水平。如果写作能力考查能够考虑到考生的能力差别，把写单

① 廖平胜：《考试学原理》，武汉：华中师范大学出版社，2003 年 9 月，第 195 页。

词、写句子、翻译、改写、写篇章甚至书写的清晰度等方面的写作考查分层次地囊括进去，那么，即使那些所谓的“英语差生”，即使受语言水平所限，无话可说，写不成文章，也可以写单词、写句子或者翻译、改写，有东西可写了。那么，尊重学生的个体差异也就能得到充分体现了。以考题的层次丰富性对应考生写作能力的丰富性，学生的各种写作能力也可以得以展现，写作能力考查也会更有效更可信了。有的观点可能认为：高考中考写单词、甚至书写，岂不是对考查能力要求的降低。其实不然，从一些高考阅卷老师的手记和测试实证研究来看，高考考生、乃至大学生的写作答卷中存在着大量的单词拼写错误，用写单词、写句子、翻译、改写考查写作能力，不仅能够满足多样化的写作个性，还能够对高中乃至整个基础教育的英语教学起到正向的反拨作用，使师生挣脱选择题的泥淖，回归语言学习的正轨。

经过高考进入大学的新生缺乏基本的写作能力，如拼写错误、词语误用、中国式英语、篇章结构上的中国式思维等层出不穷。所以，高考英语中既要考查写作的微技能，又要考查写作的宏观技能。现行 NMET 试题只能测试笔试环境下考生所能体现的能力，很难考查出学生的全面语言能力和素质。

丰富写作能力考查形式，可以从三个方面入手，第一，增加有效易行的写作能力测试题；第二，摈弃劣质无效的写作考查题型，第三，建立分层式的写作能力考查形式。在题型的采用上，除了以社会需要为主要导向外，还要发挥高考强大的反拨功能，针对中学外语教学的误区，采用一些能改变中学外语教学中不良现象、弥补学生语言知识缺陷的题型。

回顾高考英语的历史，写作能力考查的形式多种多样，按写作能力层次粗略划分，有词汇等方面的写作能力考查，如：单词拼写，短文填空，词类转换，句子中的单词拼写性改错等题型；有句子写作层面的考查，如汉译英，英译汉，完成句子，连词成句，阅读回答问题等题型；语篇层面的写作能力考查，如短文性的英译汉和汉译英，续写，改写，控制性写作，自由式写作等题型。

亟待增加的写作能力考查形式有汉译英题型，甚至可以采用少量的英译汉试题。因为这两种写作是对外交流的主要形式。短文写作在既往的考试中已经存在，一定要继承，因为各种要求进行短文写作的情况在现实工作和生活中屡见不鲜。高考英语试题中应当有阅读写作题型，阅读后根据各种目的进行写作也是一种常见的语言交际行为。阅读短文后回答问题的题型也是比较有效的题型，这种题型是阅读后提出问题，问题后不给出选项。让学生阅读一篇短文后，根据文章内容“写”答案。这种题型一方面增加了答题的难度，有利于选拔优秀学生，更重要的是有利于培养和提高学生的综合分析能力和写作能力。

亟待废除的题型为短文改错，通过近年来对高三学生高考前复习状况的调查和分析，华中师范大学第一附属中学资深英语教师邓北平老师认为，短文改错题虽然可以增加试题的区分度，但对学生来说，却是一个学习效率很低的考试项目。学生在学习如何改错以及在进行改错训练等方面花去了大量的宝贵时间，但是他们得到的却只是一些零碎的知识，既谈不上系统，也谈不上能力，与生活中的交际能力要求也相差甚远。从实际要求来看，改错应该是一种编辑能力或者是教学能力，即编辑对作者的稿件、教师对学生的作业中的错误发现并改正的能力，而不是写作能力，因此，此题型在高考试题中有无保留的价值值得考虑。可喜的是，在分省命题的形势下，有的省份已经认识到了这种题型的缺陷，舍弃了短文改错。如上海就用翻译试题代替了短文改错，浙江省也在写作能力考查中加入了单词拼写题型。

丰富写作能力考查试题的形式，使试题层级化，多层多级地检测与评估考生的动手能力，既符合学生的英语水平实际和心理测量规律，又呼应了新课程改革的“突出学生主体，尊重个体差异”基本理念。

我们主张将笔试第二卷分为两个部分。第一部分分两节。第一节是单词拼写题，第二节是翻译句子，此二者结合形成书面表达的初步能力规格，即组词成句，组句成篇的能力，并能从中获得初步的评价能力。第二部分也分两节，第一节考段落翻译，主要是英译汉；第二节考书面表达，书面表达可以分自由写作和控制性写作，两者由考生自选，两节共同构成书面表达的高层能力规格，即实际运用语言进行笔头表达的能力。这种层级化的试题结构既符合语言学习的基本规律，也符合语言测试的特殊规律，对中学英语的教与学必然会产生良好的导向作用。

4. 测试原则：突出运用

政策的效率越高，政策达成目标的程度越高，成本越低。在高考写作试题成本难以明显控制的情况下，达成政策目标的程度就需要大大提高。写作试题要评价学生的写作能力，当然要突出写作的运用形态，提高写作试题的运用特性。20 世纪 90 年代，美国著名的应用语言学家巴克曼(Lyle F. Bachman)提出新的交际语言测试理论模式，被斯基恩(Peter Skehan)称为“语言测试史的里程碑”。在巴克曼的交际语言测试理论中，评价语言测试项目价值的六个方面为：“有效性、可信性、真实性、相互作用性、后效作用和适用性。"[①]这些评价标准也可以是高考英语写作命题的标准。根据这些标准,结合中国的实际,高考英语写作测试命题要尽量注意下面的问题:

(1) 以意义(信息)为纲

在写作测试中,形式为纲的题目的特点是:先规定要用什么语言形式,受试者要根据形式考虑可以套上什么意义,用意义去迁就形式(例如给单词、时态、句型造句等)。有时甚至根本用不着考虑意义(例如给单数名词变复数,给现在时短文改过去时等)。以信息为中心的题目恰恰相反:题目首要提供的是交际情景和目的,根据情景决定信息和意义,由受试者根据情景和信息去选择恰当的语言形式。应该明白,情景决定意义再决定形式符合真实的交际。而先定形式,由形式去决定意义却正好违反了真实的交际。

在技术上,以信息为纲的试题的设计往往要制造和利用信息沟。使受试者为传达对方未知的信息而说或写。写作测试还必须容许受试者具有在情景制约下选择语言形式的自由。以信息为纲的试题,评分也应以信息为纲。评分依据是:该表达的信息是否有效地表达,有效性包括准确性,也包括得体性。准确性加上得体性,才能真正有效地达到交际目的。

(2) 有语境(context)

语境这个术语一般既指语段本身的环境(上下文),也指语言文字之外的时、地、人以及社会文化环境。这里用语境和情景两个术语把两个层次区分开来。语境在这里仅仅指语段本身的环境,即上下文。

真实生活中语言交际都是有上下文的,有上下文的语言动作牵涉到第二层次语言动作要求的知识、技能和能力,这是无语境的语言测试做不到的。因此测试语言运用能力的试题都必须有语境。

(3) 有真实交际情景(situation)

上面已经提到,情景指文字之外的语言环境,也就是交际情景,近的包括交际的情况、时间、地点、交际人的身份、交际需要和目的等,远的包括社会文化背景。测试的试题必须有交际情景,是因为真正的语言运用,都是有交际情景的。没有交际情景的语言动作,是把语言放在真空里运作,那不是语言运用。常见的这种真空试题有短文复述,不交代情景的命题作文等。

---

① Lyle F. Bachman, Adrian S. Palman. 1999. *Language Testing in Practice*. Shanghai: Shanghai Foreign Language Education Press, p. 18.

交际情景还必须真实，这就是说是受试人在真实生活中会遇到的。譬如命题作文，可以设计为给父母写信报告学校生活。这样虽然也有情景，但是这样的情景不真实，因为我们的考试对象是中国学生，让中国学生给父母写英文信，是不真实的情景。如果改为给国外笔友或网友写信描写中国学生的生活，那样的情景就比较真实。

(4) 语言真实

真实的语言，就是对具体的交际情景、具体的交际目的而言是恰当的文体的语言，也就是在真实生活中，在这样的交际情景、这样的交际目的的情景下，会读到、听到的语言。

我们国家里不真实语言用于英语测试还是不鲜见的。真实的语言，是在真实的交际情景中，本族语者会写和说的英语。避免在英语测试中用过时英语、中国式英语、阉割英语或者课本体英语(注：阉割英语，指把该用的语法现象或生词阉割掉的英语。课本体，指我国中小学英语课本某些课文特有的一种不自然的英语文体，是课本之外现实生活中真实交际里所见不到的。)等不真实的英语去测试学生。

(5) 所做的事真实

有了上面说的情景真实、语言真实，还需要所做的事真实。所做的事是测试试题具体要受试者做的事。譬如要他听一段讲话记笔记，这是真实的。可是听讲话要求逐字听写，那就不大真实。因为在真实生活中除非是速记员，否则需要逐字听写的机会是很少的。严格说来以下一些常用题型本身都缺乏做事的真实性：听写、默写、填空、改错、改写、看图说话等等。当然，受测试条件的限制，在写作测试要达到绝对的真实是有相当难度的，我们只能在现有条件下追求最大的命题真实性。

(6) 有互动性(interactive)

交际行为必然是互动性行为。读者和作者在字里行间一直在进行无形的互相交流，或称相互作用(interaction)。通过这种相互作用(interaction)，作者和读者才有可能一步一步地获得信息。写作试题也涉及互动性的问题，很多人忽略了写作行为的互动性，以为写是一种个人行为。然而我们在生活中，每写一样东西，写的时候心目中总是有一个意指的(intended)读者对象的。如果是写一封信，作者心里当然知道写给谁。如果是写一篇对社会问题的评论，作者写的时候就会考虑着要向报刊投稿，以及报刊的读者。写的时候，作者都会考虑写给谁看或准备发表在哪里，这决定着作者应该写什么和怎么写。任何写的过程，事实上在心理上是一个作者与读者之间的互动过程。因此，设计写的试题时，我们都应该给一个读者对象，也就是给一个互动性的情景。

写作试题符合以上 6 个条件，才能真正同时在三个层次上测试写作能力的多个成分。这 6 个条件能实现的多少，也就说明了测试的直接性和综合性实现的程度，对应试者写作能力到底测到了多少。

以上提的语言运用能力测试的 6 个条件，在学校范围内的评估性测试，是完全可以实现的。但是决定考生升学的高考英语写作能力考试，在信度和可行性方面受到很多制约，6 个条件也许不容易全面地实现，只能尽力而为。也许在一次高考写作测试中各部分的实现程度不同。有的小题直接性、综合性程度高一点，有的小题直接性、综合性程度低一点。这在语言测试发展的现阶段，是不可避免的现实。但是我们只有最大限度地遵循这些交际测试原则，高考英语写作能力考查的科学性才能得到保证。

综合而言，高考写作试题呈现的外语考试政策目前的效率总体没有达到预设目标，进一步改革高考写作试题，全面体现外语高考政策目标，才能培养学生符合社会发展需求的外语运用能力，为贯彻改革开放的基本国策培养与之适应的外语人才，促进中国民族的伟大复兴。

参 考 文 献

1. 《马克思恩格斯选集》,1972,北京：人民出版社。
2. Ager, D. 2004. *Motivation in Language Planning and Language Policy*. Bristol: Multilingual Matters.
3. Bachman, L. 1990. *Fundamental Consideration in Language Testing*. Oxford: Oxford University Press.
4. Bongaerts, T. and K. Bot. 1973. *Perspectives on Foreign-Language Policy*. Amsterdam: John Benjamins Publishing.
5. Carl J. Friedrich. 1963. *Man and His Government*. New York: McGraw-Hill.
6. Council of Europe. 2001. *Common European Framework of Reference for Languages: Learning, Teaching, Assessment.* Cambridge: Cambridge University Press.
7. Dye, Thomas R. 1987. *Understanding Public Policy* (6th. , ed.). Englewood Cliffs, N. J. : Prentice-Hall Inc.
8. Easton, D. 1953. *The Political System*. New York: Kropf.
9. Eyestone, R. 1971. *The Threads of Public Policy: A Study in Policy Leadership*. Indianapolis: Bobbs-Merril.
10. Grin, F. 2003. *Language Policy Evaluation and the European Charter for Regional and Minority Languages*. Florida: Palgrave Macmillan.
11. Kaplan, R. and R. Baldauf. 2003. *Language and Language-in-education Planning*. Kluwer Publishers.
12. Lambert, Richard, D. 1993. *Language and International Studies: A Richard Lambert's Perspective*. Washington: National Foreign Language Center.
13. Lasswell, H. D. and A. Kaplan. 1970. *Power and Society*. New Haven: Yale University Press.
14. Morrow, K. 2004. *Insights from Common European Framework*. Oxford: Oxford University Press.
15. National Foreign Language Center. *Policy Issues*. 1999.
16. National Foreign Language Center. *Policy Issues*. 2000.
17. Ricento, T. and B. Burnaby. *Language and Politics in the United States and Canada*. NJ: Lawrence Erlbaum Associates Inc.
18. Spolsky, B. 2004. *Language Policy*. Cambridge: Cambridge University Press.

19. The Curriculum Development Council. 1996. *Syllabuses for English Language* (Primary 1-6). Hong Kong: The Education Department.
20. (美)房龙著，施诚译，《荷兰共和国兴衰史》，石家庄：河北教育出版社，2001。
21. (美)安德森，《公共决策》，北京：华夏出版社，1995。
22. 陈章太，《语言规划研究》，北京：商务印书馆，2005。
23. 陈振明，《政策科学》，北京：中国人民大学出版社，1998。
24. 顾海兵，"中国公共外语教育反思"，《南方周末》，2004 年 9 月 23 日。
25. 顾明远，《教育大词典》，上海：上海教育出版社，1998。
26. 胡惠林，《文化产业发展与国家文化安全》，广州：广东人民出版社，2005。
27. 胡文仲，"我国外语教育规划的得与失"，《外语教学与研究》，2001 年第 4 期。
28. 教育部，《全日制义务教育、普通高级中学英语课程标准》(实验稿)，北京：北京师范大学出版社，2001。
29. 教育部，《普通高中英语课程标准》(实验)，北京：人民教育出版社，2003。
30. 联合国，《社会发展问题世界首脑会议的报告》(中文版)，纽约：联合国，1995。
31. 廖平胜，《考试学原理》，武汉：华中师范大学出版社，2003。
32. 鲁子问，"中国外语教育政策的实然分析与应然设想"，《基础英语教育研究》，2003 年第 1 期，
33. 鲁子问，"我国当前外语考试政策偏失与改革建议"，《湖北招生考试》(理论版)，2004 年第 12 期。
34. 鲁子问，"高考政策应坚持国家利益优先"，《中国教育报》，2005 年 12 月 14 日第 7 版。
35. 鲁子问，《国家·考试·人》，武汉：湖北人民出版社，2006。
36. 鲁子问，"美国外语政策的国家安全目标对我国的启示"，《社会主义研究》，2006 年第 3 期。
37. 鲁子问，"外语教育规划：提高外语教育效率的可能途径"，《教育研究与实验》，2006 年第 5 期。
38. 鲁子问，"我国义务教育外语课程目标质疑与重构"，《课程教材教法》，2007 年第 7 期。
39. 鲁子问，"国家治理视野的语言政策"，《社会主义研究》，2008 年第 6 期。
40. 鲁子问、詹先君，"外语政策必须适应社会发展需要"，《英语教师》，2008 年第 2 期。
41. 鲁子问，"我国硕士生招生外语考试政策批判与重构"，《考试研究》，2010 年第 3 期。
42. 罗爱梅，《二十世纪八十年代末以来澳大利亚外语教育政策研究》，华南师范大学硕士学位论文，2005。
43. 孟庆茂，《素质教育与考试》，武汉：湖北人民出版社，2005。
44. 宁骚，《公共政策学》，北京：高等教育出版社，2003。
45. 欧阳友权、刘泽民，《国民素质论》，长沙：湖南人民出版社，1998。

46. 苏金智,“语言规划的连贯性与系统性”,《语言规划与语言政策：理论与国别研究》(周玉忠、王辉主编),北京：中国社会科学出版社,2004。
47. 王义祥,《发展社会学》,上海：华东师范大学出版社,2004。
48. 谢克昌,“谢克昌委员质疑现行英语教育”,《中国教育报》,2004 年 3 月 8 日。
49. 严强,魏姝,《社会发展理论》(第 2 版),南京：南京大学出版社,2005。
50. 袁振国,《教育政策学》,南京：江苏教育出版社,2000。
51. 张国庆,《公共政策分析》,上海：复旦大学出版社,2004。
52. 张金马,《政策科学》,北京：人民出版社,2004。
53. 张学明,《冷战后国家安全观的变化》,北京：国防大学出版社,2003。
54. 朱鲁子,《走火入魔的英语》,长沙：湖南出版社,2005。

后　记

自1979年开始接触外语教育，屈指算来，恍然已经30余载，其间一直深感我国外语教育之艰难。几十年阅读与思索，终于发现外语政策这一关键原因。于是有意开展一些系统的思考与研究，完成了本书这一小小的尝试，多位评审专家认为这一研究填补了国内空白，具有理论和现实意义，也不由得有了些许的欣慰。当然我很清楚，本书还有太多的不满意之处，只是由于各方面因素，难以深度展开研究。且以此抛砖，引得我国外语政策研究的金镶玉，则是我们的真诚期盼。此一领域，当年并无太多研究成果，莽撞起步，也不知方向，更不知究理，只是求索。而由于工作原因，并不能专心于此，的确留下诸多遗憾。好在现在外语政策研究已经和我当年起步之时有了很大变化，已经形成很强的发展态势，很多后起之秀成果卓著，我也可以就此自我慰怀了。

本项目在立项阶段得到我国著名语言学家、华中师范大学语言与语言教育研究中心主任邢福义教授的指导和提携，在研究阶段得到华中师范大学社科处石挺处长、国家社科基金规划办王武龙处长的大力支持，本项目在研究过程中更得到教育部语言信息司司长李宇明教授的多次指导，尤其是李司长在百忙之中拨冗为本书作序，殷殷教诲，感激不尽。本项目的研究得到上海外国语大学赵蓉晖教授的支持，终于有了一些小小的进展。本书出版更是得到赵蓉晖教授推荐，并得到上海外国语大学的支持。对于各位专家的大力支持和帮助，在此致以最真诚的感谢！

本书大部分内容由本人撰写，余青兰、雷云萍、杨继龙、张航、詹先君分别写作了荷兰外语教育政策、小学英语课程政策、高考外语分省命题政策、大学英语考试政策、兰伯特外语政策思想与高考写作试题的政策分析等六个相关章节的内容。王笃勤、张荣干、钱道赓先后参与多个专题讨论，或者曾经撰写部分文章，只是由于各种原因，相关文章没有最后成为本书内容。

我们在研究中引用了很多相关研究成果，均已注明，特向作者致谢！当然我们的引用注释仍然可能挂一漏万，若读者诸君发现注释疏漏，诚望指出，我们将在以后一一注明。

外语政策研究在我国刚刚开始，我们也都是长期从事外语教学与研究的人员、而非政策研究的专业人士，所以我们的研究从公共政策视野而言还很不成熟，尤其是我们对于公共政策分析方法掌握还有很多不足，书中对外语政策的很多分析我们尽量使用公共政策分析方法，但实际上可能使用得并不尽如人意，甚至可能有些牵强附会。同时，有些问题因为涉及相同问题，所以论述可能前后有些交叉、甚至重复，但若删去一处，则另一处又出现论述偏漏的现象，只有如此交叉着、重复着，一时也没有更好的解决对策，所以还有请读者诸君体谅。

在我国外语政策研究领域尚无成书的今天，本书只是抛砖引玉，错误与乖谬之处，诚请各位读者批评指正。我们相信并期待，外语政策研究领域很快有更多优秀著作问世，我们的这块砖也就可以完成历史使命了，到那时，历史的车轮会把我们这块砖碾做红泥，我们的研究也就回归大地了。

期待中……

鲁子问

于华中师范大学

2010 年 7 月